Tradução Intersemiótica

Coleção Estudos
Dirigida por J. Guinsburg

Equipe de realização – Revisão de provas: Stella Regina A. A. dos Anjos e Plínio
Martins Filho; Programação visual: Julio Plaza; Produção: Ricardo W. Neves e Sergio
Kon.

Julio Plaza

TRADUÇÃO INTERSEMIÓTICA

 PERSPECTIVA

Dados Internacionais de Catalogação na Publicação (CIP)
(Câmara Brasileira do Livro, SP, Brasil)

Plaza, Julio, 1938-2003
Tradução intersemiótica / Julio Plaza —
São Paulo : Perspectiva, 2013 — (Estudos ; 93)

1. reimpr. da 2 ed. de 2010
Bibliografia.
ISBN 978-85-273-0246-3

1. Semiótica 2. Tradução e interpretação
1. Título II. Série

08-05462   CDD-412

Índices para catálogo sistemático:
1. Tradução intersemiótica : Linguística 412

2ª edição – 1ª reimpressão
[PPD]

Direitos reservados em língua portuguesa à
EDITORA PERSPECTIVA LTDA.
Av. Brigadeiro Luís Antônio, 3025
01401-000 São Paulo SP Brasil
Telefax: (011) 3885-8388
www.editoraperspectiva.com.br

2019

Sumário

AO LEITOR XI

Introdução: A TRADUÇÃO COMO POÉTICA SINCRONICA 1

HISTÓRIA COMO MÔNADA 4
MODOS DE RECUPERAÇÃO DA HISTÓRIA 6
TRADUÇÃO E TEMPORALIDADE 8
PRODUÇÃO E HISTORICIDADE 10
INTERSEMIOTICA 11

Parte I: A SEMIOSE DA TRADUÇÃO INTERSEMIÓTICA

1. A TRADUÇÃO INTERSEMIÓTICA COMO PENSAMENTO EM
SIGNOS 17

CONTINUIDADE 17

O Pensamento como Tradução 18
Pensamento-Signo, Mediação e Incompletude do Signo 19
Pensamento Intersemiótico: Ícones, Índices e Símbolos 20
Especificidade do Signo Estético 23
O Signo Estético e sua Intraduzibilidade 25
Tradução e o Enfrentamento da Diferença 31

LEITURA 33

Movimento Hermenêutico que Visa a Tradução 33
Pensamento, Leitura e Tradução: Evolução e Síntese 36

VI TRADUÇÃO INTERSEMIÓTICA

INVENÇÃO 39

A Tradução Criativa e os Níveis de Invenção 41

2. A TRADUÇÃO INTERSEMIÓTICA COMO INTERCURSO DOS SENTIDOS 45

As Vias Sensoriais Produtoras de Substitutos 47
Individual-Coletivo 50

OS SENTIDOS COMO PRODUTORES DOS OBJETOS IMEDIATOS DO SIGNO: OLHO 52

Sensibilidade Visual 53
Olho: Alta e Baixa Definição 55

OS SENTIDOS COMO PRODUTORES DOS OBJETOS IMEDIATOS DO SIGNO: TATO 56

Háptico-Sensitivo 58

OS SENTIDOS COMO PRODUTORES DOS OBJETOS IMEDIATOS DO SIGNO: ACÚSTICO 58

O Som: Mera Qualidade 59
Analógico-Digital 61
Movimento de Hibridização Tradutório 64
Intermídia e Multimídia 65
A Tradução Intersemiótica e os Multimeios 66
Classificação das Linguagens e Suportes 68

3. A TRADUÇÃO INTERSEMIÓTICA COMO TRANSCRIAÇÃO DE FORMAS 71

NORMA E FORMA 71

Classes de Legissignos 74
Importância do Legissigno para a Tradução 77

INTRACÓDIGO 78

Atividade Sígnica por Contiguidade 79
Atividade Sígnica por Semelhança 81
Importância do Intracódigo para a Tradução 83

FORMA 84

Forma Como Signo de Qualidade 85
Importância da Qualidade para a Tradução 86

4. POR UMA TIPOLOGIA DAS TRADUÇÕES 89

Tradução Icônica 89
Tradução Indicial 91
Tradução Simbólica 93
Comparação dos Tipos de Tradução 93

SUMÁRIO

Parte II: OFICINA DE SIGNOS: TRADUÇÕES INTERSEMIÓTICAS E LEITURAS

5. TRADUÇÃO SIMBÓLICA 99

"NASCEMORRE" 100

6. TRADUÇÃO INDICIAL 105

"LUA NA ÁGUA" 106
"ORGANISMO" 110
"HOLOGRAFIA COMO TRANSPOSIÇÃO" 115
"O VELHO TANQUE" 116

7. TRADUÇÃO ICÔNICA 123

INTRADUÇÕES 124
POEMÓBILES: "LUZ MENTE MUDA COR" 128
O ENCOURAÇADO POTEMKIN 134
"LUA DE OUTONO" 150
"QUADRADO NEGRO SOBRE FUNDO BRANCO" 155
"NOOSFERA" 160
"VAI E VEM" 166
"CÉU-MAR" 172
TRADUÇÃO INTERSEMIÓTICA DO *I CHING* PARA O CINEMA 177

8. POLÍTICA E POÉTICA DA TRADUÇÃO INTERSEMIÓTICA 205

BIBLIOGRAFIA 211

*UBI LUX
IBI PATRIA*

Ao Leitor

A primeira referência (explícita) à Tradução Intersemiótica que tive oportunidade de conhecer foi nos escritos de Roman Jakobson. De que tenho notícia, Jakobson foi o primeiro a discriminar e definir os tipos possíveis de tradução: a interlingual, a intralingual e a intersemiótica.

A Tradução Intersemiótica ou "transmutação" foi por ele definida como sendo aquele tipo de tradução que "consiste na interpretação dos signos verbais por meio de sistemas de signos não verbais", ou "de um sistema de signos para outro, por exemplo, da arte verbal para a música, a dança, o cinema ou a pintura", ou vice-versa, poderíamos acrescentar.

A tradução criativa de uma forma estética para outra, no âmbito da poesia, dispensa apresentação, tanto pela tradição qualitativa e quantitativa de trabalhos produzidos na história, quanto pela reflexão teórica relativa a este tipo de operação artística. Teorias produzidas sobretudo por *artistas pensadores* abriram caminho para investigações sobre a tradução que vão além de características meramente linguísticas. É impossível deixar de mencionar a este respeito os trabalhos de Walter Benjamin, Roman Jakobson, Paul Valéry, Ezra Pound, Octavio Paz, Jorge Luis Borges e Haroldo de Campos, entre outros. Foi o mestre Haroldo que me introduziu, com o rigor e a sensibilidade que o caracterizam, na teoria da "operação tradutora" intra e interlingual de cunho poético. Seus escritos e aulas, assim como o interesse provocado pela leitura daqueles pensadores-artistas, deram origem a este trabalho, haja vista a inexistência de uma teoria da Tradução Intersemiótica, isto em 1980.

O presente trabalho é uma síntese elaborada a partir das práticas artísticas com diversas linguagens e meios ou seja: a multimídia e a intermídia, práticas estas que vêm de longa data e que sempre tomaram como centro da imantação a linguagem visual assim como os trabalhos interdisciplinares com outros artistas. Mas esta síntese é também produto de uma reflexão sobre a teoria semiótica de Charles Sanders Peirce que dá apoio à Teoria da Tradução Intersemiótica. Foi a partir desse referencial que me exercitei na prática e teoria da Tradução cujo resultado se apresenta aqui ao leitor.

A operação da tradução de cunho intersemiótico – por mim concebida como forma de arte e como prática artística na medula da nossa contemporaneidade – necessita de apoio teórico para que possam ser interligadas as operações inter e intracódigos. Isto porque as teorias existentes da Tradução Poética, nascidas da prática inter e intralingual, embora cheguem a apontar para, obviamente não abordam questões específicas que são relativas à Tradução Intersemiótica. Este trabalho é, antes de tudo, resultado de uma prática, mas é também a tentativa ou esforço de uma reflexão endereçada às questões que dão à tradução seu cunho intersemiótico.

Creio que problemas de Tradução Intersemiótica devem ter um tratamento de tipo especial, visto que as questões colocadas por esse tipo de operação tradutora exigem o concurso (ou o trabalho em conjunto) de especialistas nas diversas linguagens. Acho quase impossível que um especialista, cuja prática se processa só em uma determinada área semiótica, possa dar conta da importância que o problema da tradução interlinguagens exerce no campo das artes e comunicações contemporâneas.

De resto, interessa-me especialmente a relação entre especialidades, pois que a especialização favorece o isolamento dos sentidos, quer dizer, das linguagens. Procurei eliminar, se possível, a relação dicotômica, hierárquica, logocêntrica, entre a teoria e a prática ao buscar uma visão crítico-criativa (isto é, flagrar o que há de síntese numa análise e o que há de análise numa síntese), o que não é necessariamente a dimensão do erudito, nem do especialista, mas a do homem semiótico. O homem que transita na sensibilidade sígnica oriental. Já viu McLuhan que a arte, na era da eletricidade, "não será uma forma de autoexpressão", na verdade, se converterá num tipo NECESSÁRIO de pesquisa e aprofundamento.

Júlio Plaza

Introdução:
A Tradução Como
Poética Sincrônica

O artista é o tradutor universal.

OCTAVIO PAZ

A ação analógica sobre a história atropela a própria história concebida como processo lógico-evolutivo-diacrônico. No filme *2001*, de Stanley Kubrik, há uma montagem que traduz de forma sintética, o que quero dizer aqui, nesta introdução que visa contextualizar a problemática da Tradução Intersemiótica. Eis a montagem: Osso + Nave espacial = evolução (tradução) sígnica e tecnológica. Brevidade é qualidade. Características das linguagens à parte, o certo é que a transação intersígnica perde-se no tempo. Agora, fazendo-se a inversão da sequência, teremos: Nave espacial + Osso = involução tecnológica? morte? "pós-história"? Se a verdadeira sequência corresponde e faz jus à noção de história progressista, a segunda sequência (simétrica e inversa à primeira) coloca em questão essa noção de história como evolução lógica e verdadeira dos acontecimentos e expressa, ao mesmo tempo, a consciência de linguagem própria da arte, onde a noção de evolução, progresso ou regresso não existe, colocando em seu lugar a noção de movimento e pensamento analógicos, isto é, de transformação.

Nessa mudança, o evento e sua verossimilhança foram modificados. Entretanto, um elemento permaneceu invariante: a própria estrutura da montagem. A operação tradutora como trânsito criativo de linguagens nada tem a ver com a fidelidade, pois ela cria sua própria verdade e uma relação fortemente tramada entre seus diversos momentos, ou seja, entre passado-presente-futuro, lugar-tempo onde se processa o movimento de transformação de estruturas e eventos.

Só é possível compreender o presente na medida em que se conhece o passado. Esta é uma condição aplicada a quase todas as situações que envolvem o fazer humano. Duas formas de transmissão

TRADUÇÃO INTERSEMIÓTICA

da história são possíveis: a forma sincrônica e a forma diacrônica. Esta mais própria do historicismo, aquela mais adequada e conatural ao projeto poético-artístico e, por isso mesmo, à tradução poética. Para Eisenstein (que via a Arte como metáfora do organismo vivo), uma obra de arte viva era aquela que permitia uma interpretação do espectador, ao engajá-lo no curso de um processo de criação em aberto. Para Marcel Duchamp, uma obra se completa com o público. E, para Bakhtin, o "inacabamento de princípio" e a "abertura dialógica" são sinônimos. A história inacabada (assim como as obras de arte) é uma espécie de obra em perspectiva, aquela que avança, através de sua leitura, para o futuro. A história "acabada" é a história morta, aquela que nada mais diz. História, então, pressupõe leitura. É pela leitura que damos sentido e reanimamos o passado.

Nessa medida, a tradução para nós se apresenta como "a forma mais atenta de ler" a história porque é uma forma produtiva de consumo, ao mesmo tempo que relança para o futuro aqueles aspectos da história que realmente foram lidos e incorporados ao presente. Segundo Frye, "não há ideias mortas em literatura, há apenas leitores cansados (...); a aceitação é fundamentalmente acrítica" (...) e "uma cultura indiferente ao seu passado não tem proteção contra o futuro. Por isso, o crítico tem de estabelecer um modelo de continuidade ligando a cultura atual com sua herança e, consequentemente, com seus herdeiros"[1]. A arte não se produz no vazio. Nenhum artista é independente de predecessores e modelos. Na realidade, a história, mais do que simples sucessão de estados reais, é parte integrante da realidade humana. A ocupação com o passado é também um ocupar-se com o presente. O passado não é apenas lembrança, mas sobrevivência como realidade inscrita no presente. As realizações artísticas dos antepassados traçam os caminhos da arte de hoje e seus descaminhos.

Mas é a visão da história como linguagem e a visão da linguagem como história que nos ajudam a compreender melhor estas relações. De acordo com W. Benjamin, toda forma de arte situa-se no cruzamento de três linhas evolutivas: a elaboração técnica, a elaboração das formas da tradição e a elaboração das formas de recepção[2]. Também para R. Jakobson, "cada fato de linguagem atual é apreendido por nós numa comparação inevitável entre três elementos: a tradição poética, a linguagem prática da atualidade e a tendência poética que se manifesta"[3]. Daí que, segundo esse pensador, o estudo da arte encerra dois grupos de problemas: a diacronia e a sincronia. "A descrição sincrônica considera não apenas a produção literária de um período dado, mas também aquela parte da tradição literária que, para

---

1. NORTHROP FRYE, *O Caminho Crítico*, São Paulo, Perspectiva, 1973, p. 95.

2. WALTER BENJAMIN, "Obra de Arte na Época de suas Técnicas de Reprodução", in *Os Pensadores*, São Paulo, Abril Cultural, 1980, p. 23.

3. ROMAN JAKOBSON, *apud* BORIS SCHNAIDERMAN, "Uma Visão Dialética e Radical da Literatura", in *Linguística. Poética. Cinema*, São Paulo, Perspectiva, 1970, p. 176.

INTRODUÇÃO: A TRADUÇÃO COMO POÉTICA SINCRÔNICA 3

o período em questão permaneceu viva ou foi revivida." Assim sendo, "uma poética histórica ou uma história de linguagem verdadeiramente compreensiva é uma superestrutura a ser edificada sobre uma série de descrições sincrônicas sucessivas"[4]. Se o critério historicista diacrônico está para o tempo, o critério estético ou sincrônico está para o espaço. Para o historiador interessam os fatos tal como eles se desenvolveram no passado. O historiador se contenta ao estabelecer um nexo causal entre os diversos momentos da história, postulando, no dizer de W. Benjamin, "uma imagem 'eterna' do passado". Seu procedimento é o da adição, o que lhe proporciona uma massa de fatos para "preencher o tempo homogêneo e vazio"[5].

Levando adiante as colocações de Jakobson, Haroldo de Campos nos diz que:

em sua transposição literária, o par sincronia/diacronia está em relação dialética em pelo menos dois níveis: a) a operação sincrônica que se realiza contra um pano de fundo diacrônico, isto é, incide sobre os dados levantados pela visada histórica dando-lhes relevo crítico-estético atual; b) a partir de cortes sincrônicos sucessivos é possível fazer-se um traçado diacrônico renovado da herança literária.

E mais:

na realidade, a poética sincrônica procura agir crítica e retificadoramente sobre as coisas julgadas pela poética diacrônica. Sincronia e diacronia estão pois, como é óbvio, em relação dialética[6].

Dentro desse mesmo espírito de ruptura em relação a uma historiografia sintagmática e cumulativa, num trabalho mais recente[7], Haroldo de Campos encontra na acepção monadológica da história, tal como concebida por W. Benjamim, a veia para se pensar estética e criativamente a história literária como "produto de uma construção" ou "apropriação re-configuradora".

A partir disso, é também na concepção benjaminiana da história entrevista pela fresta de um olhar radicalizado na sincronia que pudemos encontrar uma espécie de síntese privilegiada para se pensar o modo particularíssimo através do qual a história se instaura no processo tradutor. É certo que a radicalização do projeto de Benjamin se insere no corpo de uma estratégia política que toma a própria visão da história como fulcro desse projeto. Nessa medida, não pretendemos ler as *Teses de Filosofia da História* à revelia desse projeto e à margem do

4. ROMAN JAKOBSON, *Linguística e Comunicação*, São Paulo, Cultrix, 1969, p. 121.

5. WALTER BENJAMIN, "Teses de Filosofía da História", in *Discursos Interrumpidos I*, Madrid, Taurus, 1973, pp. 177-191.

6. HAROLDO DE CAMPOS, "O Samurai e o Kakemono" in *A Arte no Horizonte do Provável*, São Paulo, Perspectiva, 1969, pp. 213-219.

7. *Idem*, "Da Razão Antropofágica", Revista *Colóquio/Letras*, Lisboa, 1981, pp. 10-25.

4 TRADUÇÃO INTERSEMIÓTICA

complexo contexto do pensamento benjaminiano. Contudo, o flagrante de um *flash* apenas, a ser extraído desse corpo teórico, cumpre para nós uma função também estratégica: de uma apropriação analógica, visto que encontramos um paralelo entre o projeto filosófico-político de Benjamin e o projeto tradutor, conforme se verá.

HISTÓRIA COMO MÔNADA

O que se flagra nas *Teses de Filosofia da História* é a ideia de captura do passado como mônada em contraposição ao historicismo linear, pois que o "historicismo culmina justamente na História Universal". Em oposição ao historicismo linear, Benjamin propõe um princípio construtivo da história. Na oposição entre historiografia e historicidade, inclina-se para a segunda, pois é esta que pode representar uma historiografia inconsciente, o lado oculto da historiografia oficial e o registro da experiência humana. Benjamin vê, em cada momento da história, um presente que não é trânsito, mas que se encontra suspenso, imóvel, em equilíbrio no tempo, formando "constelações" com outros presentes e o presente atual do historiador.

Ao pensamento não pertence apenas o movimento das ideias, mas também sua detenção. Quando pensamento se detém, de súbito, em uma constelação carregada de tensões, divide-se num golpe através do qual a constelação se cristaliza em uma mônada. O materialista histórico se defronta com um objeto histórico apenas e somente quando este se apresenta como uma mônada[8].

Essa forma de captura da história, tal como apareceu a Haroldo de Campos em relação à literatura, é justo aquela que nos aparece como adequada e conatural ao próprio objeto de arte: a história vista como "constelação" na qual cada presente ilumina os outros num relacionamento dialético e descentralizador à maneira de uma rede eletrônica em contraposição à montagem linear da historiografia. "A verdadeira imagem do passado transcorre subitamente. O passado só se deixa fixar em uma imagem que relampeja de uma vez para sempre no instante de sua cognoscibilidade. (...) ...visto que é uma imagem irrevogável do passado que corre o risco de desvanecer-se em cada presente que não se reconheça nela"[9]. Para Benjamin, "articular o passado não significa conhecê-lo 'como verdadeiramente foi'. Significa apoderar-se de uma recordação tal como esta relampeja num instante de perigo"[10]. Isto é, a captura da história como re-invenção da mesma face a um projeto do presente.

Se Benjamin, na sua visão, enxerga a história como possibilidade, como aquilo que não chegou a ser, mas que poderia ter sido, é

8. WALTER BENJAMIN, *Op. cit.*, pp. 177-191.
9. *Idem*, pp. 177-191.
10. *Idem*, pp. 177-191.

INTRODUÇÃO: A TRADUÇÃO COMO POÉTICA SINCRÔNICA

justamente na brecha de uma possibilidade semelhante (vão entre o que poderia ter sido, mas não foi, mantendo a promessa de que ainda pode ser) que se insere o projeto tradutor como projeto constelativo entre diferentes presentes e, como tal, desviante e descentralizados na medida em que, ao se instaurar, necessariamente produz re-configurações monadológicas da história.

Para o artista-tradutor, a apropriação analógica da radicalidade benjaminiana consuma-se também como uma estratégia poética e política, pois nosso presente aparece alimentado e minado pela contradição entre a intensa consciência do presente que, por querer se afirmar como tal, tende à negação do passado e a impossibilidade de negar o tempo, pois somos seres habitados de tempo. A visão sincrônica da história não seria senão a conciliação sempre provisória dessa contradição. A consciência da história, que data do século XIX e que traz consigo inalienavelmente a noção de progresso no tempo, carrega dentro de si a negação dessa noção. A visão sincrônica é a evidência dessa negação e a arte foi a primeira a materializar essa negação no que ela foi imediatamente seguida pela moda. Mas, se esta recupera a história ao nível do consumo, a arte recupera a história ao nível da produção.

Assim, toda produção que se gera no horizonte da consciência da história problematiza a própria história no tempo presente. Desse modo, a radicalização da sincronia como processo embutido na operação tradutora traz, no seu bojo, a crítica da história e a consciência de que cada obra, longe de ser uma consequência teleonômica de uma linha evolutiva, é, ao contrário, instauradora da história, projetando-se na história como diferença. Se, num primeiro momento, o tradutor detém um estado do passado para operar sobre ele, num segundo momento, ele reatualiza o passado no presente e vice-versa através da tradução carregada de sua própria historicidade, subvertendo a ordem da sucessividade e sobrepondo-lhe a ordem de um novo sistema e da configuração com o momento escolhido.

No processo dialético e dialógico da arte não há como escapar à história. A arte se situa na urdidura indissolúvel entre autonomia e submissão. Filha de sua época, a arte, como técnica de materializar sentimentos e qualidades, realiza-se num constante enfrentamento, encontro-desencontro consigo mesma e sua história. Parafraseando Marx: os artistas não operam de maneira arbitrária, em circunstâncias escolhidas por eles mesmos, mas nas circunstâncias com que se encontram na sua época, determinadas pelos fatos e as tradições[11]. Recuperar a história é estabelecer uma relação operativa entre passado-presente e futuro, já que implica duas operações simultâneas e não antagônicas: de um lado, a apropriação da história, de outro,

---

11. A referência dessa paráfrase se encontra na seguinte citação: "Os homens fazem a própria história, mas não a fazem como querem; não a fazem sob circunstâncias de sua escolha e sim sob aquelas com que se defrontam diretamente, legadas e transmitidas pelo passado". KARL MARX, "O 18 Brumário de Luís Bonaparte", in *Os Pensadores*, São Paulo, 1978, p. 329.

6 TRADUÇÃO INTERSEMIÓTICA

uma adequação à própria historicidade do presente, estratégia esta que visa não só vencer a corrosão do tempo e fazê-lo reviver, mas visa também sublinhar que as coisas somente podem voltar como diferentes (v. "Pierre Menard: autor del Quijote")[12].

No presente, a criação só é percebida como tempo na oposição entre passado e futuro. Tradução é, portanto, o intervalo que nos fornece uma imagem do passado como ícone, como mônada. A tradução, ao recortar o passado para extrair dele um original, é influenciada por esse passado ao mesmo tempo em que ela também como presente influencia esse passado. A poética sincrônica age criativamente sobre o tempo, pois "mesmo que o poeta não o proponha, o poema é uma máquina que produz anti-história"[13].

Operar sobre o passado encerra um problema de valor. Não é escolher um dado do passado, uma referência passada; é uma referência a uma situação passada de forma tal que seja capaz de resolver um problema presente e que tenha afinidade com suas necessidades precisas e concretas de modo a projetar o presente sobre o futuro. Toda época distingue entre formas conservadoras e mais inovadoras. As inovadoras são as que se projetam para o futuro através do caráter de inacabado que aponta para um possível leitor, o que é também uma forma de "perceber na cultura de hoje os traços reais e inconfundíveis do amanhã"[14]. Operar sobre o passado, além de um problema de valor, constitui-se também numa operação ideológica através da qual podemos confirmar a produção do presente ou encobrir essa realidade. Se, no primeiro caso, se favorece um encontro dialético com o passado para preparar o futuro, no segundo, trata-se de distanciar esse futuro indefinidamente. No primeiro caso, os valores da história constituem-se num modelo para a ação, já no segundo, trata-se de um fantasma a ser evocado como nostalgia, moda ou *revival*.

MODOS DE RECUPERAÇÃO DA HISTÓRIA

Distinguimos várias formas de recuperação do passado como intenção de construção de um diálogo. Em primeiro lugar, como poética-política ou estratégia artística face a um projeto construtivo do presente, conforme se dá, por exemplo, no caso da recuperação de Sousândrade pelos poetas concretos (Augusto e Haroldo de Campos) ou da recuperação de "el Greco" pelos artistas expressionistas e mesmo daqueles projetos do passado que confirmam projetos do presente. "O fato é que cada escritor cria seus precursores. Seu trabalho modifica

12. JORGE LUÍS BORGES, "Pierre Menard, autor del Quijote", in *Obras Completas*, Buenos Aires, Emecé, 1974, p. 444.

13. OCTAVIO PAZ, *Los Hijos del Limo*, Barcelona, Seix Barral, 1974, p. 9.

14. BORIS SCHNAIDERMAN, "Uma Visão Dialética e Radical da Literatura", in *Linguística. Poética. Cinema*, São Paulo, Perspectiva, 1970, p. 175.

INTRODUÇÃO: A TRADUÇÃO COMO POÉTICA SINCRÔNICA

nossa concepção do passado, como há de modificar o futuro. Nesta correlação, pouco importa a identidade ou a pluralidade dos homens"[15].

Mas o passado pode ainda ser incorporado como estilização, isto é, como conformidade a um modelo determinado, como é o caso do *art nouveau*. Ele pode ainda ser incorporado como paródia, como inversão e discordância com o modelo, caso de Picasso quando pinta *Guernica*: aqui a obra se situa em atitude crítica e polêmica frente à história. Picasso aborda os modelos e estilemas da tradição de um ponto de vista crítico, discordando deles, numa operação inversa à estilização e ao *revival* que não seriam senão uma recuperação amável da história amável. Ele recupera a história para pôr a descoberto o desconforto da realidade do seu momento, o mal-estar que o presente produz (guerra da Espanha, 1937). Não procura o passado como fantasma nostálgico. Pelo contrário, investiga a história e descobre nela as causas, os limites e procedimentos autênticos e exclusivos da arte. A história (através de seus emblemas: frontão grego, touro, cavalo, guerreiro, mãe, criança etc.) é usada como modelo de ação para dizer ao futuro que "não há um único documento de cultura que não seja também um documento de barbárie. E a mesma barbárie que o afeta, também afeta o processo de sua transmissão de mão em mão"[16]. Picasso retoma, em oposição antagônica, o tema da guerra, da vida-morte, de uma forma atemporal. *Guernica* projeta, portanto, o sentido de um espetáculo bárbaro cujo autor é a própria história.

Outra forma de recuperar a tradição, antagônica a esta última, é a prática do sistema de acumulação capitalista que vê, no antigo, um modo de reatualização das mercadorias para acelerar a demanda do consumo. A tradição recuperada como "novo", ou melhor, como "novidade" tende a ocultar e opacizar as relações de produção, exercendo a função ideológica de justapor a quantidade à qualidade. A moda ilustra essa dialética do sempre-igual no novo e do novo no sempre-igual. "A moda é o eterno retorno do novo"[17]. Ela fareja o atual onde quer que ele se mova. Na floresta do antigamente, é ela que dá um "salto de tigre em direção ao passado". A moda, com efeito, é agente da mercadoria fetiche ou quintessência do sempre-igual, mas só pode estar a serviço do fetichismo pela criação incessante do novo e pela busca incessante do novo em qualquer ponto do passado em que ele se encontre.

Estamos, pois, diante de duas chances: ou o presente recupera o passado como fetiche, como novidade, como conservadorismo, como nostalgia, ou ele o recupera de forma crítica, tomando aqueles elementos de utopia e sensibilidade que estão inscritos no passado e que podem ser liberados como estilhaços ou fragmentos para fazer face a um projeto transformativo do presente, a iluminar o presente.

15. JORGE LUÍS BORGES, "Kafka y sus Precursores", *Op. cit.*, p. 712.
16. WALTER BENJAMIN, *Op. cit.*, pp. 177-191.
17. *Idem*, pp. 177-191.

8   TRADUÇÃO INTERSEMIÓTICA

Ainda resta, no entanto, a forma que, a nosso ver, é a mais sintonizada ao projeto tradutor, isto é, a recuperação da história como "afinidade eletiva", como história da sensibilidade que se insere dentro de
um projeto não somente poético, mas também político. É evidente que
este projeto atua como reorganização do sistema de relações da percepção e da sensibilidade, está também, por isso mesmo, em dialética
com o novo, mas não com a ideologia do novo a todo custo, como categoria monológica, mas como categoria ambígua e dialética. E aqui
se poderia enxergar o novo a partir da semiótica de Peirce como sendo
aquela qualidade produtora da obra de arte, ou seja, a "ideia" como
ícone, como possibilidade ainda não atualizada, tendo, por isso mesmo,
qualidade de oriência, do original no seu sentido primevo e instaurador.
Porém, quando essa qualidade do "novo" é atualizada no mundo, ela
está sujeita ao conflito, ao desgaste lógico das operações de uso e leitura. Temos, assim, que o novo não é tão novo, mas é comparável dialeticamente com o antigo (existente). De outro ângulo, o novo depende
do devir, isto é, da recepção e do repertório, como medida de informação que se dá entre o previsível e o imprevisível, entre banalidade e
originalidade. A categoria do novo é, pois, ambígua e não monológica.
Ou, conforme nos diz Baudelaire: "...na beleza colaboram um elemento
eterno, imutável e um elemento relativo, limitado. Este último é con-
dicionado pela época, pela moda, pela moral, pelas paixões. O primeiro
elemento não seria assimilável sem este segundo elemento"[18].

TRADUÇÃO E TEMPORALIDADE

Considerando a afinidade eletiva como forma de recuperar a história a mais sintonizada ao processo tradutor, assim a consideramos
também porque é a forma que mais perfeitamente se acopla a uma
visada sincrônica, esta que é conatural ao processo produtor-criativo.
Isto porque na criação encontram-se inscritos os procedimentos da
história em forma de palimpsesto, ou seja, é a própria criação que
contém embutidas as relações dos três tempos, presente-passado-
-futuro, modificando as relações de dominância entre eles. Na medida
em que a criação encara a história como linguagem, no que diz respeito à tradução, podemos aqui estabelecer um paralelo entre o *passado como ícone*, como possibilidade, como original a ser traduzido,
o presente como índice, como tensão criativo-tradutora, como momento operacional e o *futuro como símbolo*, quer dizer, a criação à
procura de um leitor.

Assim, de nossa parte, passamos a ver a tradução (forma privilegiada de recuperação da história) como uma trama entre passado-
-presente-futuro. Dependendo porém da direção do nosso olhar, a
relação se modifica pela proeminência de um dos polos. Assim, na

18. BAUDELAIRE, *apud* WALTER BENJAMIN, *A Modernidade e os Modernos*,
Rio de Janeiro, Tempo Brasileiro, 1975, p. 17.

INTRODUÇÃO: A TRADUÇÃO COMO POÉTICA SINCRÔNICA

primeira relação (passado como ícone), o vetor é o do passado para o presente, ou seja, o passado como conjunto de indeterminações e possibilidades icônicas para o presente (a tradução). Já na segunda relação (o presente como índice), a tradução como presente sobredetermina seu original, seu passado. Na terceira relação (o futuro como símbolo), do presente para o futuro, a tradução determina seu leitor. A tradução, tal como está presente, é espaço, intervalo que nos fornece uma visão do passado como ícone: "o ser de um ícone pertence à nossa experiência passada. O ícone só existe como imagem no espírito"[19]. O passado como uma imagem diagramática que se configura no instante de uma escolha. No entanto, no seu aqui-agora ("o ser de um índice é o da experiência presente"[20]), como experiência presente a tradução transforma o presente, transformando-se precisamente pela criação da sensibilidade humana: a criação criando os sentidos humanos. Já a propensão para o futuro, caracterizada como símbolo, "influenciará o pensamento e a conduta do seu intérprete (...) O valor de um símbolo é servir para tornar racionais o pensamento e a conduta e permitir-nos predizer o futuro"[21]. Seria daqui que poderia provavelmente surgir o signo-novo cuja característica é projetar-se para o futuro, como pré-sentimento do futuro ao mesmo tempo que nos faz reler o passado com olhos novos.

Assim, a tradução considera a história em sincronia, como possibilidade, como mônada, como forma plástica, permeável e viva porque, em última instância, só se pode determinar o âmbito da vida partindo-se da história e não da natureza. Mas, no interior dessa mônada, na tradução como projeto vertical que não vira as costas, mas mergulha na espessura da história, distinguimos três vetores, visto que cada re-configuração da história, que cada tradução inevitavelmente promove, simultaneamente faz reabrir as comportas do passado-presente-futuro. No vetor para o passado, a mônada aparece como dominante, visto que na sua relação com o original a tradução aparece como apropriação reconfiguradora da tradição. No entanto, o vetor para o presente, no seu aqui-agora, na sua emergência, coloca-nos diante de uma outra questão: a da materialidade mesma da tradução, questão esta que incide sobre os modos e meios de que dispõe a tradução em cada presente que é seu para introjetar a história no seu corpo. Ao mesmo tempo que "a unicidade da obra de arte se identifica com seu arranjo no contexto da tradição"[22], ela também tem a ver com seu aspecto material. Isto é, como é que a tradução, ao mesmo tempo que monadicamente presentifica o passado, pode inscrever em si mesma seu próprio tempo histórico, a sua historicidade?

19. CHARLES SANDERS PEIRCE, *apud* ROMAN JAKOBSON, "À Procura da Essência da Linguagem", in *Linguística e Comunicação*, p. 117.

20. *Idem*, p. 117.

21. *Idem*, p. 117.

22. WALTER BENJAMIN, "La Obra de Arte...", *Op. cit.*, p. 25.

10 TRADUÇÃO INTERSEMIÓTICA

Ou, para estarmos mais perto do pensamento de W. Benjamin: como é que a obra de arte (a tradução, no nosso caso) se coloca nas relações de produção do seu tempo? E veremos aqui, como se segue, que as próprias condições materiais de produção da arte na contemporaneidade contêm, no seu bojo, a emergência da sincronicidade.

PRODUÇÃO E HISTORICIDADE

Falar na historicidade dos meios de produção artística significa novamente não podermos escapar a W. Benjamin,

visto que a partir desse pensador, passamos a enxergar que a historicidade da realidade objetiva impõe, ao mesmo tempo, uma historicidade dos meios de produção artística, sem a qual não se torna possível inteligir o próprio movimento de transformação da arte. (...) Com isso, Benjamin dá um passo adiante nas considerações acerca das relações entre infraestrutura econômica e produção artística, dado o fato de que as transformações dos meios artísticos estão inextricavelmente ligadas ao desenvolvimento das forças produtivas. Por outro lado, os modos de produção artística de que uma sociedade dispõe são determinantes das relações entre produtores e consumidores, assim como interferem substancialmente na natureza da própria obra de arte[23].

As transformações, que se processam nos suportes físicos da arte e nos meios de produção artística, constituem as bases materiais da historicidade das formas artísticas e, sobretudo, dos processos sociais de recepção. Para Medvedev, "o significado da arte é completamente inseparável de todos os detalhes de seu corpo material"[24], o que é confirmado por Volosinov: "todo fenômeno que funciona como signo ideológico tem uma encarnação material, seja em som, massa física, como cor..."[25]

Esses aspectos são importantes face ao problema que nos ocupa: o da Tradução Intersemiótica. Aqui, o tradutor se situa diante de uma história de preferências e diferenças de variados tipos de eleição entre determinadas alternativas de suportes, de códigos, de formas e convenções. O processo tradutor intersemiótico sofre a influência não somente dos procedimentos de linguagem, mas também dos suportes e meios empregados, pois que neles estão embutidos tanto a história quanto seus procedimentos. Conforme W. Benjamin,

os meios de produção e as relações de produção artísticas são interiores à própria arte, configurando suas formas a partir de dentro. Nessa medida, os meios técnicos de produção da arte não são meros aparatos estranhos à criação, mas determinantes dos procedimentos de que se vale o processo criador e das formas artísticas que eles possibilitam[26].

23. LÚCIA SANTAELLA, *Arte & Cultura*, São Paulo, Cortez, 1982, p. 103.

24. *Apud* MARIA LÚCIA SANTAELLA BRAGA, *Produção de Linguagem e Ideologia*, São Paulo, 1980, p. 28.

25. *Idem*, p. 29.

26. LÚCIA SANTAELLA, *Op. cit.*, p. 104.

INTRODUÇÃO: A TRADUÇÃO COMO POÉTICA SINCRÔNICA 11

Consideramos, a esse respeito, que as formas da linguagem atual, junto com as formas técnicas produtivas, contaminam e semantizam a leitura da história assim como determinam a recepção, ao mesmo tempo em que elas definem sua própria historicidade. Passado-presente-futuro estão atravessados pelas antigas e novas formas tecnológicas. De resto, como já viu Valéry[27], as artes se transformaram radicalmente, precisamente pela influência dos meios de produção.

INTERSEMIÓTICA

Num arco-íris sincrônico da história, desde Altamira aos meios eletrônicos, segundo a óptica da sensibilidade, podemos ver aparecerem os aspectos de inter-relação sinestésica para os quais, infelizmente, a especialização dos sentidos em categorias artísticas bem demarcadas, de certo modo, nos cegou. O que há de comum, por exemplo, entre as imagens de Altamira em forma de palimpsesto háptico-visual-acústico, a arte abstrata de Kandinski, as esculturas gravadas em marfim dos esquimós e ainda dos seixos de Honfleur, sobre os quais Mallarmé escrevia seus poemas, senão o ancoramento das imagens, poemas, nas características dos objetos como extensões deles? A limitação da arte aos caracteres de um sentido leva ao risco de se perder a sugestiva importância dos outros sentidos.

Na modernidade, desde os círculos simbolistas que cultivavam a sugestividade, de Rimbaud (*Voyelles*) e Mallarmé (poema em forma de leque), seguindo o exemplo de Baudelaire (*Correspondences*) até Kandinski, os artistas desenvolviam experiências entre os sentidos. Basta o exemplo do poema "Klänge" de Kandinski onde o artista vislumbra sistemas de harmonias entre sons, cores e formas, segundo a tradição de Scriabin e suas experiências para *Clavilux* e *Colour Organ*[28].

O século XX é rico em manifestações que procuram uma maior interação entre as linguagens: desde os poemas em forma de leque (já existentes na tradição oriental) e os poemas-síntese dos efeitos visual e verbal ("Un coup de dés..."), incluindo Lewis Carroll (*Alice* – 1895 e sua *tail*) e as experiências caligrâmicas de um Apollinaire ("Il Pleut"), assim como a simultaneidade futurista (ZANG TUMB TUMB) e a dadaísta ("The Cacodylatic Eye") de Picabia, até a relação caligrafia-informalismo expressionista como metáfora das "Três Perfeições" orientais: pintura, poesia e caligrafia.

Na poesia, Alberto Caeiro (heterônimo de Fernando Pessoa), preocupado com a "multiplicidade", elabora uma Teoria das Sensações que teria no "Interseccionismo" a primeira forma conhecida de seu processo de realização. A Teoria do Sensacionismo de F. Pessoa é exposta através de um programa:

---

27. Cf. PAUL VALÉRY, "Pieces sur l'art", in *Ouvres II*, Paris, Gallimard, 1960, p. 1284.

28. JOHN MILNER, "On the Fusion of Verbal and Visual Media", in *Leonardo*, vol. 9, nº 1, winter 1976, Pergamon Press.

12   TRADUÇÃO INTERSEMIÓTICA

1. Todo objeto é uma sensação nossa.
2. Toda arte é a conversão de uma sensação em objeto.
3. Portanto, toda arte é a conversão duma sensação numa outra sensação[29].

Já no campo da Poesia Concreta, as relações tradutoras entre Ideograma e linguagem verbal, entre signo analógico e o lógico norteiam os trabalhos do grupo Noigandres. O trabalho de Augusto de Campos, "Poetamenos" (1953), estabelece as relações precisas entre os códigos ideogrâmico, visual e musical weberniano (*Klangfarben--melodie*), assim como o fonético na oralização do poema. Por outro lado, cumpre notar que o enraizamento genético de uma possível teoria da TI encontra-se na Teoria da Poesia Concreta. A Poesia Concreta, tomando a palavra como centro imantado de uma série de relações inter e intrassemióticas, parece conter o gérmen de uma teoria de TI, pois que, ao definir as qualidades do intraduzível de seu objeto imediato, na linguagem verbal, este se satura no seu Oriente – o ideograma: trânsito de estruturas. "Poesia Concreta: produto de uma evolução crítica de formas[30].

Já os fenômenos de *"Multimedia"* e *"Intermedia"* (Dick Higgins, 1969) como "Expansão das artes" (Maciunas, década de 60)[31] procuram recuperar, através das práticas *Fluxus*, toda uma cultura intersensorial e não categorizada, paralela à cultura oficial ocidental).

Contudo, todos os fenômenos de interação semiótica entre as diversas linguagens, a colagem, a montagem, a interferência, as apropriações, integrações, fusões e re-fluxos interlinguagens dizem respeito às relações tradutoras intersemióticas mas não se confundem com elas. Trazem, por assim dizer, o gérmen dessas relações, mas não as realizam, via de regra, intencionalmente. Nessa medida, para nós, o fenômeno da TI estaria na linha de continuidade desses processos artísticos, distinguindo-se deles, porém, pela atividade intencional e explícita da tradução.

A arte contemporânea não é, assim, mais do que uma imensa e formidável bricolagem da história em interação sincrônica, onde o novo aparece raramente, mas tem a possibilidade de se presentificar justo a partir dessa interação. O período atual caracteriza-se pela coexistência dos períodos anteriores que, isolados ou combinados, fornecem-nos as condições infraestruturais para o desenvolvimento material da arte como esfera da superestrutura. Daí as artes das atividades primárias, artesanais, das atividades secundárias, industriais e das terciárias e quaternárias. O período atual atingiu o estágio da revolução eletroeletrônica que providencia o universo da informação e do conhecimento através de tecnologias que operam de modo aná-

29. Cf. ANA HATHERLY, *O Espaço Crítico*, Lisboa, Editorial Caminho, 1979, p. 77.

30. AUGUSTO DE CAMPOS *et al.*, "Plano-Piloto para a Poesia Concreta", in *Teoria da Poesia Concreta*, São Paulo, Duas Cidades, 1975, p. 156.

31. GEORGE MACIUNAS, "Expanded Arts Diagram", in *Happenings & Fluxus*, Koelnischer Kunstverein, 1970 (não numerado).

INTRODUÇÃO: A TRADUÇÃO COMO POÉTICA SINCRÔNICA 13

logo ao cérebro humano em altas velocidades. Este estágio de civilização e seu sistema de produção tendem a substituir a linha de montagem industrial como sendo a expressão mais acabada da modernidade, tendo, por isso, a tendência à descentralização e à troca simultânea de informações. Não é mais possível uma visão histórica linear e hierarquizada, mas cada povo, país ou lugar fornecem-nos informações constantes a partir das quais se pode elaborar uma história. Pode-se até recuperar a história desde que ela seja memorizada por um computador.

Por outro lado, a recuperação imediata (*on line*) da informação em tempo real (através de sistemas eletroeletrônicos) modifica a nossa percepção dessa mesma informação, provocando tradução e contaminação. Se o poeta S. Mallarmé achava que o "mundo existe para acabar num livro", hoje estamos em posição de ir além, transferindo bibliotecas e o espetáculo da história para um computador. A história e a pré--história parecem se reproduzir através dos sistemas eletroeletrônicos, pois que os novos contextos absorvem e definem os contextos anteriores como conteúdo, artistificando-os. Os signos pensam. "A velocidade elétrica mistura as culturas da pré-história com os detritos dos mercadólogos industriais, o iletrado com o semiletrado e o pós-letrado"[32].

O caráter tátil-sensorial, inclusivo e abrangente, das formas eletrônicas permite dialogar em ritmo "intervisual", "intertextual" e "intersensorial" com os vários códigos da informação. É nesses intervalos entre os vários códigos que se instaura uma fronteira fluida entre informação e pictoricidade ideográfica, uma margem de criação. É nesses intervalos que o meio adquire a sua real dimensão, a sua qualidade, pois cada mensagem engole canibalisticamente (como cada tecnologia) as anteriores, já que todas estão formadas pela mesma energia.

No movimento constante de superposição de tecnologias sobre tecnologias, temos vários efeitos, sendo um deles a hibridização de meios, códigos e linguagens que se justapõem e combinam, produzindo a Intermídia, e a Multimídia. O emprego de suportes do presente implica uma consciência desse presente, pois ninguém está a salvo das influências sobre a percepção que esses mesmos suportes e meios tecnológicos nos impõem.

Nisso nos detivemos para caracterizar as formas tecnológicas da atualidade como formas re-correntes da história, como formas tecnológicas tradutoras, elas mesmas, da história. Queremos dizer, em síntese, que passado-presente-futuro, ou original-tradução-recepção, estão necessariamente atravessados pelos meios de produção social e artística, pois é na tradução dos momentos da história para o presente que aparece como forma dominante "não a verdade do passado, mas a construção inteligível de nosso tempo"[33]. Não é senão por isso

---

32. MARSHALL MCLUHAN, *Os Meios de Comunicação*, São Paulo, 1969, p. 31.

33. *Apud* LEYLA PERRONE-MOISÉS, "A Intertextualidade Crítica", in *Intertextualidade*, Coimbra, 1979, p. 215.

14 TRADUÇÃO INTERSEMIÓTICA

que, conforme nos afirma J.A. Barbosa "a historicidade do poema moderno revela-se, por entre aparentes paradoxos, no princípio da composição: são os procedimentos que trazem a marca da história"[34]. Nessa medida colocamos a Tradução Intersemiótica como "via de acesso mais interior ao próprio miolo da tradição"[35]. Tradução como prática crítico-criativa na historicidade dos meios de produção e re-produção, como leitura, como metacriação, como ação sobre estruturas eventos, como diálogo de signos, como síntese e reescritura da história. Quer dizer: como pensamento em signos, como trânsito dos sentidos, como transcriação de formas na historicidade.

---

34. JOÃO ALEXANDRE BARBOSA, "As Ilusões da Modernidade", Revista *Através* nº 3, São Paulo, 1979, p. 91. (Publicado agora em JOÃO ALEXANDRE BARBOSA, *As Ilusões da Modernidade*, São Paulo, Perspectiva, 1986.)

35. *Idem*, p. 90.

Parte I

A Semiose da Tradução Intersemiótica

1. A Tradução Intersemiótica como Pensamento em Signos

> *Nosso pensar procede do passado, mas não o continua nos caminhos previstos.*
> SUSANNE K. LANGER

CONTINUIDADE

Para Charles S. Peirce, o signo não é uma entidade monolítica, mas um complexo de relações triádicas, relações estas que, tendo um poder de autogeração, caracterizam o processo sígnico como continuidade e devir. A definição de signo peirciana é, nessa medida, um meio lógico de explicação do processo de semiose (ação do signo) como transformação de signos em signos. A semiose é uma relação de momentos num processo sequencial-sucessivo ininterrupto.

A infinitude da cadeia semiótica é formulada por Peirce do seguinte modo:

A ideia mais simples de terceiridade dotada de interesse filosófico é a ideia de um signo ou representação. Um signo "representa" algo para a ideia que provoca ou modifica. Ou assim é um veículo que comunica à mente algo do exterior. O "representado" é seu objeto; o comunicado, a significação; a ideia que provoca, o seu interpretante. O objeto da representação é uma representação que a primeira representação interpreta. Pode conceber-se que uma série sem fim de representações, cada uma delas representando a anterior, encontre um objeto absoluto como limite. A significação de uma representação é outra representação. Consiste, de fato, na representação despida de roupagens irrelevantes; mas nunca se conseguirá despi-la por completo; muda-se apenas de roupa mais diáfana. Lidamos apenas, então, com uma regressão infinita. Finalmente, o interpretante é outra representação a cujas mãos passa o facho da verdade; e como representação também possui interpretante. Aí está nova série infinita![1]

---

1. C. S. PEIRCE, "Escritos Coligidos", in *Os Pensadores*, São Paulo. Abril Cultural. 1974. § 339, p. 99. Os conceitos semióticos são bastante complexos. Não introduziremos neste trabalho uma apresentação à parte desses conceitos, visto que leitores não familiarizados com a teoria de Peirce podem encontrar apresentações desse tipo em alguns trabalhos publicados no Brasil. Entre eles, indicamos, para uma síntese dos principais

18 TRADUÇÃO INTERSEMIÓTICA

Essa ação sígnica que caracteriza a essência da linguagem também é válida para o pensamento, uma vez que, para Peirce, onde quer que exista pensamento, este existe por mediação de signos. Pensamos em signos e com signos: "O único pensamento que pode conhecer-se é pensamento dentro de signos"[2]. Como tal, todo pensamento já está inserido na cadeia semiótica que tende ao infinito.

O Pensamento como Tradução

Por seu caráter de transmutação de signo em signo, qualquer pensamento é necessariamente tradução. Quando pensamos, traduzimos aquilo que temos presente à consciência, sejam imagens, sentimentos ou concepções (que, aliás, já são signos ou quase-signos) em outras representações que também servem como signos. Todo pensamento é tradução de outro pensamento, pois qualquer pensamento requer ter havido outro pensamento para o qual ele funciona como interpretante. Segundo Peirce, um conhecimento imediato não é possível, visto que não há conhecimento sem antecedentes pensamentais. Negando, portanto, a concepção cartesiana de intuição como conhecimento imediato, para Peirce, qualquer pensamento presente, na sua imediaticidade, é mero sentimento e, como tal, não tem significado algum, não tem valor cognitivo algum, pois este valor reside não naquilo que é realmente pensado, mas naquilo a que este pensamento pode ser conectado numa representação através de pensamentos subsequentes; de forma que o significado de um pensamento é, ao mesmo tempo, algo virtual[3].

Quando pensamos, somos obrigados a manter o pensamento conosco mesmos e, nessa operação, criamos um observador-leitor desse pensamento que somos nós mesmos, visto que o pensamento se desenvolve por etapas. "Ninguém está, pela segunda vez, precisamente no mesmo estado de espírito. Somos virtualmente uma pessoa um pouco diferente a quem o pensamento presente tem de ser comunicado. Consequentemente, temos de expressar nossos pensamentos de modo que aquela outra pessoa virtual possa compreendê-lo"[4]. Essa conversação conosco mesmos pode ser estabelecida de forma tão livre quanto quer que seja uma linguagem livre de amarras e sintaxes ou explicações que são necessárias quando comunicamos o nosso pensamento a outra pessoa, mas, nem por isso, essa conversação se estabelece ao lado de fora do universo sígnico.

Se no nível do pensamento "interior" a cadeia semiótica já se institui como processo de tradução e, portanto, dialógico, o que dizer

---

tipos de signos formulados por Peirce, a nota redigida por Haroldo de Campos, às páginas 56, 57 e 58 da *Pequena Estética*, de Max Bense, ed. Perspectiva, São Paulo, 1971.

2. *Idem*, p. 74.
3. C.S. PEIRCE, *Semiótica*, São Paulo, Perspectiva, 1977, p. 272.
4. C.S. PEIRCE, *Collected Papers*, § 7.103.

A TI COMO PENSAMENTO EM SIGNOS 19

daquela que se instaura no intercâmbio entre emissor e receptor como entidades diferenciadas? Neste caso, o pensamento, que já é signo, tem de ser traduzido numa expressão concreta e material de linguagem que permita a interação comunicativa. Ora, o signo é a única realidade capaz de transitar na passagem da fronteira entre o que chamamos de mundo interior e exterior. Nessa medida, mesmo o pensamento mais "interior", porque só existe na forma de signo, já contém o gérmen social que lhe dá possibilidade de transpor a fronteira do eu para o outro.

Pensamento-Signo, Mediação e Incompletude do Signo

O pensamento pode existir na mente como signo em estado de formulação, entretanto, para ser conhecido, precisa ser extrojetado por meio da linguagem. Só assim pode ser socializado, "pois não existe um único pensamento que não possa ser conhecido"[5]. Pensamento e linguagem são atividades inseparáveis: o pensamento influencia a linguagem e esta incide sobre o pensamento.

Pela mediação da linguagem como "terceiro universo" entre o real e a consciência, temos um pivô que define as relações do homem com o real[6]. Como sistema-padrão organizado culturalmente, cada linguagem nos faz perceber o real de forma diferenciada, organizando nosso pensamento e constituindo nossa consciência. A mediação do mundo pelo signo não se faz sem profundas modificações na consciência, visto que cada sistema-padrão de linguagem nos impõe suas normas, cânones, ora enrijecendo, ora liberando a consciência, ora colocando a sua sintaxe como moldura que se interpõe entre nós e o mundo real. A expressão de nossos pensamentos é circunscrita pelas limitações da linguagem. Ao povoar o mundo de signos, dá-se um sentido ao mundo, o homem educa o mundo e é educado por ele, o homem pensa com os signos e é pensado pelos signos, a natureza se faz paisagem e o mundo uma "floresta de símbolos". Ou como diz J. Ransdell: "O homem propõe, o signo dispõe"[7].

O signo é, portanto, mediação como ser social noológico que se supõe enraizado numa comunidade. Só através dessa mediação, "a constituição do real *qua real* pode ser considerada como atingida, ou seja, no sentido de uma conquista intersubjetiva da comunidade mediadora que produz os signos e é por eles produzida"[8]. Mas, sendo

---

5. C.S. PEIRCE, "Escritos Coligidos", *Os Pensadores*, São Paulo, Abril Cultural, p. 74.

6. Cf. GEORGE STEINER, *After Babel* (Aspects of Language and Translation), New York, Oxford, 1977, pp. 82-83.

7. JOSEPH RANSDELL, "Semiotic and Linguistics", in *The Signifying Animal: The Grammar of Language and Experience*, ed. by. J.T. Rauch and G. Carr (Indiana University Press, 1983), p. 154.

8. KLAUS OEHLER, "Peirce's Foundation of a Semiotic Theory of Cognition" in: *Peirce Studies*, Lubbock, Institute for Studies in Pragmaticism, Texas, n° 1, p. 73.

TRADUÇÃO INTERSEMIÓTICA

dialógica, a linguagem é necessariamente social, pois todo conhecimento é mediado pela linguagem que não é propriedade individual, mas coletiva. Passado, presente e futuro criam os possíveis sentidos da linguagem onde as falas individuais se integram e perdem a sua privacidade para o enriquecimento coletivo do sentido. Tanto para Peirce quanto para Bakhtin, "a linguagem é inalienavelmente social. Qualquer ato individual de produção de sentido, para Bahktin, não cabe em uma só consciência (unitária ou fechada em si mesma): toda resposta gera uma nova pergunta. A pergunta e a resposta supõem uma extraposição recíproca..."[9]. Assim, o poder de ação está no signo e não na ação intencional do sujeito que o usa.

O pensamento traduzido em linguagem atravessa os polos concreto e abstrato da realidade e, como principal instrumento de comunicação, as linguagens são também modelos de translação. A linguagem é o principal instrumento da recusa humana em aceitar o mundo como ele é[10]. Sem a possibilidade de translação ficaríamos para sempre no presente.

Mas a plenitude tricotômica do signo-pensamento ou semiose genuína significa que o objeto tem primazia real sobre o signo, ou seja, o objeto determina o signo. Primazia real, no entanto, não significa primazia lógica, quer dizer, embora o signo seja determinado pelo objeto, este, por sua vez, só é logicamente acessível pela mediação do signo. Nessa medida, o signo não se confunde com o objeto, visto que este é algo que está fora do signo, mas só pode ser apreendido através de signos. Desse modo, o signo não pode ser o objeto, pode apenas representá-lo porque, de uma forma ou de outra, carrega este poder de representação. Mas a representação, por sua vez, só se consuma no efeito que o signo produz numa mente, na qual se desenvolverá – quando o signo é da natureza de uma lei – um outro signo também da natureza de uma lei. Lei, portanto, significa aqui crescimento e evolução. Qualquer signo em plenitude tricotômica ou símbolo "é inevitavelmente incompleto. Sua ação própria é a de crescer, desenvolvendo-se num outro signo"[11].

Nessa medida, a única verdade do símbolo é, de um lado, o seu enraizamento genético em outros signos, muito aquém e além de sua verdade como substituto do objeto, pois "o objeto real, ou antes, dinâmico, pela própria natureza das coisas, o signo não consegue expressar, podendo apenas indicar, cabendo ao intérprete descobri-lo por experiência colateral"[12]. De outro lado, a única verdade do símbolo é completar-se num outro símbolo, o interpretante, "a cujas mãos passa o facho da verdade".

---

9. MARIA LÚCIA SANTAELLA BRAGA, "Dialogismo: Peirce e Bakhtine" no prelo da *Revista Cruzeiro Semiótico* n.2, Porto, Portugal.

10. Cf. GEORGE STEINER, *op. cit.*, p. 218.

11. MARIA LÚCIA SANTAELLA BRAGA, "Dialogismo", *op. cit.*

12. C.S. PEIRCE, "Escritos Coligidos", *op. cit.*, p. 117.

A TI COMO PENSAMENTO EM SIGNOS

PENSAMENTO INTERSEMIÓTICO:
ÍCONES, ÍNDICES E SÍMBOLOS

Para Peirce, os pensamentos são conduzidos por três espécies de signos, sendo, na sua maioria, aqueles "da mesma estrutura geral das palavras", tendo, por isso mesmo, um caráter simbólico. Mas os que não são assim, são signos que servem para complementar ou melhorar a incompletude das palavras. Esses signos-pensamentos não simbólicos são de duas classes: figuras, diagramas ou imagens (ícones "tais como aqueles que têm de ser usados para explicar o significado das palavras e aqueles mais ou menos análogos aos sintomas que eu chamo de índices e que nos servem para apontar para um objeto fora de nós"[13]). Assim, cada tipo de signo "serve para trazer à mente objetos de espécies diferentes daqueles revelados por uma outra espécie de signos"[14]. Como se pode ver, o próprio pensamento já é intersemiótico.

Assim como o pensamento as linguagens contêm três aspectos: *a*) as suas qualidades materiais que dão ao pensamento sua qualidade; *b*) a aplicação denotativa ou conexão real que põe um pensamento-signo em relação a outro; *c*) a função representativa[15]. Fazendo distinção nítida entre as qualidades materiais do signo, seu objeto e significado, Peirce estabeleceu que todo processo sígnico opera por relações triádicas entre esses três elementos de semiose.

O signo é algo que, sob certo aspecto, representa alguma coisa para alguém, dirige-se a alguém, isto é, cria na mente dessa pessoa um signo equivalente ou talvez um signo mais desenvolvido. Este signo é o significado ou interpretante do primeiro signo.

O signo representa alguma coisa, seu objeto, coloca-se em lugar desse objeto "e algum espírito o tratará como se fosse aquele outro"[16]. Contudo, para Peirce, o signo tem dois objetos, seu objeto tal como é representado (Objeto Imediato) e seu objeto no mundo (o Objeto Dinâmico). O signo também tem três interpretantes, seu interpretante como representado ou como se desejava que fosse entendido, seu interpretante como é realizado e seu interpretante em si mesmo, isto é, o interpretante final.

Assim, os signos podem ser divididos em classes, conforme a sua natureza própria, quanto a sua relação com seu objeto e quanto a sua relação com seus interpretantes. Decorrente disso, e tomando como centro os signos que mais interessam para a tradução, temos que o signo em relação a seu objeto, pode ser, um ícone, índice ou símbolo.

ÍCONES: são signos que operam pela semelhança de fato entre suas qualidades, seu objeto e seu significado. O ícone, em relação ao seu

---

13. C.S. PEIRCE, *Collected Papers*, § 6.338.
14. *Idem*, § 6.339.
15. C.S. PEIRCE, *Semiótica*, p. 273, § 290.
16. C.S. PEIRCE, *Semiótica e Filosofia*, São Paulo, Cultrix, 1975, p. 114.

22 TRADUÇÃO INTERSEMIÓTICA

Objeto Imediato, é signo de qualidade e os significados, que ele está prestes a detonar, são meros sentimentos tal como o sentimento despertado por uma peça musical ou uma obra de arte.

Apurando ainda mais este tipo de signo, Peirce chega a estabelecer os "hipoícones" ou ícones já materializados que, conforme participam das suas Categorias, seriam: as *imagens* como simples qualidades primeiras; os *diagramas* que representam relações diádicas e análogas entre suas partes constituintes: e aquelas que tendem à representação, que como as *metáforas*, traçam algum paralelismo com algo diverso.

ÍNDICES: operam antes de tudo pela contiguidade de fato vivida. O índice é um signo determinado pelo seu Objeto Dinâmico em virtude de estar para com ele em relação real. O índice, em relação ao seu Objeto Imediato, é um signo de um existente. "Fotografias instantâneas são muito instrutivas porque sabemos que, sob certos aspectos, são exatamente como os objetos que representam. Esta semelhança é devida ao fato de as fotografias serem produzidas em circunstâncias tais que se viram fisicamente compelidas a corresponder, ponto a ponto, à natureza."

SÍMBOLOS: operam antes de tudo, por contiguidade institutiva, apreendida entre sua parte material e o seu significado. Determinado por seu Objeto Dinâmico apenas no sentido de ser assim interpretado, o símbolo depende portanto de uma convenção ou hábito. O símbolo, em relação ao seu Objeto Imediato, é signo de lei.

Peirce criou a classificação semiótica dos signos que se inserem numa hierarquia relativa, pois, para ele (via Jakobson), "os mais perfeitos dos signos" são aqueles nos quais o icônico, o indicativo e o simbólico estão amalgamados em proporções tão iguais quanto possível.

Todo signo difere da coisa significada, pois que entre ambos não há identidade; o signo possui características e qualidades materiais próprias que "nada têm a ver com a função representativa"[17], pois esta tem a ver com a relação do signo com um pensamento.

Assim sendo, o signo não é o objeto, mas um processo de "remessa" (como diria J. Derrida)[18], centrífugo e centrípeto, isto é, que tende à comunicação no primeiro caso, e à autopreservação concretiva no segundo. Esse processo de "remessa", para dentro e para fora, de transformação num outro, evidencia, de um lado, o enraizamento do símbolo no não simbólico, isto é, no índice e no ícone, evidenciando, de outro lado, que só há signos produzindo sentidos para interpretantes, descartada a possibilidade da coisa através do signo (o signo torna presente a ausência do seu objeto), porque esta, a coisa substituída,

17. C.S. PEIRCE, "Escritos Coligidos", *op. cit.*, p. 80.
18. Cf. J. DERRIDA, *Gramatologia*, São Paulo, Perspectiva, 1973, p. 80.

A TI COMO PENSAMENTO EM SIGNOS 23

já é signo para um interpretante. O que temos, finalmente, é um processo *ad infinintum* de produção de sentido e significação. O signo na sua plenitude tricotômica é símbolo num movimento de temporalização que virtualmente não tem fim.

Vê-se, a partir daí, que os três tipos de signos se interpenetram, no processo de semiose. Contudo, se nosso trabalho tivesse por objetivo pensar a tradução sob a dominância do simbólico, os dados aqui levantados já seriam suficientes para conduzir nossa reflexão no que diz respeito ao ângulo da continuidade determinado pelo pensamento em signos. A tradução intersemiótica, entretanto, por sua própria natureza, já coloca em cheque essa dominância simbólica. A isso se acresce o fato de que a nossa indagação se endereça para a tradução intersemiótica a nível estético, o que vem colocar duplamente em xeque aquela dominância e acarretar consequências para a continuidade típica do signo como representação.

ESPECIFICIDADE DO SIGNO ESTÉTICO

A continuidade típica da plenitude tricotômica é o que caracteriza a linguagem que atua no nível da função representativa e comunicativa, isto é, na relação do signo com o pensamento. Por outro lado, na medida em que uma linguagem acentua suas características centrípetas e concretas ela perde para a funcionalidade do simbólico o que ganha em qualidade. A linguagem, que acentua seus caracteres materiais, distrai-se da incompletude do signo e dos significados fechados para tornar-se completa e aberta à interpretação.

Produzir linguagem em função estética significa, antes de mais nada, uma reflexão sobre as suas próprias qualidades. É no âmago destas qualidades que se cria a diferença entre signo autônomo, autorreferente e a linguagem funcional de uso comunicativo (Mukarovski). E Peirce, sempre triádico, estabelece a diferença entre Signos-Em (ícones), Signos-De (índices) e Signos-Para (símbolos).

Todo signo genuíno, isto é, em plenitude triádica, só pode se reportar ao Objeto Dinâmico porque esse objeto se acha, de algum modo, representado no próprio signo. Ao objeto, tal como representado no signo, Peirce denomina Objeto Imediato. O modo como esse Objeto Imediato se apresenta para representar o objeto dinâmico depende, portanto, dos caracteres e materiais do signo. Nessa medida, se o signo no seu movimento centrífugo instaura a semiose e a atividade comunicativa-simbólica, a atividade "regressiva" do signo, seu movimento centrípeto, por outro lado, torna proeminente seu Objeto Imediato pois o signo está ancorado nele e, portanto, tendo a contra-comunicação.

Ora, sendo o ícone um signo sem poder de representação, as qualidades materiais de seu Objeto Imediato não se reportam a algo que está fora do signo, mas apenas apresentam-se a si mesmas. Desse

24 TRADUÇÃO INTERSEMIÓTICA

modo, o ícone põe em suspensão o movimento centrífugo do signo, isto é, seu processo de remessa a um outro signo, hipostasiando seu movimento centrípeto. É por isso que o conhecimento que ele está apto a instaurar é apenas uma possibilidade de compreensão.

Assim, como ponto de partida, pode-se afirmar que o signo estético erige-se sob a dominância do ícone, isto é, como um signo cujo poder representativo apresenta-se no mais alto grau de degeneração porque tende a se negar como processo de semiose.

Para Peirce, "o signo representa seu objeto não em todos os aspectos, mas com referência a um tipo de ideia que eu, por vezes, denominei *fundamento* do representâmen. (...) ...digamos por um décimo de segundo, na medida em que o pensamento continua conforme consigo mesmo durante esse tempo, isto é, a ter um conteúdo similar, é a mesma ideia e não, em cada instante desse intervalo, uma nova ideia"[19]. No caso do signo estético, por seu lado, o fundamento não é mais do que a expressão da ideia de possibilidade, indeterminação, talidade, essência e autorreferência. Lembrando aqui a classificação de signos, vemos que o signo icônico, por ser apenas qualissigno e, como tal, mera possibilidade lógica, só pode ter com seu objeto uma relação de similaridade e semelhança o que produz na mente sentimentos de analogia com algo.

Precisando as referências do signo, vemos que o signo estético é um "signo-EM algum aspecto ou qualidade que o põe em contato com seu objeto"[20]. Se o signo estético como ícone só pode ser uma possibilidade, seu objeto também só pode ser da natureza de uma possibilidade. Diz Peirce: "Dado que o signo não é idêntico à coisa significada, mas dela difere sob alguns aspectos, deve naturalmente possuir algumas características que nada têm a ver com a função representativa. Chamarei a essas características as qualidades materiais do signo"[21]. Se o signo estético oblitera a referência a um objeto fora dele, então ele constrói esse objeto a partir de suas qualidades materiais como signo, pois que ele foge à representação, uma vez que esta função representativa não está na qualidade material, mas na relação de um signo com um pensamento.

O que caracteriza o signo estético, portanto, é a proeminência ao tratamento das qualidades materiais do signo, procurando extrair daí a sua função apresentativa de quase-signo, isto é, aquele que oscila entre ser signo e fenômeno.

Se o signo estético oblitera a referência e, sobretudo, a função representativa, então sua qualidade material e sua sintaxe determinam, ao mesmo tempo, não só o modo como o signo apresenta seu Objeto Imediato, mas também a qualidade de pensamento que ele está apto a gerar. Ora, na medida em que o signo estético não está

19. C.S. PEIRCE, "Escritos Coligidos", *op. cit.*, p. 46.
20. C.S. PEIRCE, *Collected Papers*, § 5.283.
21. C.S. PEIRCE, "Escritos Coligidos", *op. cit.*, p. 80.

A TI COMO PENSAMENTO EM SIGNOS

apto a representar, quer dizer, a substituir outro objeto, constituindo--se ele mesmo como objeto real no mundo, ele se caracteriza por sua talidade como fenômeno. O signo estético não quer comunicar algo que está fora dele, nem "distrair-se de si" pela remessa a um outro signo, mas colocar-se ele próprio como objeto. Daí que ele esteja apto a produzir como interpretante simplesmente qualidades de sentimento inanalisáveis, inexplicáveis e inintelectuais. O seu caráter de "imediato insusceptível de mediação" gera um tom absoluto e totalizador que produz o efeito de isomorfia entre o fundamento, objeto imediato e interpretante imediato.

Nessa medida, o signo estético aparece como uma "razoabilidade concreta" que, despertando qualidades de sentimento inanalisáveis, ao mesmo tempo, aspira a ser interligido.

O SIGNO ESTÉTICO E SUA INTRADUZIBILIDADE

Se o percurso tradutor, movimento centrífugo ou "remessa" de signo traduzindo signo, está incluso na própria natureza da semiose genuína ou dominantemente simbólica, o signo estético, por outro lado, ao colocar em xeque o movimento centrífugo do signo, coloca para a reflexão sobre a tradução problemas complexamente intrincados.

De que temos notícia, tudo o que foi e está sendo dito sobre a tradução estética tem vindo de poetas ou teóricos da poesia. Mesmo quando partem de referenciais distintos daqueles que podem ser encontrados na teoria semiótica, esses autores (com exceção de Haroldo de Campos e R. Jakobson, que também trabalham com esses referenciais) acabam tangenciando ou chegando a colocações a respeito do signo estético semelhantes às que a analogia com o ícone nos faz chegar. Desse modo, um breve panorama das teorias da tradução poética servirá como ponto de partida de inestimável valor para o enriquecimento da reflexão que pretendemos desenvolver, na medida em que essas teorias, no defrontamento com o caráter da poesia como signo estético, abrem brechas para a indagação acerca da tradução intersemiótica a nível estético.

Examinando a linguagem da poesia sob o ângulo de sua inerente ambiguidade, tanto Octavio Paz quanto R. Jakobson postulam, em princípio, a impossibilidade da tradução. Diz Jakobson: "O trocadilho ou, para empregar um termo mais erudito e talvez mais preciso, a paranomásia, reina na arte poética; quer essa dominância seja absoluta ou limitada, a poesia, por definição, é intraduzível"[22]. Colocação que se complementa na de O. Paz: "... se é possível traduzir os significados denotativos de um texto, por outro lado, é quase impossível a tradução dos significados conotativos. Feita de ecos, reflexos

22. ROMAN JAKOBSON, *Linguística e Comunicação*, p. 72.

26   TRADUÇÃO INTERSEMIÓTICA

e correspondências entre o som e o sentido, a poesia é um tecido de contotações e, portanto, é intraduzível"[23].

Tanto O. Paz quanto Jakobson relativizam, porém, esse postulado da impossibilidade por caminhos aparentemente diversos, mas que acabam se tangenciando. Para Jakobson, só é possível a "transposição criativa": "... transposição de uma forma poética a outra – transposição interlingual – ou, finalmente, transposição intersemiótica – de um sistema de signos para outro"[24].

Segundo O. Paz, "traduzir é muito difícil, não menos difícil do que escrever textos mais ou menos originais – mas não é impossível (...) Tradução e criação são operações gêmeas. De um lado, ... a tradução é indistinguível muitas vezes da criação; de outro, há um incessante refluxo entre as duas, uma contínua e mútua fecundação"[25]. Postulando o ideal da tradução poética, a partir de Valéry, como consistindo "em produzir com meios diferentes efeitos análogos", O. Paz define a tradução como "transmutação".

Como se vê, os pontos de partida e os encaminhamentos dados à questão da tradução podem diferir em cada um dos teóricos, mas eles convergem num mesmo ponto de chegada: a tradução como transcodificação criativa.

Porém, ao ser focalizada sob o ângulo da ambiguidade poética, o problema da tradução apresenta novas nuanças que ficam abertas para reflexões intersemióticas. Já nos disse Jakobson que "nos gracejos, nos sonhos, na magia, enfim, naquilo que pode se chamar de mitologia verbal de todos os dias e, sobretudo, na poesia, as categorias gramaticais têm um teor semântico elevado. Nessas condições, a questão da tradução se complica e se presta muito mais a discussões"[26]. Essa afirmação pode ser extrapolada para toda mensagem estética em qualquer código, visto que a ambiguidade é a característica intrínseca, inalienável, do objeto estético.

Mas falar em ambiguidade das mensagens estéticas significa reportar-se novamente a Jakobson, pois foi este o teórico que de maneira perscrutante desvendou os procedimentos que engendram poeticidade e plurissignificância nas mensagens verbais e não verbais. Trata-se da função poética da linguagem, ou melhor, da projeção do princípio da equivalência do eixo da seleção sobre o eixo da combinação, de modo que a equivalência é promovida a recurso constitutivo da sequência. A supremacia dessa função sobre as outras ambiguiza a capacidade referencial das linguagens. Essa ambiguidade empresta um tom de imprecisão à mensagem, criando uma tendência para a

---

23. OCTAVIO PAZ, "Traducción: Literatura y Literalidad", in *Cuadernos Marginales* nº 18, Barcelona, Tusquets Editor, 1971, pp. 10-11.
24. ROMAN JAKOBSON, *op. cit.*, p. 72.
25. OCTAVIO PAZ, *op. cit.*, p. 16.
26. ROMAN JAKOBSON, *op. cit.*, p. 70.

A TI COMO PENSAMENTO EM SIGNOS

autorreferência, isto é, a linguagem apontando para seu próprio processo construtivo.

Examinando o processo de construção da linguagem sob o ângulo da dominância da função poética, algumas indagações podem ser feitas em relação ao problema da tradução.

Conforme diz ainda Jakobson, as operações de combinação (sintagma) e seleção (paradigma)

fornecem a cada signo linguístico dois grupos de interpretantes, para retornar o útil conceito introduzido por C.S. Peirce: duas referências servem para interpretar o signo: uma ao código e outra ao contexto, seja ele codificado ou livre (...) Os constituintes de qualquer mensagem estão necessariamente ligados ao código por uma relação interna e à mensagem por uma relação externa. (...) Para o linguista como para o usuário comum das palavras, o significado de um signo linguístico não é mais que sua tradução por um outro signo que lhe pode ser substituído, especialmente um signo "no qual ele se ache desenvolvido de modo mais completo", como insistentemente afirmou Peirce[27].

O que dessas afirmações pode ser extraído, em primeira instância, é que toda operação de substituição é, por natureza, uma operação de tradução – um signo se traduz em outro – condição, aliás, inalienável de toda interpretação: o sentido de um signo só pode se dar em outro signo. Esta operação, sob o prisma da função poética, apresenta-se hiperbolizada, visto que nesta a equivalência (paradigma) é promovida a recurso constitutivo da sequência. Os constituintes da linguagem poética, assim, tanto na sua ligação interna (ao código), quanto na sua ligação externa (à mensagem) operam sob a dominância do eixo da similaridade: um signo se traduzindo em outro. Encontra-se aqui, portanto, no âmago da linguagem em função poética, o cerne da tradução. Nessa medida, traduzir *latu sensu é* uma operação metalinguística embutida na própria produção de linguagem, sendo que na mensagem com função poética esta operação se exponencia. No caso da função poética, contudo, um signo traduz o outro não para completá-lo, mas para reverberá-lo, para criar com ele uma ressonância, o que, conforme veremos no decorrer deste trabalho, constitui-se num princípio fundamental para as operações de tradução estética.

Num artigo intitulado "Da Tradução como Criação e como Crítica", Haroldo de Campos estabelece o paralelo entre dois teóricos da arte e literatura, A. Fabri e M. Bense: partindo de pressupostos distintos, ambos chegam a constatações semelhantes no que diz respeito ao problema da tradução. Para Fabri, o próprio da linguagem literária é a "sentença absoluta", aquela que "não tem outro conteúdo senão sua estrutura", a que "não é outra coisa senão o seu próprio instrumento". Disso Fabri conclui que essa "sentença absoluta" ou "perfeita" não pode ser traduzida, pois a tradução "supõe a possibilidade de se separar sentido e palavra".

---

27. *Idem*, pp. 40-41 e 64.

28 TRADUÇÃO INTERSEMIÓTICA

M. Bense, por sua vez, a partir da distinção entre "informação documentária", "informação semântica" e "informação estética", desenvolve o conceito de "fragilidade" da informação estética. Para seguirmos nas pegadas das palavras de Haroldo de Campos, pode-se extrair daí que a "informação estética" não pode ser codificada senão pela forma em que foi transmitida pelo artista. O grau máximo de fragilidade da informação estética não permite qualquer alteração, por menor que seja, de uma simples partícula, sem que se perturbe a realização estética. Não se pode, assim, separar a informação estética da sua realização, "sua essência, sua função estão vinculadas e seu instrumento, a sua realização singular. Conclui-se que o total de informação de uma informação estética é, em cada caso, igual ao total de sua realização", donde, "pelo menos em princípio, sua intraduzibilidade"[28].

Por outro lado, no entanto, saltando de todo um quadro das impossibilidades da tradução, Haroldo de Campos, num lance qualitativo de reflexão teórica, fez engendrar o que é possível no impossível. Referindo-se à tradução poética e partindo da condição *sine qua non* estabelecida por Bense de que toda tradução requer uma outra informação estética, Haroldo de Campos propõe que, embora o original e a tradução sejam diferentes enquanto linguagem, suas informações estéticas "estarão ligadas entre si por uma relação de isomorfia, isto é, como corpos isomorfos, cristalizar-se-ão dentro de um mesmo sistema"[29].

Recuperando, portanto, também a prosposta de Walter Benjamin de que "a tradução é em primeiro lugar uma forma"[30], Haroldo de Campos dela extrai todas as consequências radicais. Nessa medida, tradução será "sempre recriação ou criação paralela, autônoma, porém recíproca. (...) Numa tradução dessa natureza não se traduz apenas o significado, traduz-se o próprio signo, ou seja, sua fisicalidade, sua materialidade mesma. (...) Está-se, pois, no avesso da chamada tradução literal"[31]. Ou, como é indicado por Haroldo de Campos, ele mesmo, num outro artigo: trata-se da "literalidade exponenciada, a literalidade à forma (antes do que ao conteúdo) do original". Em suma, trata-se do traduzir "sob o signo da invenção"[32].

Assim, tradução, em processo inverso à constituição da linguagem poética, significa para Haroldo de Campos o seguinte: "Re-correr o percurso configurador da função poética, reconhecendo-o no texto de partida e reinscrevendo-o enquanto dispositivo de engendra-

28. Cf. MAX BENSE, *apud* HAROLDO DE CAMPOS, "Da Tradução como Criação e como Crítica", in *Metalinguagem*, Rio de Janeiro, 1970, pp. 22-23.

29. HAROLDO DE CAMPOS, *op. cit.*, p. 24.

30. WALTER BENJAMIN, "A Tarefa do Tradutor", *Revista Humboldt* n°4, Munique, Bruckmann, 1979, pp. 38-44.

31. HAROLDO DE CAMPOS, *op. cit.*, p. 24.

32. HAROLDO DE CAMPOS, "A Poética da Tradução", *A Arte no Horizonte do Provável*, p. 98-111.

A TI COMO PENSAMENTO EM SIGNOS

mento textual na língua do tradutor, para chegar ao poema trans-criado como re-projeto isomórfico do poema originário"[33].

O que de mais notório aflora nas colocações de Haroldo de Campos, contudo, é que no cerne de sua proposta daquilo que é possível em termos de tradução poética reside uma questão por natureza intersemiótica: para que a tradução não seja, como diz W. Benjamin, "a transmissão inexata de um conteúdo inessencial", Haroldo de Campos evidencia que a tradução poética deve vazar sapiências meramente linguísticas para que tenha como critério fundamental traduzir a forma. Transcriar, portanto.

Assim, a tradução como forma propõe problemas complexos e, segundo W. Benjamin, "concebê-la como tal significa, antes de tudo, o regresso ao original em que ao fim e ao cabo se encontra afinal a lei que determina e contém a 'traduzibilidade' de uma obra"[34]. Assim sendo, do mesmo modo que "nenhum dado do conhecimento pode ser ou ter pretensões a ser objetivo quando se contenta em reproduzir o real, assim também nenhuma tradução será viável se aspirar essencialmente a ser uma reprodução parecida ou semelhante ao original"[35].

Rastreando-se, porém, um pouco mais as colocações de Benjamin, chega-se num ponto em que ficam nelas também insinuadas questões que tocam de perto problemas da tradução intersemiótica.

O fato "da afinidade das línguas depender do caráter de totalidade de cada uma delas pretender o mesmo que a outra sem conseguir alcançá-lo isoladamente", leva Benjamin à conclusão de que "as línguas complementam umas às outras quanto à totalidade de suas intenções". Disso decorre que "toda tradução não é mais do que uma maneira provisória de nos ocuparmos a fundo com a disparidade das línguas"[36].

Nessa medida, toda tradução movimenta-se entre identidades e diferenças, tocando o original em pontos tangenciais, como ainda observa W. Benjamin. Daí que a relação íntima e oculta entre as línguas seja a de que elas apresentam parentescos e analogias naquilo que pretendem exprimir e que, para nós, não é outra coisa senão o ícone como medula da linguagem.

É por isso que, ao se referir a uma relação íntima e oculta entre as línguas "como sendo aparentadas e análogas naquilo que pretendem exprimir", Benjamin deixa entrever uma relação íntima que também pode se dar entre sistemas de signos os mais distintos. Por se tratarem de códigos de representação, os sistemas de signos podem se aparentar na empresa comum de aludir a um mesmo referen-

---

33. HAROLDO DE CAMPOS, "Transluciferação Mefistofáustica", in *Deus e o Diabo no Fausto de Goethe: Marginália Fáustica,* São Paulo, Perspectiva, 1981, p. 151.

34. WALTER BENJAMIN, *op. cit.,* pp. 38-44.

35. *Idem,* pp. 38-44.

36. *Idem,* pp. 38-44.

TRADUÇÃO INTERSEMIÓTICA

cial icônico. Isto porque o próprio pensamento é intersemiótico e essa qualidade se concretiza nas linguagens e sua hibridização. Saturação de códigos, portanto, como atividade sígnica que enriquece a tradução.

O que já é válido para a tradução poética como forma, acentua-se na tradução intersemiótica. A criação neste tipo de tradução determina escolhas dentro de um sistema de signos que é estranho ao sistema do original. Essas escolhas determinam uma dinâmica na construção da tradução, dinâmica esta que faz fugir a tradução do traduzido, intensificando diferenças entre objetos imediatos. A TI é, portanto estruturalmente avessa à ideologia da fidelidade.

O que se pretende dizer é que o processo sígnico vai transformando e comandando a sintaxe. E, numa tradução intersemiótica, os signos empregados têm tendência a formar novos objetos imediatos, novos sentidos e novas estruturas que, pela sua própria característica diferencial, tendem a se desvincular do original. A eleição de um sistema de signos, portanto, induz a linguagem a tomar caminhos e encaminhamentos inerentes à sua estrutura. Ou, conforme nos diz Décio Pignatari: "A sintaxe deve derivar de, ou estar relacionada com a própria forma dos signos"[37]. Nessa medida, a tradução intersemiótica induz, já pela própria constituição sintática dos signos, à descoberta de novas realidades, visto que "na criação de uma nova linguagem não se visa simplesmente uma outra representação de realidades ou conteúdos já pré-existentes em outras linguagens, mas a criação de novas realidades, de novas formas-conteúdo"[38].

É assim que, embora a tradução seja transparente, pois que não oculta o original nem lhe rouba a luz, não obstante todo tradutor tem o desejo secreto de superação do original que se manifesta em termos de complementação com ele, alargando seus sentidos e/ou tocando o original num ponto tangencial do seu significado, "para depois, de acordo com a lei da fidelidade na liberdade, continuar a seguir o seu próprio caminho"[39] que seria o da tradução criativa, isto é, icônica.

Segue-se disso que leitura, tradução, crítica e análise são operações simultâneas, embutidas e/ou paralelas que serão sintetizadas na tradução. Tudo isso, aliás, pode ser condensado de forma lapidar na afirmação borgiana: "A tradução, ao contrário, parece destinada a ilustrar a discussão estética"[40].

---

37. DÉCIO PIGNATARI, "Nova Linguagem, Nova Poesia", in *Teoria da Poesia Concreta*, São Paulo, 1975, p. 161.

38. *Idem*, p. 162

39. *Idem*, pp. 38-44.

40. JORGE LUÍS BORGES, "Las Versiones Homéricas", in *Obras Completas*, Buenos Aires, 1974, p. 239.

A TI COMO PENSAMENTO EM SIGNOS

TRADUÇÃO E O ENFRENTAMENTO DA DIFERENÇA

Enquanto o signo dominante simbólico é, por natureza, incompleto, buscando logicamente complementar-se na remessa ao interpretante, o signo estético (e, neste aspecto, todas as teorias são unânimes) propõe-se como totalizante, isto é, signo que aspira à completude, visto que se enraíza no icônico e, como tal, signo que não se "distrai de si", nem na relação com o objeto que é pelo ícone obliterada, nem na relação com o interpretante que só pode ser fundada na analogia.

Desse modo, a intensificação da autonomia que o signo estético promove parece colocar um paradoxo intransponível para a tradução. Se ela se propõe como tradução e, ao mesmo tempo, precisa manter o caráter de autonomia próprio do signo estético, um desses dois lados, o estético ou o tradutor, tende a ser ferido. De uma forma ou de outra, as teorias da tradução poética, por nós anteriormente mencionadas, enfrentaram essa questão. Queremos, no entanto, aqui desenvolver esse ângulo em mais detalhes, visto que a questão da autonomia do signo estético toca muito de perto a tradução intersemiótica.

Todo signo, mesmo o mais radicalmente icônico, existe no tempo. Nessa medida, embora o signo estético se proponha como completo, ele não pode ser lançado para fora da cadeia semiótica que é a cadeia do tempo. Entre o signo original e o tradutor interpõe-se essa diferença. Mesmo quando a tradução enfrenta a plenitude do signo original, ela não pode deixar de considerá-lo também incompleto em alguns aspectos, daí penetrar nele e dele se apropriar. Estamos aqui na medula da concepção que Hölderlin tinha da tradução, tal como a expressou na muito citada carta a Wilmans, em 28 de setembro de 1803[41]. A tradução, para Hölderlin, é emenda, externalização, extrojeção (levar para fora e para frente significados implícitos), mas ela é também correção. Tal correção e aperfeiçoamento são possíveis, e mesmo compulsivos, porque a visão que o tradutor tem do original é diacrônica; o tempo e a evolução da sensibilidade deram ao seu eco um poder de preenchimento. A correção feita pelo tradutor está virtual no original, mas apenas ele pode realizá-la.

Segundo Steiner, não se pode excluir inteiramente o pensamento de que há um toque de loucura nessa visionária concepção de Hölderlin. Contudo, aquilo que parece um toque de loucura para G. Steiner, torna-se inteligível através da complexa e diferenciada concepção peirciana do signo no seu caráter de semiose e continuidade infinita, da qual nenhum signo, nem mesmo o icônico pode se safar. Se o signo não estético caminha no tempo porque precisa completar-se num outro signo, caminhando, portanto (para utilizarmos a expressão de Jakobson), metonimicamente, o signo estético, quando é traduzido por um outro signo estético, mantém com este uma conexão por similaridade e contiguidade por referência. A tradução mantém uma

41. GEORGE STEINER, *After Babel*, p. 323.

TRADUÇÃO INTERSEMIÓTICA

relação íntima com seu original, ao qual deve sua existência, mas é nela que "a vida do original alcança sua expansão póstuma mais vasta e sempre renovada"[42]. A tradução modifica o original porque este também é produto de uma leitura e, ambos, original e tradução, estariam impossibilitados de chegarem a completar sua intenção que é precisamente a de atingir a "língua pura". Assim, original e tradução, incapacitados que estão de chegar à língua pura, "complementam-se em suas intenções já que estas, tomadas em sentido absoluto, são idênticas e significam o mesmo"[43]. Desse modo, a causa pode converter-se em eleito e vice-versa. Isto faz com que a tradução não seja "literal", isto é, que não seja reflexo de "conteúdos inessenciais", mas que seja uma forma. Assim

como sucede quando se pretende voltar a juntar os fragmentos de uma vasilha rompida que devem se adaptar nos seus mínimos detalhes, embora não seja obrigatória sua exatidão, também é preferível que a tradução, ao invés de identificar-se com o sentido do original, reconstitua até nos mínimos detalhes o pensamento daquele no seu próprio idioma, para que ambos, do mesmo modo que os pedaços de uma vasilha, possam reconhecer-se como fragmentos de uma linguagem superior[44].

Ora, podemos interpretar a "língua pura" ou a metáfora da "linguagem superior" como sendo o ícone no sentido de aptidão para a similaridade que possibilitaria essa identidade virtual, já que ambos, tradução e original estão incapacitados de atingir essa identidade de forma isolada. Original e tradução complementar-se-iam nas suas intenções por mediação do signo icônico.

Parafraseando Peirce, a tradução icônica não tem identidade. Ela é mera qualidade de uma forma que não permanece exatamente a mesma por um segundo. Em vez de identidade, ela tem grande semelhança e não pode variar muito sem transformar-se em qualidade diversa[45].

Assim, a tradução como signo enraizado no icônico tem no princípio de similaridade a única responsabilidade de conexão com seu original. A cadeia signo-de-signo, mesmo a nível icônico, comporta tempo, mudança e transformação, onde a identidade está excluída de antemão, comportando incompletude e diferença, intervalos que são preenchidos pelo signo tradutor, pois o signo sugere, elide, aponta, delimita, indica, mas sempre dentro do sistema de relações analógicas de sua semiose.

Nessa medida, o problema da tão falada "fidelidade" é mais uma questão de ideologia, porque o signo não pode ser "fiel" ou "infiel" ao objeto, pois como substituto só pode apontar para ele. Mesmo o processo pretendidamente mimético caracteriza-se pelo fato de algo tentar fazer--se igual a outro, mostrando-se como não igual. A mimese, portanto, é

---

42. WALTER BENJAMIN, "A Tarefa do Tradutor", pp. 38-44.
43. *Idem*, pp. 38-44.
44. *Idem*, pp. 38-44.
45. C.S. PEIRCE, *Semiótica e Filosofia*, p. 114.

A TI COMO PENSAMENTO EM SIGNOS

(como nos diz Adorno) a negação determinada da categoria da identidade. Representar a coisa "tal como ela é" é mimese mediada pelo código. Quer dizer, a similaridade já contém seu tom diferenciador.

Paolo Valesio, referindo-se à tradução poética, destaca a "tradução icônica" como a "mais radical técnica de tradução enquanto meio de desmistificação das ideologias linguístico-culturais". Diz ele: "por tradução icônica entendo qualquer versão L em I, na qual as relações formais (morfonêmicas e sintáticas) são privilegiadas às ex-pensas das (e em contraste direto com as) relações lexicais". E ainda: "A importância da tradução icônica reside no fato de que, pela radicalização do que está presente, em certa medida, em toda tradução, ela desmistifica a ideologia da fidelidade"[46].

O que as teorias da tradução poética demonstram de modo mais cabal e aquilo que procuramos aqui divisar, como paralelo ou invariante com respeito à tradução intersemiótica, não é senão o fato de que toda tradução que se quer erigir "sob o signo da invenção", tradução estética, portanto, está ancorada no ícone.

Já do ponto de vista da poética da tradução, o aumento ou diminuição da informação estética fornece-nos o nível e a qualidade da operação tradutora que pode ser vista como complementação do signo traduzido. Isso se torna mais claro se consideramos a diferença entre o que se quis realizar no signo e o que na verdade realizou-se que coincide com aquilo que Marcel Duchamp denominou de "Coeficiente Artístico" contido na arte. Em outras palavras, este coeficiente é como uma relação aritmética entre o que permanece inexpresso, embora intencionado, e o que é expresso não intencionalmente[47]. Segundo Duchamp, portanto, é o receptor que vai julgar e "refinar" esse quociente, completando o objeto estético.

LEITURA

> *Há três tipos de leitores: aquele que se deleita sem julgar, um terceiro que julga sem deleitar-se, e o outro, o intermediário, que julga se deleitando ou se deleita julgando. Este realmente recria uma obra de arte. Os membros desta casta não são numerosos.*
>
> GOETHE

Movimento Hermenêutico que Visa a Tradução

Leitura para a tradução é movimento hermenêutico onde o tradutor escolhe e é escolhido. É evidente que tudo parece traduzível,

---

46. PAOLO VALESIO, *apud* HAROLDO DE CAMPOS, "Tradução, Ideologia e História", in *Cadernos do MAM* nº 1, Rio de Janeiro, dez. 1983.

47. MARCEL DUCHAMP, "O Ato Criador", in *A Nova Arte*, São Paulo, 1975, pp. 71-74.

34 TRADUÇÃO INTERSEMIÓTICA

mas não é tudo que se traduz. Traduz-se aquilo que nos interessa dentro de um projeto criativo (tradução como arte), aquilo que em nós suscita empatia e simpatia como primeira qualidade de sentimento, presente à consciência de modo instantâneo e inexaminável, no sentido em que uma coisa está a outra conforme os princípios da analogia e da ressonância. Pela empatia, possuímos a totalidade sem partes do signo por instantes imperceptíveis. Não se traduz qualquer coisa, mas aquilo que conosco sintoniza como eleição da sensibilidade, como "afinidade eletiva".

A simpatia contém analogia, pois muito antes de ser uma categoria psicológica a empatia é "o murmúrio insistente da semelhança"[48], uma semelhança encantada e imantada. A andança do tradutor se dá na procura das similitudes e de falas semelhantes adormecidas no original. Ou como diz Octavio Paz: "O diálogo não é mais do que uma das formas, talvez a mais elevada, da simpatia cósmica".

Mas o projeto tradutor se inscreve dentro da ideia configuradora do *paideuma*, como solidariedade entre criador e re-criador e, sobretudo, como instância poético-política face a um projeto estético-criativo. Estas, parece-nos, são as condições prévias e inerentes ao projeto do tradutor. Obviamente há outros interesses, mas, para nós, estes são os mais proeminentes.

O processo de leitura, como cognição de um signo, desenvolve-se de forma dialógica mediada pela ação do signo, entre uma mente que conhece e o objeto conhecível. A consciência de linguagem será então a consciência da existência de uma relação dialógica entre o signo e leitor e não o predomínio de um eu cartesiano, pois que "não é nosso ego que dá sentido à linguagem, mas a linguagem que dá sentido ao homem"[49]. No cruzamento entre o que fala e o que ouve é que se descobre a linguagem e seus sentidos. No movimento da linguagem é que esta se realiza no seu devir, como um diálogo entre um eu e um outro. Consciência de linguagem será então a consciência de transmutação e, portanto, de leitura.

Na leitura do original, atualizamos os interpretantes embutidos na leitura, pois tradução "é a forma mais atenta de ler"[50].

Num primeiro nível de leitura, o efeito causado pelo signo não é senão a qualidade de sentimento que o signo pode provocar. Isto, sem qualquer reação efetivada ou mesmo manifestação do nosso mundo interior, onde ainda não temos recognição, somente ideias vagas, possibilidades. No caso do objeto estético isto tende a se acentuar, pois que o signo e sua essência estão aptos a produzir meros efeitos de analogia. O interpretante imediato confunde-se assim com

---

48. MICHEL FOUCAULT, *As Palavras e as Coisas*, São Paulo, Martins Fontes, s. d., pp. 42-44.

49. MARIA LÚCIA SANTAELLA BRAGA, "Dialogismo", *op. cit.*

50. SALAS SUBIRATS, *apud* HAROLDO DE CAMPOS, "Da Tradução como Criação e como Crítica", *op. cit.*, p. 31.

A TI COMO PENSAMENTO EM SIGNOS

as qualidades materiais do signo. Temos assim imediatamente presente à consciência a presença de um mero sentimento de qualidade como sensação sem partes, "sendo incomparável com qualquer outro e absolutamente *sui generis*"[51].

É no choque que envolve resistência e reação, choque do mundo interior (ego) no confronto com o exterior ou signo (não ego) e, sobretudo, através do esforço mental desprendido da experiência real que se define o segundo tipo de interpretante, esse que é exterior ao signo como produto de uma mente. "É qualquer interpretação que qualquer mente realmente faz de um signo. Este interpretante deriva seu caráter da categoria diádica, categoria da ação"[52]. Trata-se da experiência real com o original a ser traduzido, o efeito que aquele produz na relação de leitura. Este interpretante é realmente o significado singular do signo original, a maneira pela qual cada mente o recebe e a ele reage.

Num terceiro nível, tem-se a consciência de um processo no qual se desenvolve a cognição. Há sentido de aprendizado, evolução e representação mental, é o momento da síntese.

Essa síntese, no entanto, é de tipo especial, visto que o projeto tradutor como arte não consiste em apresentar um interpretante em si que se proponha como único e final, visto que essa proposta é antagônica ao caráter do signo estético, ou conforme nos diz Borges: "o conceito de texto definitivo não corresponde senão à religião ou ao cansaço"[53]. O projeto tradutor criativo define-se assim pelos conflitos, atritos e roteiros ambíguos dos seus interpretantes.

Concordamos com C. Hubig quando, a partir de um conceito de arte como divergência da norma e da convenção na geração de interpretantes, diz que a arte instala, por assim dizer, um desarranjo nos hábitos, crenças, expectativas e convenções instituídas como interpretantes estabelecidos. E esta operação é comum à tradução criativa, pois nesta, deslocamos os signos e também recriamos seus interpretantes, isto é, programamos os efeitos (Poe).

Pressupor a existência de um interpretante final para a leitura presume que essas leituras são homogêneas e uniformes e, sobretudo, objetivas, o que não corresponde à realidade da criação como deslocamento constante dos signos a procura de sentido. Conforme nos diz Hubig,

os interpretantes carregam uma total responsabilidade pela constituição do significado, enquanto nas artes, as divergências dos interpretantes sobre os quais uma obra se baseia desempenham um papel decisivo. Como resultado dessa distinção, o desenvolvimento das artes e da ciência são governados por leis diferentes[54].

51. C.S. PEIRCE, *Semiótica*, p. 272.
52. C.S. PEIRCE, *Collected Papers*, § 8.315.
53. JORGE LUÍS BORGES, *op. cit.*, p. 239.
54. CRISTOPHER HUBIG, "Is it Possible to Apply the Concept 'Interpretant' to Diverging Fields Uniformly? — Something about the relationship between Semiotics

TRADUÇÃO INTERSEMIÓTICA

H. Buczynska nos diz:

o tempo é um fator importante na noção peirciana da interpretação. Uma interpretação é um processo no tempo. E o termo interpretante inclui todas as fases desse processo: seu início, o interpretante interno, a interpretabilidade, e seu fim relativo (o interpretante externo), o signo apelando para uma interpretação e subsequentemente apelando para outra. O interpretante final, que é uma regra de interpretação adequada do signo, é também o estado futuro da interpretação. É o estágio final para o qual o diálogo tende. No entanto, ele só é relativamente final, pois que sempre requer outras interpretações em outros signos[55].

Isso que já é verdadeiro para qualquer semiose acentua-se na semiose estética. É por isso que a leitura para a tradução não visa captar no original um interpretante que gere consenso, mas ao contrário, visa penetrar no que há de mais essencial no signo.

Mas a leitura de um signo estético não descarta também "a experiência colateral" com aquilo que o signo referencia. A experiência colateral que se interpõe entre o objeto imediato e dinâmico do signo, quer dizer, os aspectos intracódigo e extracódigo mantém uma relação dialética, isto porque o signo original está datado. Já vimos anteriormente a percepção que Hölderlin tinha da tradução como rasura, emenda, extrojeção, enfim, transformação. O original está determinado por um tempo e espaço e pelas condições de produção que nele estão inscritas. Assim, se o original como signo estético tende a ser pleno, ele é também incompleto, visto que se inscreve na cadeia do tempo. Mesmo quando o signo cria seu próprio objeto, ele não se livra de indicar para algo que está fora dele, pois qualquer signo está marcado pelas condições de sua temporalidade, isto é, de sua produção. A leitura do original exige também a leitura das condições de sua produção.

Mas leitura para a tradução é, dominantemente, interpenetração nas qualidades materiais do signo que delimitam os caracteres de seu Objeto Imediato. Neste, o que a mente interpretadora visa flagrar é o ícone-diagrama que possibilitará a tradução como processo de dupla semiose: uma de leitura decodificadora e outra de inserção recodificadora (Haroldo de Campos).

Pensamento, Leitura e Tradução: Evolução e Síntese

O pensamento contínuo (intelegível) e o sintético (sensível) processam-se imbricados. Apesar da natureza evolutiva e analítica da operação tradutora, o que traduzimos são formas como sentimentos sem partes que se tornam progressivamente articulados e reunidos

---

as Philosophy of Science and Semiotics of Arts", in *Proceedings of the C.S. Peirce Bicentennial Congress*, Texas Tech. Press, 1981, pp. 71 a 75.

55. H. BUCZYNSKA-GAREWICZ, "Sign and Dialogue", *American Journal of Semiotics*, 1-2, v. 2, 1983, p. 27.

A TI COMO PENSAMENTO EM SIGNOS

numa síntese. Todo traduzir é conceitual e cognitivo, mas a sua compreensão começa com o sentimento espontâneo de uma forma. Assim, operações de análise e síntese vão mescladas como pensamento em e sobre signos. Para Jakobson, a função cognitiva é complementar às operações metalinguísticas, e é essa relação de complementariedade que define a nossa experiência. Isto é, "o nível cognitivo da linguagem não só admite, mas exige a interpretação por meio de outros códigos, a recodificação, ou seja, a tradução"[56].

No nível pensamental, a tradução em contato com seu original processa-se por inferências associativas: contiguidade e semelhança. Mas, no pensamento tradutor, a associação não é uma mera sucessão de ideias atraídas umas pelas outras, mas associação de formas. Ou seja, não há como separar as representações e as relações entre elas, os materiais e a qualidade do pensamento. Paul Guillaume vê a lei da associação que seria, ao mesmo tempo, a do pensamento do seguinte modo:

Qualquer membro de um todo orgânico, quando aparece na consciência *com essa função, tende a restaurar o todo*. Essa lei explica a lembrança de uma experiência que *já era* organizada. Mas a mesma lei explica também a tendência de um conteúdo de consciência a organizar-se no sentido de certas estruturas estáveis privilegiadas, isto é, invenção[57].

Pelos três tipos de signos-pensamento, anteriormente mencionados, pode-se perceber que, no primeiro nível, como consciência primeira, como instante de tempo, não pode haver pensamento e, portanto, não pode haver associação, pois esta implica reconhecimento e análise. A associação só pode se dar a partir de uma consciência em segundo nível, "consciência de interrupção no campo da consciência, sentido de resistência de um fato externo ou outra coisa"[58].

Na relação entre uma consciência e uma experiência externa, Peirce vê as associações, conseguidas através das leis da organização mental, como inferências que se dão por contiguidade e similaridade relacionadas.

Associação por contiguidade se deve a uma conexão na experiência de fora; a associação por similaridade se deve a uma conexão nos nossos sentimentos. (...) A sugestão de uma ideia por outra pode ocorrer por um dentre os dois diferentes princípios; pois que uma ideia pode sugerir outra parecida com ela, ou pode sugerir outra que foi conectada com ela na experiência[59].

Desse modo, segundo Peirce, a associação como "única força do intelecto" é responsável pelo poder de controle do pensamento.

56. ROMAN JAKOBSON, *op. cit.*, p. 70.
57. PAUL GUILLAUME, *Manual de Psicologia*, São Paulo, Ed. Nacional, 1967, p. 236.
58. C.S. PEIRCE, *Semiótica*, p. 14.
59. C.S. PEIRCE, *Collected Papers*, § 7.451.

38 TRADUÇÃO INTERSEMIÓTICA

Inferência incontrolada por contiguidade, ou conexão experiencial, é o mais rudimentar de todos os raciocínios, pois depende da experiência concreta. (...) Inferência por semelhança implica talvez num grau maior de autoconsciência do que qualquer uma das inferências brutas possuem. Ela envolve algo assim como uma atenção fixa às qualidades como tais; e isso se deve a uma capacidade, pelo menos, para a linguagem, se não da linguagem ela mesma[60].

Assim, a associação por semelhança implica em qualidades que a mente aproxima: "Em toda associação, mesmo por contiguidade, a ideia potencial da Forma do conjunto é operativa"[61].

Para Peirce, está claro que os dois tipos de associação implicam a ideia de conjunto. Contudo, nas inferências por contiguidade, a noção de conjunto decorre da experiência, enquanto que na inferência por similaridade a noção de conjunto provém de operações mentais. É por isso que Peirce vê no pensamento diagramático e sintético a qualidade e

o instrumento sem o qual a associação não poderia ocorrer na mente. Não é necessário que a ideia formal seja claramente apreendida. (...) Deve-se, sim, insistir no seguinte: o esqueleto do conjunto é alguma coisa da qual um diagrama matemático pode ser extraído. É alguma coisa nela mesma inteligível, embora não seja necessário que ela emerja no campo da atenção fácil[62].

O que se quer flagrar aqui, face aos problemas da tradução, é o seguinte: os diversos tipos de raciocínio ocorrem imbricados na operação tradutora. Contudo, se as inferências associativas da ordem da contiguidade nos providenciam as experiências interlinguagens, é, contudo, a associação por similaridade que vem predominar.

Mas a recorrência aos três tipos de consciência sintética, também formuladas por Peirce, talvez aclare melhor o que queremos dizer aqui. Há três tipos de consciência sintética. A consciência sintética dos conjuntos, dependente da experiência, é aquela em que existe uma compulsão externa sobre nós que nos faz pensar as coisas juntas. Associação por contiguidade é um caso deste tipo e o modo correto de enunciá-lo é dizer que existe uma compulsão exterior sobre nós levando-nos a juntá-las em nossa construção de tempo e espaço, em nossa perspectiva[63]. A construção hipotática da linguagem e a associação "como hábito adquirido pela mente"[64] teriam seu lugar nesta consciência sintética. Quer dizer, toda articulação de linguagem onde possa predominar a contiguidade e os processos lógicos simbólicos como acontece com a linguagem verbal. Aqui, a tendência aos processos sintagmáticos parece predominar.

60. *Idem*, § 7.446.
61. *Idem*, § 7.427.
62. *Idem*, § 7.427.
63. C.S. PEIRCE, *Semiótica*, p. 16.
64. C.S. PEIRCE, *Collected Papers*, § 7.499.

A TI COMO PENSAMENTO EM SIGNOS 39

A consciência sintética, em segundo grau, é aquela em que pensamos sentimentos diferentes como sendo semelhantes ou diferentes. Uma vez que os sentimentos, em si mesmos, não podem ser comparados e, portanto, não podem ser semelhantes, de tal forma que dizer que são semelhantes significa apenas dizer que a consciência sintética encara-os dessa forma, isso equivale a dizer que somos internamente compelidos a sintetizá-los ou separá-los. Este tipo de síntese aparece numa forma secundária de associação por semelhança[65]. Nesta consciência sintética de nível segundo, parecem se incorporar aqueles aspectos que como a memória preparam para nossa mente aqueles momentos que, embora unidos e conjuntos, destacam-se pela similaridade de sentimento: a memória involuntária de M. Proust, ou ainda as associações sinestésicas tão caras a Baudelaire.

Já o tipo mais elevado de síntese é aquele que a mente é compelida a realizar não pelas atrações interiores dos próprios sentimentos ou representações, nem por uma força transcendental de necessidade, mas sim no interesse da inteligibilidade, isto é, no interesse do próprio "Eu penso" sintetizador; e isto a mente faz através da introdução de uma ideia que não está contida nos dados e que produz conexões que estes dados, de outro modo, não teriam[66]. Nessa consciência sintética de terceiro e mais aprimorado grau, Peirce parece se referir ao caráter sintetizador da mente que toma sua forma no trabalho do artista e do cientista como forma de síntese. Assim, a construção por coordenação da linguagem, por justaposição, quer dizer, a linguagem da poesia, a função poética da linguagem, que atua no eixo da similaridade, encontraria aqui, nesta consciência sintética, o seu lugar natural. Seguindo o nosso diagrama mental, ao considerar a tradução como organização de conjuntos por semelhança (como principal escopo do projeto tradutor poético e icônico), temos que seria no lugar ou espaço da consciência sintética em terceiro nível que se daria proeminentemente essa operação associativa.

INVENÇÃO

*A forma não é somente o resultado final, mas
o processo todo é forma.*
WALDEMAR CORDEIRO

Fazer tradução toca no que há de mais profundo na criação. Traduzir é pôr a nu o traduzido, tornar visível o concreto do original, virá-lo pelo avesso. A partir disso, pode-se afirmar que, à maneira de vasos comunicantes, tradução e invenção se retroalimentam. Para O. Paz a tradução é uma operação análoga à criação, mas se desenvolve em sentido inverso. Na linguagem da poesia, à mobilidade dos sen-

65. C.S. PEIRCE, *Semiótica*, p. 16-17.
66. *Idem*, pp. 16-17.

40 TRADUÇÃO INTERSEMIÓTICA

tidos e significados corresponde a imobilidade dos signos. "O ponto de partida do tradutor não é a linguagem em movimento, matéria-prima do poeta, mas a linguagem fixa do poema"[67]. Generalizando-se, portanto, pode-se dizer que, para O. Paz, o signo estético é um sistema de escolhas irrepetível e, por isso mesmo, congelado. Traduzir é colocar esse cristal de seleções em movimento, para voltar a fixá-lo num sistema de escolhas outro e, no entanto, análogo. Traduzir é, nessa medida, repensar a configuração de escolhas do original, transmutando-a numa outra configuração seletiva e sintética.

Para Pound, criação e tradução se confundem num único objeto: renovar, assim cria-se uma nova modalidade de crítica: crítica pela tradução.

Inventar formas estéticas é provocar a aparição de qualidades virtuais, aparências que nunca antes aconteceram. A criação lida principalmente com singularidades. Não é de sua natureza o estabelecimento de gerais ou entidades abstratas, mas de entidades concretas que estabelecem o princípio de significação.

A materialização do signo estético tem a ver com a verdade artística que diz respeito muito mais a sua inserção no seu princípio constitutivo, isto é, no seu ícone ou *insight*, do que a sua dependência de fatos e realidades extra-artísticas. Sua capacidade de desenvolvimento depende, afinal, de uma capacidade mental para a introvisão e, é claro, da consciência de linguagem. A introvisão é de caráter espontâneo e aparece à mente como epifania, imediatamente e desprendida das amarras de um raciocínio lógico, quer dizer, não se dá através de sucessividade pensamental, mas é una, sem partes. Como configuração espontânea da mente, a epifania, ícone ou *insight* constitui-se no princípio de toda e qualquer invenção que, como tal, não tem nada a ver com intuição. A epifania está mais para uma consciência imediata ou presença espontânea à consciência de uma qualidade pura e simplesmente presente que não comporta raciocínio, sucessividade. A tendência à organização icônica, estrutural, como "configuração definida pela maior densidade de energia" (Koffka), característica das artes, é manifestação similar ao que ocorre nas manifestações mentais de elaboração, invenção e resolução de problemas.

Os processos mentais-sensoriais de caráter analógico, como processos configurativos energéticos e icônicos que aspiram à "simplicidade máxima", à articulação, definem-se por um caráter absoluto de totalidade. Para Arnheim, a mente é incapaz de sustentar duas organizações estruturais diferentes do mesmo esquema ao mesmo tempo. Em consequência, a mente subordina uma à outra, estabelecendo alternativamente hierarquia entre as estruturas, fazendo uma predominar sobre a outra. Assim, o que temos entre o todo e as partes é uma relação ambígua que nos leva à vacilação.

67. OCTAVIO PAZ, *op. cit.*, p. 15.

A TI COMO PENSAMENTO EM SIGNOS   41

Mas é em Peirce, mais uma vez, que podemos encontrar uma descrição precisa dos processos de descoberta onde germina a invenção:

> ... Ora, há muitas ideias vagamente na minha cabeça, e nenhuma delas, tomada em si mesma, tem qualquer analogia particular com o meu problema. Mas um dia, todas essas ideias, todas presentes à consciência, mas ainda muito vagas e profundas, na profundeza do pensamento subconsciente, têm a chance de se verem reunidas num modo tão particular que a combinação ("forma") realmente apresenta uma forte analogia com a minha dificuldade. Essa combinação quase instantaneamente se ilumina na vividez. Ora, isso não pode ser contiguidade; pois a combinação é, além do mais, uma ideia nova. Ela nunca tinha me ocorrido antes; e consequentemente não pode estar submetida a qualquer hábito adquirido. Deve ser, como parece ser, *sua analogia ou semelhança na forma* em relação ao nódulo do meu problema que a traz para a vividez. Bem, o que pode ser isso, senão pura e fundamental associação por semelhança?[68]

São, contudo, os três estados da consciência, formulados por Peirce que funcionam como indicadores do percurso da invenção:

> Por mim, penso, em primeiro lugar, que as impressões – digamos, o vermelho – estão presentes, quando positivas, suficientes em si: embora o contraste nos faça atentar nelas, de modo algum constitui suas peculiaridades; e as impressões estão presentes inteiramente a nós – inteiramente dentro na consciência –, de tal modo que se podia até, escolhendo bem, limitar o significado de consciência à impressão de um instante, se bem que fosse algo só conhecido por análise[69].

Trata-se da consciência em nível de primeiro como "impressão de um instante", pura similaridade. Já os momentos de tensão só podem ser dados em nível de consciência, entre passado como mundo interior (eu) e o presente como mundo exterior (não eu) que vêm a nós como atrito de forças conflitivas. Já num terceiro momento, tem-se a presença à consciência da continuidade como processo pensamental, a relação triádica da consciência. Esses três estados delimitam os caracteres da invenção como processo formativo que nasce da "impressão de um instante" ou presença do ícone à mente que se dá na isomorfia do processo pensamental com o meio do qual se materializará. Pode-se distinguir, então, três níveis de invenção.

A Tradução Criativa e os Níveis de Invenção

Os três níveis de invenção interpenetram-se na operação tradutora. Nesta, a primeira atividade mental contemporânea e consecutiva à operação hermenêutica é precisamente a sensação ou quase-noção de um sentimento configurativo por similaridade, uma espécie de ícone-diagrama que se define por contraste e polaridade. Este senti-

68. C.S. PEIRCE, *Collected Papers*, § 7.498.
69. C.S. PEIRCE, "Escritos Coligidos", *op. cit.*, p. 113.

42 TRADUÇÃO INTERSEMIÓTICA

mento, de imediato, é percebido na mente como um instante no tempo, ou "consciência passiva da qualidade, sem reconhecimento ou análise"[70]. As impressões são o que são, meras qualidades que afloram na consciência por átimos de tempo, como puros ícones ou lampejos que não fazem parte de uma cadeia ou série. Todo inventor tende a reter, na sua criação, esse instante epifânico que não se repete identicamente na memória, porém a marca impressiona. Esse instante só vai embora quando empurrado pelo símbolo ou futuro como partícula de tempo que reúne sentido de aprendizado, análise, pensamento.

Quando temos um ícone, epifania na mente, por um instante de tempo, este instante é irrepetível e intraduzível, pois o ícone, por ser uma forma ou totalidade sensível indivisível, resiste à análise e incide na consciência como espécie de interrupção.

Assim, o ícone-diagrama aparece por força da leitura com um lampejo de pura instantaneidade, como quase-signo, como mero poder-ser, onde não há comunicação, mas há incitação. "Nunca podemos pensar 'isto me é presente', pois, feita a reflexão, a sensação já pertence ao passado e uma vez passada, nunca podemos trazer de volta a qualidade como era"[71]. Como qualidade de um estado genuíno, presente a nós dentro da consciência, o ícone-diagrama, ainda não atualizado e não corporificado, estabelece o *novo* no sentido pleno de "originalidade" ou oriência, de onde se pode derivar informação. O qualissigno, o ícone é o signo da invenção por excelência. O dado novo, a invenção como originalidade só se podem dar nessas condições.

Desse modo, conforme já viu Haroldo de Campos,

o cenário do pensamento inventivo parece ser, desde logo, como queria Peirce, o qualissigno, o ícone em estado genuíno, pura aptidão de similaridade enquanto possibilidade ainda não atualizada em objeto, em nível de primeiridade, portanto. Peirce chega a conceber a "qualidade" ou "talidade" como pura errância, independente do percepto ou da memória, como um mero "poder-ser", anterior a qualquer corporificação, uma *quality of feeling* ainda não factualizada em ocorrência... (...) posso imaginar uma consciência cuja vida acordada, sonolenta ou sonhando consistiria tão-somente numa cor violeta ou no cheiro de repolho podre[72].

É essa qualidade em configuração estrutural que privilegia o estado mental contemplativo quando da aparição do ícone. No momento instantâneo *insight* como medula da invenção, podemos sentir o ícone ou qualissigno como configuração mental, mera possibilidade presente a nós como um todo sem partes. Quer dizer, o ícone só pode ser mental, uma ideia ou modelo a nível de primeiro que deve produzir, por propósito ou intenção, uma outra ideia ou interpretante.

---

70. C.S. PEIRCE, *Semiótica*, p. 14.

71. C.S. PEIRCE, "Escritos Coligidos", *op. cit.*, pp. 80-81.

72. C.S. PEIRCE, *apud* HAROLDO DE CAMPOS, "Ideograma, Anagrama, Diagrama" in *Ideograma*, São Paulo, Cultrix, 1977, pp. 87-88.

A TI COMO PENSAMENTO EM SIGNOS 43

Devido ao processo de produção de linguagem, na sua necessária materialização, todo ícone é traduzido de forma mais ou menos instantânea e conflitiva num *médium* particular no qual toma existência. Portanto, passa-se assim do icônico atemporal (não simbólico) espontâneo para o reflexivo que instaura o tempo na produção.

Desse modo, a especialização dos hábitos e das leis nos meios e linguagens influi definitivamente sobre o ícone-diagrama, quando de sua corporificação para a comunicação. Aqui o novo como "Validade" entra em conflito com o existente, quer dizer, ele pode ser checado e comparado, submetido a leis, entrando em conflito com a historicidade de seus suportes. Em outras palavras: é um novo relativo, datado.

Sendo estes caracteres os que dominam no ícone e consequentemente no signo estético, deve-se, contudo, levar em consideração o fato de que o signo estético, quando materializado, realiza-se inevitavelmente através de signos-tipos, réplicas de leis mais ou menos gerais e, sobretudo, leis *ad hoc* que incidem sobre a sintaxe do signo, é o que Peirce chama de legissignos que encetam, junto aos qualissignos, o movimento de estruturação do signo.

É evidente que a relação entre esses níveis de invenção se dá de forma interpenetrada com a proeminência de um dos níveis sobre os outros. A partir do poeta-pensador Paul Valéry, pode-se inferir que é a complexidade das linguagens que tende a alterar as relações entre os níveis.

Neste ponto, cumpre apontar para a acentuada coincidência entre os níveis de invenção que aqui estipulamos a partir da semiótica peirciana e os elementos levantados por Valéry no seu "L'Invention Esthétique". Diz Valéry:

A desordem é essencial à "criação", enquanto esta se define por uma certa "ordem". Tal criação de ordem compreende ao mesmo tempo *formações espontâneas* comparáveis àquelas dos objetos naturais que apresentam simetria ou figuras "inteligíveis" por elas mesmas; e por outro lado, do *ato consciente* (quer dizer: que permite distinguir e expressar separadamente um *fim* e os *meios*). Em suma, numa obra de arte, dois elementos constituintes estão sempre presentes: primeiro aqueles dos quais não concebemos a origem (a geração), que não podem ser expressos em atos, embora possam depois ser modificados por atos; segundo, os que são articulados, podendo ser pensados. Há em toda obra uma certa proporção destes elementos constituintes, proporção que joga um papel considerável na arte (...) o refletido sucedendo ao espontâneo dentro dos caracteres principais das obras e reciprocamente (...) mas estes dois fatores estão sempre presentes. E mais: dúvidas, resoluções, pontos de partida, tentativas aparecem na fase que eu chamo de "articulada". As noções de "princípio" e de "fim", *que são estranhas à produção espontânea*, não intervém igualmente senão no momento onde a criação estética deve tomar os caracteres de uma produção[73].

73. PAUL VALÉRY, "L'Invention Esthétique", *in Oevres I*, Paris, 1957, pp. 1412-1415.

2. A Tradução Intersemiótica como Intercurso dos Sentidos

> *Se os Órgãos Perceptivos se alteram, os Objetos da Percepção parecem alterar-se; Se os Órgãos Perceptivos se fecham, seus Objetos também parecem fechar-se.*
>
> WILLIAM BLAKE

Na tradução interlingual, o processo tradutório processa-se no mesmo meio, porém em língua diferenciada, tendo, por isso mesmo, tendência a despertar os sentidos latentes na língua de partida. Contudo, os sentidos nas línguas tendem a ficar especializados e adormecidos, pois esses sentidos estão nelas representados por meio de sugestão, alusão e metáfora. Pelo contrário, na Tradução Intersemiótica, como tradução entre os diferentes sistemas de signos, tornam-se relevantes as relações entre os sentidos, meios e códigos. Já viu McLuhan que "qualquer invenção ou tecnologia é uma extensão ou amputação de nosso corpo e essa extensão exige novas relações e equilíbrios entre os demais órgãos e extensões do corpo. (...) Como extensão e acelerador da vida sensória, todo meio afeta de um golpe o campo total dos sentidos..."[1].

O operar tradutor como pensamento em signos precisa de canais e de linguagens que permitam socializar esses pensamentos e estabelecer uma ação sobre o ambiente humano. A criação de sistema de sinais é fundamental para o intercâmbio de mensagens entre o homem e o mundo. Cada sistema de sinais constitui-se segundo a especialidade que lhe é característica e que pode ser articulada com os órgãos emissores-receptores, isto é, com os sentidos humanos. Estes produzem as mensagens que reproduzem os sentidos. É pelos sentidos que os homens se comunicam entre si. Dentre os sentidos humanos, três

---

1. MARSHALL MCLUHAN, *Os Meios de Comunicação como Extensões do Homem*, São Paulo, 1969, p. 63.

46 TRADUÇÃO INTERSEMIÓTICA

foram os que historicamente se caracterizaram como geradores de extensões capazes de prolongar e ampliar a função de cada um desses sentidos em meios produtores de sistemas de linguagem. São eles: o visual, o tátil e o auditivo. Tanto canais, instrumentos, quanto sistemas de signos nos fornecem as condições e formas de apreensão dos signos que traduzem pensamentos no operar e transmitir informação estética.

O homem, para sobreviver, começa a transmutar o mundo em signos, em palavras e imagens, tomando posicionamentos e delineando as fronteiras da realidade em nosso entendimento. Ao representar, o homem esquematiza o real e materializa seu pensamento em signos os quais são pensados por outros signos em série infinita, pois o próprio "homem é signo" Essa atividade de cristalização em signos (a partir de possibilidades e sentimentos), em formas significativas e simbólicas é o que caracteriza a comunicação social e humana. Contudo, as relações do real (que é signo) e a linguagem que também é real tecem uma tessitura ou malha fina de conexões. O real é uma espécie de conjunto polifônico de mensagens parciais que realizam um contraponto, determinando a inteligibilidade maior ou menor do sinal de conjunto. Perceber já é selecionar e categorizar o real, extrair informações que interessam num momento determinado para algum propósito. Muito mais do que o real, o que os nossos sentidos captam é o choque das forças físicas com os receptores sensoriais[2].

A palavra "sentidos" é tão enganosa quanto o conceito de "sensação", pois não existem sentidos departamentalizados, mas sinestesia como inter-relação de todos os sentidos. A sinestesia, como sensibilidade integrada ao movimento e inter-relação dos sentidos, garante-nos a apreensão do real. Os receptores no ouvido interno nos informam da nossa posição em equilíbrio durante o movimento, assim como a posição da cabeça e corpo. Os receptores do tato, instalados na pele, nos informam constantemente das qualidades do ambiente e, sobretudo, o movimento sacádico dos olhos está coordenado com o movimento e a manipulação de objetos no mundo.

Mas existe também o avesso. Não somos somente sujeitos, somos também objetos do e no mundo, pois nos percebemos dentro do mundo, isto é, nos ouvimos, nos tocamos, nos vemos. Ao perceber o mundo, percebo-me dentro desse mundo, percebo meu eu. À sensação do estar "aqui" corresponde outra, a de estar "ali", em conflito. E mais: a distinção entre "mundo visual" (o mundo existente) e o "campo visual", ou seja, aquilo que entra na retina como informação, leva-nos à distinção entre o mundo tal como conhecido e que, como tal, somente pode existir na memória, e o mundo que observo e sinto. Esta distinção entre o que se sabe, o que se sente e o que se vê, parece-nos fundamental para a captação do real, pois constitui a diferença

2. Cf. F. P. KILPATRIK *apud EDWARD* T. HALL, *A Dimensão Oculta*, Rio de Janeiro, 1977, p. 49.

A TI COMO INTERCURSO DOS SENTIDOS

entre a síntese dos estímulos do passado, arquivada na memória do eu, e o conflito aqui-agora do presente, o não eu. "O homem que alguma vez conheceu um dado, mas o manteve esquecido, é diferente do homem que jamais conheceu esse dado"[3]. Mas é a memória "involuntária" que nos possibilita uma experiência mais completa do momento, como já o sabia Proust. Sinestesia e memória são, então, dois dispositivos que nos permitem estabelecer uma comunicação adequada com nosso meio ambiente e que nos permitem estabelecer as chaves culturais pertinentes.

Edward T. Hall, no seu livro *The Silent Language*, capta com sensibilidade a inter-relação do homem com seu meio ambiente (relações que a *Proxemia* trata de codificar). Fala-nos Hall da limitação dos sentidos, da sua divisão em canais receptores à distância (ouvido e visão) e dos receptores imediatos (tato, gosto e olfato), das tendências culturais em recortar o real, eliminando "ruídos culturais de fundo" e também da tendência dos seres à policronia e monocronia. Desta excelente leitura só podemos concluir uma coisa: as diferenças culturais correspondem às diferenças de culturas sensoriais, isto é, às diferentes formas de cultura dos sentidos. Os limites culturais e a incapacidade dos canais sensoriais, para captar o real durante o tempo todo, são transferidos para as linguagens e códigos como extensões dos sentidos. Cada sentido capta o real de forma diferenciada e as linguagens abstraem ainda mais o real, passando-nos uma noção de realidade sempre abstrata que possibilita que as linguagens adquiram toda uma dimensão concreta na sua realidade sígnica. Não há reflexo ponto-a-ponto entre o real e a representação que dele se faz. E isto tem sua raiz na própria percepção, visto que a incompletude da percepção em relação ao real gera a inevitável incompletude do signo.

As Vias Sensoriais Produtoras de Substitutos

A representação sígnica nunca foi uma tentativa de apreender o real como um todo, pois isso está além da capacidade humana, quer dizer, do próprio signo. Recordemos o que diz Peirce: "... O objeto real, ou antes dinâmico, pela natureza das coisas, o signo não consegue expressar, podendo apenas indicar, cabendo ao intérprete descobri-lo por experiência colateral"[4]. Antes de se referir a alguma coisa que está fora dele (o objeto dinâmico), cada código ou meio referencia-se a um outro código que está embutido nele de forma virtual. Enquanto a linguagem visual figurativa, por exemplo, antes de referir-se ao real, referencia-se com códigos de representação, a linguagem verbal escrita, por seu lado, referencia-se com o próprio código

---

3. HEINZ VON FOERSTER, "Du stimulus au symbole: L'economie du calcul biologique", in GYORGY KEPES (org.), *Sign, Image, Symbole*, Bruxelles, La Connaissance, 1968, p. 42.

4. C. S. PEIRCE, "Escritos Coligidos", *op. cit.*, p. 117.

visual e, fundamentalmente, com o código oral do qual é tradução. É justamente essa rede entre os sentidos (intercurso) e consequente embutimento de um meio dentro de outro, ou seja, é justamente essa rede de referências entre os sentidos e meios – mais imediatamente presente ao signo do que a referência aos objetos dinâmicos – aquilo que dá fundamento e possibilita a TI como intercurso dos sentidos ou trânsito de meios e canais.

Ao traduzir os sentidos em códigos e meios como extensões do organismo abstraímos e departamentalizamos os sentidos nesses meios, canais, suportes e códigos. É através desses meios que traduzimos o objeto dinâmico ou referencial em Objeto Imediato. Isto pode se tornar mais claro se recorrermos às noções de "conceito perceptivo" e "conceito representativo" formuladas por R. Arnheim, noções estas que apresentam respectivamente marcadas analogias com as noções de "juízo perceptivo" e "signo como representação" em Peirce. Para Arnheim, perceber não é simples recepção passiva do material estimulador, mas "criação de padrões de categorias perceptivas adequados à configuração do estímulo". Perceber uma coisa, contudo, não é ainda representá-la numa forma tangível. Nessa medida, a representação pressupõe mais do que a formação de um conceito perceptivo. Ela requer o que Arnheim chama de "conceito representativo", ou seja, a tradução de "conceitos perceptivos" em padrões que podem ser obtidos de um estoque de formas disponíveis num *médium* particular, de modo que os "conceitos representativos" se tornam dependentes do meio através do qual eles exploram a realidade[5].

Do mesmo modo, os juízos perceptivos têm, para Peirce, um caráter generalizador e, portanto, mediador entre a mente que percebe e os estímulos sensoriais produzidos pelos objetos. Representar esses objetos de forma tangível, no entanto, pressupõe a tradução dos "juízos perceptivos" dentro dos limites e potencialidades de um determinado meio e uma determinada linguagem. Se os meios e, por extensão, as linguagens que eles veiculam são ampliações diferenciadas da diversidade do nosso sistema sensório, de uma forma ou de outra, o caráter desse sistema sensório fica inscrito ou traduzido nesses meios. Sendo as qualidades materiais dos meios e linguagens que determinam o caráter do Objeto Imediato do signo, antes de apontar para o objeto que está fora do signo, o Objeto Imediato indica, isto sim, as qualidades do meio e do código como extensões dos sentidos nos quais ele se consubstancia. Desse modo, todas as vezes que produzimos um signo, também construímos um Objeto Imediato que não alcança ser e não é o objeto dinâmico. Se o Objeto Imediato constitui-se, assim, num afastamento e abstração em relação ao real, também constrói um "enriquecimento", pois ele nos dá, isto é, nos apresenta suas próprias qualidades materiais *sui generis*. Mas isto deve ser visto

5. Cf. RUDOLF ARNHEIM, *Hacia una Psicología del Arte*, Madrid, Alianza Editorial, 1980, p. 43.

A TI COMO INTERCURSO DOS SENTIDOS 49

em mais detalhes, pois se constitui em pedra de toque para a tradução intersemiótica de cunho criativo uma vez que o signo estético, como já enfatizamos no capítulo anterior, torna ainda mais proeminente o afastamento do seu referente.

Para tal, recordemos como as partes do signo, em nível de microscopia, rebatem umas nas outras e influenciam-se entre si. Todo signo possui três referências: *a*) a função representativa que o torna representação; *b*) a aplicação denotativa, ou ligação real, que põe um pensamento em relação com outro; *c*) a qualidade material que dá ao pensamento sua qualidade[6]. Ora, são essas características materiais que determinam a sua constituição, visto que o signo "não é idêntico à coisa significada, mas dela difere sob alguns aspectos, e deve naturalmente possuir algumas características próprias que nada têm a ver com a função representativa. Chamarei a estas características as qualidades materiais do signo"[7]. Desse modo, a "função representativa" do signo não está na qualidade material, assim como a "aplicação denotativa" também o está. Mas essas duas funções estão perpassadas pelo material que engloba os sentidos humanos, conformando as qualidades do Objeto Imediato do signo. O signo, assim, no tocante a sua natureza material, é qualissigno ou signo de qualidade e, neste aspecto, se confunde com seu Objeto Imediato.

Se as qualidades materiais do signo influem e semantizam as relações com seus sentidos receptores, então os caracteres sensoriais, as formas produtivas e receptivas estão inscritas na materialidade do signo. Veja-se, por exemplo, as diferenças entre uma fotografia, um desenho e uma gravura que representam um mesmo objeto.

A relação de substituição e complementariedade entre original e tradução, nessa medida, pode ser vista como uma relação interlinguagens, onde empregamos signos como substitutos com graus de abstração e concreção relativos à coisa significada. A distinção entre experiência de primeira e de segunda mão significa, de um lado, a distinção entre percepção como contato imediato com a coisa em si e, de outro, num grau superior mais complexo, com a coisa de forma mediada, através de algo que nos provoca o percepto indiretamente, isto é, através das linguagens e códigos, imagens e modelos como substitutos. Quer dizer: os signos se interpõem entre nós e o mundo, mas ao mesmo tempo nos presenteiam com significações e apresentações de objetos que, sem eles, não viriam até nós e com situações até mesmo previamente inexistentes.

Sem querer fazer um levantamento exaustivo dos códigos e linguagens existentes, podemos tentar, pelo menos, estabelecer categorias relativas às formas de produção e seus caracteres, isto é, conforme seus suportes. Podemos, assim, distinguir os substitutos primários em suportes fisiológico-orgânicos, tais como: sons, fonemas, vozes,

6. C. S. PEIRCE, *op. cit.*, p. 81.
7. *Idem*, p. 80.

50 TRADUÇÃO INTERSEMIÓTICA

isto é, linguagem falada como sistema "natural" articulado, porém sempre acompanhada das linguagens "não verbais", como linguagens complementares à comunicação verbal e que, segundo Ekman e Friesen[8], possuem um caráter sincrônico com a fala, ou seja, são a parte "não verbal" da linguagem verbal, tendo, por isso mesmo, um caráter complementar. Estas linguagens "não verbais" podem ser classificadas, segundo os autores citados, em "emblemas", "ilustradores" e "adaptadores". O caráter emblemático-gestual-tradutor destas linguagens implica a não digitalização. Já Bateson[9] vê o fenômeno como metacomunicação, ou seja, "como um caso particular do contexto". Bateson entende por metacomunicação uma comunicação que tem por objeto uma outra comunicação. Assim, a metacomunicação possui um caráter nitidamente metalinguístico: signos gestuais que acompanham a fala para reforçá-la e/ou contradizê-la.

Mas o organismo pode produzir também substitutos secundários, como traços com ou sem instrumento num suporte: o desenho, a escrita, numa relação corpo-suporte, corpo-instrumento. Estes substitutos possuem um caráter artesanal, pois que dependem, por assim dizer, da energia corporal e de ferramentas-instrumentos elementares.

Os substitutos terciários, ou memórias artificiais, já possuem um caráter industrial-mecânico, quer dizer, tecnológico, uma vez que envolvem instrumentos e artefatos que chegam à complexidade dos aparelhos eletroeletrônicos os quais se encarregam de registrar e incluir os substitutos anteriores como conteúdo. Os processos de percepção e de criação de signos-substitutos conduzem constantemente uns aos outros com tendência à mistura, saturação c, sobretudo, tradução e englobamento.

Individual-Coletivo

Já do ponto de vista da produção sígnica, da sua materialidade, a distinção entre o "autográfico" e "alográfico"[10] parece-nos produtiva face ao problema da tradução e, sobretudo, ao produzir sígnico, pois que meios e procedimentos se inscrevem no signo, delimitando sobremaneira os caracteres de seus Objetos Imediatos. Assim, frente ao problema da tradução, os caracteres "autográfico" (de *auto* = por si próprio, de si mesmo) e "alográfico" (de *alo* = outro, diferente) iluminam os aspectos inerentes não somente aos Objetos Imediatos do

8. *Apud* JACQUES CORRAZE, *As Comunicações Não Verbais*, Rio de Janeiro, Zahar, 1982, pp. 35-37.

9. GREGORY BATESON, *apud* JACQUES CORRAZE, *op. cit.*, p. 50. À respeito da "metacomunicação", ver também GREGORY BATESON, *Metalogos*, Buenos Aires, Tiempo Contemporáneo, 1969, p. 13.

10. Nelson Goodman desenvolve os conceitos de "autográfico" e "alográfico", relacionados aos aspectos de autenticidade e, sobretudo, às relações entre original e cópia no universo da arte. NELSON GOODMAN, *Los Lenguajes del Arte*, Barcelona, Seix Barral, 1976, pp. 124-133.

A TI COMO INTERCURSO DOS SENTIDOS 51

signo, como também dizem respeito ao estilo e ao caráter de contínuo-
-analógico e descontínuo-digital.

Distingue-se entre sistemas de esboço e sistemas de notação, isto
é, as artes autográficas, a pintura, por exemplo, produzem seu objeto
em sistemas de esboço como cálculo prévio que antecede ao projeto
e que contém a "expressão" autográfica de seu autor. Já as artes alográficas – música, literatura, arquitetura, entre outras – produzem seus
objetos dentro de sistemas de notação como sistemas sígnicos mais
ou menos familiares e convencionais que possuem, por isso mesmo,
caráter coletivo: os sistemas de representação gráfica, a notação musical, o alfabeto fonético, entre outros. Então, as artes, que dependem
de equipe para serem produzidas, requerem a existência de planos de
notação com caráter monossêmico que possibilitam a construção coletiva do signo. Já as artes de autor caracterizam-se mais pela polis-
semia e ambiguidade de seus códigos.

Quanto à produção, isto é, à reprodução, há artes que são "uni-
fásicas" como a pintura que é feita diretamente por seu autor, e artes
"bifásicas" como a música que é feita em dois momentos: o da "notação" e o da interpretação. A notação possibilita a reprodução. Esta,
a tradução daquela.

Tem-se, então, que os caracteres autográficos se identificam mais
com os signos como substitutos primários e secundários, pois eles
tendem a reproduzir os caracteres da pessoa que os produz como índices que são: a fala, os gestos, a escrita caligráfica, o desenho, a
pintura. O autográfico, ao capturar os caracteres do autor, estabelece
os signos de qualidade diferencial que caracterizam as "diferenças"
artísticas (que se convertem, aliás, na alma que alimenta a ideologia
da arte mercantil). Já por processos de notação, colocamos em jogo
o caráter do "outro", do coletivo. Enquanto o autográfico tende ao
idioleto, o alográfico tende ao código, à lei, à invariância. O autográfico, por estar mais em relação com os signos primários como produção, está mais para o domínio da "fala" individual. Já o alográfico
está mais para o domínio do coletivo. Contudo, esta diferença é muito
sensível e está em proporção direta com o drama do artista que deve
expressar em linguagem a inefabilidade do eu, a sua fala individual
dentro de códigos coletivos. O artista autográfico está menos limitado
do que o alográfico, ao inscrever e "expressar" sua diferença com os
traços pessoais. Esses traços, se não são normalizados em termos de
código, são paradigmáticos aos gestos da espécie humana. O que
chamamos de "individual" são os aspectos humanos (coletivos) de
comportamento. É nessa fresta que o artista inscreve a sua diferença
como marca de si mesmo. Enfim, artes alográficas são redutíveis aos
seus sistemas de notação, comportam traduzibilidade e tendem à invariância. As artes autográficas são irredutíveis aos seus esboços
como qualidades e ícones que são. Comportam pois traduzibilidade
apenas por analogia.

OS SENTIDOS COMO PRODUTORES DOS OBJETOS IMEDIATOS DO SIGNO: OLHO

A Forma é o prazer da visão.
GRAFITTE URBANO

Da mesma maneira que os caracteres materiais, seus procedimentos e processos se inscrevem nas qualidades dos Objetos Imediatos dos signos, os sentidos humanos, inscritos também nesse processo todo, determinam tanto a produção quanto a recepção sígnica. Assim como as tecnologias efetuam uma amplificação de um ou mais sentidos em detrimento de outros, também os diferentes aspectos de olho humano captam as qualidades diferenciadas dos objetos percebidos, criando microespecializações.

A percepção visual atua recebendo informações sob a forma de textos, imagens, cores em termos de "imagens mentais". O seu registro é feito pela exploração do campo visual, conjugando a percepção global ou simultânea e a linear. Contudo, estes aspectos, que permitem a captação da informação visual, podem ser organizados a partir da própria constituição sígnica. Isto é, quando organizamos o signo, estamos também organizando a construção do olhar. Assim, o olho não é somente um receptor passivo, mas formador de olhares, formador de Objetos Imediatos da percepção.

Entretanto, o olho é a síntese de três olhos que, na sua evolução, providenciaram ao ser humano outras tantas especializações:

Indo do centro da retina humana para a sua periferia, viajamos para trás na evolução, desde as mais altamente organizadas estruturas até à de um olho primitivo que apenas detecta simples movimento de sombras. O bordo da retina humana não chega sequer a registrar uma sensação, quando estimulado por qualquer movimento: inicia-se apenas um reflexo tendente a dirigir os olhos para a origem desse movimento, para que seja visto como a parte mais evoluída do olho: a fóvea[11].

As diferenças se devem à existência de pelo menos três áreas bem definidas e diferentes: a fóvea, a área central e a região periférica (da qual decorre a visão noturna e o movimento). Cada área realiza distintas funções visuais, capacitando o homem a ver de três maneiras diversas. Como os três tipos de visão são simultâneos e se misturam uns com os outros, normalmente não os diferenciamos.

Pela fóvea, focalizamos os objetos, o que nos permite obter uma "alta definição", ao mesmo tempo em que ela é ultrassensível às cores primárias do espectro-luz (azul, vermelho e verde) e à plasticidade e relevo dos objetos. Já a área central intermediária é sensível ao branco e preto, ao amarelo e azul, com todos os graus de saturação, intensidade e luminosidade. "A visão macular é bastante clara,

---

11. R. L. GREGORY, *A Psicologia da Visão*, Porto, 1968, p. 50.

A TI COMO INTERCURSO DOS SENTIDOS 53

mas não tão clara e aguçada quanto a fóvica, pois as células não se encontram tão compactamente reunidas como no caso da fóvea. Entre outras coisas, o homem usa a mácula para ler"[12]. A pessoa que descobre o movimento pelo canto do olho está utilizando a visão periférica, na medida em que se afasta da porção central da retina. Por sua vez, o movimento da fóvea implica sequência de focalização: é o movimento sacádico ocular. A área periférica, insensível a toda forma e cor, reproduz as sensações de branco e preto (visão de claro-escuro), sem possuir as sensações plásticas de relevo, mas é muito sensível ao movimento. Ela capta o fundo; a fóvea, o foco. "A visão periférica", diz Koffka, "é um sentido de fundo; a área central, um sentido de figura"[13].

Sensibilidade Visual

Nesse ponto, parece conveniente assinalar as isomorfias, correspondências e analogias entre a estrutura ocular e os diversos meios-extensões do visual. Se a fotografia privilegia a fóvea na focalização dos objetos, a sua profundidade de campo tem mais a ver com a área central. Já a televisão (construída em analogia com a retina) privilegia a mácula ou área central, daí seu caráter tátil-visual, como o que quer McLuhan, enquanto que a TV branco e preto privilegia mais a periferia. Na interface olho e TV, o olho humano coloca em simultaneidade os três tipos de visão, privilegiando obviamente a parte central da retina: a fóvea percebe os detalhes e as cores junto com a mácula que prefere o contexto aos detalhes.

A partir daí, já se podem extrair algumas relações entre as características de cada região ocular e seus usos culturais e também individuais. O olho também nos especializa em algo. Em primeiro lugar, o canal visual é um receptor exclusivo, pois, como receptor à distância que é, tende a isolar-se dos demais sentidos, produzindo assepsia e organizando o mundo, o tempo e o espaço de modo uniforme, o que cria, no dizer de McLuhan, o poder de distanciamento e de não envolvimento. Já o sentido do tato, como receptor imediato, nos prove de uma percepção mais integrada e menos especializada. O Ocidente, ao dar ênfase ao aspecto visual-fóvico produziu a perspectiva, como produto da geometria euclidiana e da matemática, desenvolvida posteriormente pela óptica e pela fotografia. Isso linearizou a nossa percepção, tornando-a automática e privilegiou os códigos lógicos sobre os analógicos. Grande parte da nossa insensibilidade provém do emprego do ponto retiniano da fóvea. "Quando estendido pela alfabetização fonética, o sentido visual engendra o hábito analítico de

12. EDWARD T. HALL, *A Dimensão Oculta*, Rio de Janeiro, Livraria Francisco Alves Editora S.A., 1979.
13. KURT KOFFKA, *Princípios de Psicologia da Gestalt*, São Paulo, Cultrix, 1975, p. 212.

54 TRADUÇÃO INTERSEMIÓTICA

perceber facetas isoladas da vida das formas. O poder visual nos capacita a isolar um único incidente no tempo e no espaço, como a arte figurativa"[14].

Assim como os fonemas, na língua articulada, tendem à simultaneidade, o canal visual também tende a uma visão totalizadora do mundo visual, mas a ênfase na continuidade, na uniformidade e no nexo sequencial derivada da cultura letrada nos leva a implementar a continuidade e a linearidade mediante a repetição fragmentada. Essa habilidade para discriminar aspectos, selecionar informações dentro de uma totalidade nos leva à metonimização e fragmentação da experiência visual, pois percebemos aspectos únicos de espaço em momentos breves de tempo. A montagem, na memória, de todos os pontos de vista possíveis é que nos dá a sensação de espaço contínuo e uniforme. De tantos pontos de vista, não há mais pontos de vista, pois todos são relativos. Isto é confirmado pela fotografia, visto que esta coloca a possibilidade (utópica) de construir o mundo e sua imagem a partir dos infinitos pontos de vista prováveis, através dos quais se pode tirar uma fotografia. É essa mesma possibilidade que foi alimentada pelos maneiristas e barrocos e realizada definitivamente pelos cubistas e o cinema de Eisenstein. Estes articulam as metonímias no eixo da similaridade, subvertendo, por isso mesmo, a visão contínua e uniforme do olhar da Renascença.

É pela visão fóvica, que percebemos os detalhes. Pela fóvea, o homem está capacitado a enxergar com precisão. "Sem a fóvea, não haveria máquina-ferramentas, microscópios e telescópios. Em suma, nenhuma verdadeira tecnologia e nenhuma ciência"[15]. Não haveria tipografia, nem fotografia, nem livros, nem a arte da Renascença baseada na perspectiva monocular. Pela visão central, o homem percebe as cores, percebe globalmente. Os *vitraux* da Idade Média não existiriam sem a visão central, nem o efeito de trimensionalidade produzido pelas cores nos quadros de Mondrian, nem os impressionistas poderiam ter flagrado a mutação cromática da luz. Não existiria também a arte abstrata de manchas coloristas. Já a visão periférica percebe o movimento. Os futuristas faziam amplo uso desta capacidade visual. Talvez, por isso, não sejam grandes coloristas e sim simultaneístas. Contudo, esses três tipos de visão atuam em conjunto, simultaneamente, com dominância de um deles sobre os outros. Foi isso que levou Gibson (1940) a descobrir nada menos do que treze tipos de perspectivas (de tamanho, de estrutura, espaçamento, superposição, entre outras), muitas delas já utilizadas instintivamente pelos artistas orientais e ocidentais, o que tira a dominância da perspectiva central e seus derivados.

14. MARSHALL MCLUHAN, *op. cit.*, p. 376.
15. EDWARD T. HALL, *op. cit.*, p. 71.

A TI COMO INTERCURSO DOS SENTIDOS   55

Olho: Alta e Baixa Definição

Mas as relações entre olho e signo, como interação entre sentidos e Objetos Imediatos dos signos, podem ser vistas de forma mais
específica na TV, conforme nos propõe McLuhan, pois é aqui que a
área central é mais privilegiada do que a fóvica. Isto porque a retí-
cula de pontos possui um caráter tátil. É por isso que, se a fóvea
funciona em "alta definição" a mácula e a periferia funcionam em
"baixa definição", tendendo ao paratático, ao icônico, à participação
sensorial e sinestésica. A informação tátil em baixa definição da TV
tende a afirmar intervalos que levam o telespectador a formar *ges-
talts* que têm muito a ver com os quadros de Seurat. A trama mosaica
de pontos-luz, que nos ilumina e que produz em nós a sinestesia
como unificação dos sentidos e da vida imaginativa, enfatiza a participação ocular do espectador como meio frio que é em contraposição aos outros meios oculares como o cinema e a fotografia. Estes,
mais quentes, acentuam, por isso mesmo, a "alta definição" e, portanto, a não participação que "projeta o autor no público". Segundo
McLuhan, "a TV nada tem a ver com a fotografia ou o cinema, exceto a disposição de formas ou *gestalt* não verbal. Ela não é a fotografia em nenhum sentido e sim o incessante contorno das coisas em
formação, delineado pelo dedo perscrutador"[16]. A TV, como meio
visual que capta o espaço em mosaico, tende a planificar o campo
da representação. Ela traduz o olho foveal, como receptor à distância, em olho icônico-tátil, pois ao mesmo tempo que rejeita a perspectiva foveal, não favorece a linearidade hierarquizante. Ela
reorganiza a vida imaginativa através do tato, exigindo o envolvimento à maneira da arte oriental e rejeitando o distanciamento e a
ênfase visual na continuidade e uniformidade.

MacLuhan expressa muito bem como a criança se comporta no
confronto dos meios: ela revela a tendência a extrapolar a sensorialidade visual envolvente da TV e dos quadrinhos para a página unificada e impressa do livro que, via de regra, a rejeita com seus padrões
uniformes e rápido movimento ocular-linear. A imprensa, nessa medida, como construtora de pontos de vista únicos, em alta definição,
como meio quente, "vive dos conflitos de opiniões, de pontos de vista
únicos e do não envolvimento sensorial em profundidade"[17].

Tendo o olho a fóvea como dominante, o sentido visual sempre
nos especializa em algo, mas, ao mesmo tempo, o canal visual também é intraespecializado, quer dizer, cada região ocular nos fornece
as condições necessárias para elaborar a sensibilidade sígnica inerente
aos aspectos dos Objetos Imediatos. Nessa medida, pode-se fazer
uma relação entre as regiões oculares e os caracteres semióticos dos
signos peircianos: a mácula, a visão periférica e a fóvea correspon-

16. MCLUHAN, *op. cit.*, p. 351.
17. *Idem*, p. 347.

dem, assim, às categorias do ícone, do índice e do símbolo. Isto porque a mácula nos ajuda a formar os caracteres do Objeto Imediato da percepção, como mera qualidade cromático-luminosa, como mera analogia. Já a visão periférica caracteriza-se mais pelo confronto--atrito produtor de movimentos, incluindo-se aí as qualidades acromáticas que nos fornecem indefinição para volumes, indefinição causadora do estado de atenção relativa que caracteriza a aparição do Objeto Imediato da percepção.

Se o funcionamento da mácula é meramente qualitativo, como captura de totalidades ambientais (uma qualidade cromático-atmosférica, por exemplo), a periferia coloca-nos em alerta em relação ao contexto.

Em terceiro lugar, a fóvea entra em correspondência com o símbolo como portador de caracteres de digitalização dominantemente e, sobretudo, pelo seu alto teor de discriminação manifesto nos meios nos quais este sentido se materializou: a microscopia, fotografia, cinema, tendo, por isso mesmo, alta capacidade de análise e metonimização.

OS SENTIDOS COMO PRODUTORES DOS OBJETOS IMEDIATOS DO SIGNO: TATO

Não há ponto de vista de que se possa olhar um vaso.

A mão carece de ponto de vista.
MCLUHAN

Se culturalmente o sentido visual é dominante, parece ser o tato o sentido original a partir do qual todos os demais foram diferenciados. Tato e contato nos confirmam a realidade que vemos. O tato é o primeiro sentido que se manifesta. Desde cedo aparece na vida fetal e infantil com a exploração do próprio corpo. A exploração tátil do mundo fornece ao cego a orientação espacial. O fabrico dos primeiros objetos estéticos e utilitários, desde a pré-história, corresponde ao modelo da mão e da anatomia corporal: a cerâmica, escultura, a pintura na caverna. Para E. T. Hall,

Existe uma relação entre a era evolucionária do sistema receptor e a quantidade e qualidade de informação que se transmite para o sistema nervoso central. Os sistemas táteis, ou do tato, são tão velhos quanto a própria vida; na verdade, a capacidade para reagir a estímulos é um dos critérios básicos da vida. A vista foi o último e mais especializado sentido que se desenvolveu no homem. A visão tornou-se mais importante e o olfato menos essencial quando os ancestrais do homem saíram do chão e passaram às árvores. A visão estereoscópica é essencial à vida nas árvores, sem ela, pular de galho em galho torna-se muito precário...[18]

18. EDWARD T. HALL, *op. cit.*, p. 50.

A TI COMO INTERCURSO DOS SENTIDOS

Pela própria complexidade do mundo perceptivo, do qual o canal visual é apenas uma parte, as experiências espaciais tornam-se tão interligadas ao sentido tátil que os dois sentidos não podem ser separados: olho e tato se contêm mutuamente. Tal separação é meramente cultural e corresponde a estágios de desenvolvimento da cultura humana que fazem predominar o sentido visual, na cultura ocidental, sobre os demais sentidos: o "proibido tocar" é ocidental. Comentando a percepção espacial, Braque (via Hall) distingue entre espaço tátil e visual da seguinte maneira: o espaço tátil separa o espectador dos objetos, enquanto o espaço visual separa os objetos uns dos outros. Assim, a perspectiva científica não é senão um truque para enganar o olho, já que torna possível ao artista transmitir a plena experiência do espaço. Ao relacionar o tato com o visual, o fluxo de impressões sensoriais é reforçado, pois a pele é a fronteira, e é a memória das experiências táteis que nos capacita a apreciar a textura do mundo. Como receptor imediato, o tato

é, entre todas as sensações, aquela experimentada de modo mais pessoal. Para muitas pessoas, os momentos mais íntimos da vida estão associados às mutáveis texturas da pele. (...) ... durante o ato de amor, e a sensação veludosa da satisfação em seguida, são mensagens de um corpo para outro com significação universal[19].

Se a tendência do sentido visual é a de homogeneizar um campo, a de vê-lo contínuo e unificado, ocupado e preenchido pelos objetos, a de perceber o cheio, o tátil nos faz perceber as diferenças por contraste e proximidade, a experiência acentuada pelo intervalo entre objetos. Os orientais sabem disso. Eles possuem um sentido aguçado do *MA* ou vazio (como espaço-entre-objetos) e não dos objetos, daí que a tendência dos orientais não seja a de adicionar arte ao meio, mas a de que o próprio meio seja arte, procurando o espaço entre os códigos. "... O espaço é criado ou evocado por todas as formas de associações entre cores, texturas, sons e seus intervalos"[20]. O jardim japonês, por exemplo, apresenta espaços evocados pela "propriocepção" e pela *kinesis*, tanto quanto por outras relações sensoriais. Para o tato, cada momento é único e sua forma mais significativa é o intervalo, enquanto que para o sentido visual é a conexão.

"O senso do espaço no homem relaciona-se intimamente com o senso do eu que se encontra, por sua vez, em íntima transação com o meio ambiente"[21]. As formas hápticas (táteis), realizadas por cegos, têm um sentido mais orgânico-unitário-harmônico do que as mesmas formas hápticas realizadas por videntes. Ao caráter tátil da forma háptica do cego contrapõe-se o caráter exclusivo-figurativo e mimético da forma plástica do vidente.

Do ponto de vista das linguagens "não verbais", falamos com o nosso órgão vocal, mas conversamos com todo nosso corpo. Por ou-

19. *Idem*, p. 65.
20. MCLUHAN, *O Espaço na Poesia e na Pintura*, São Paulo, 1975, p. 6.
21. EDWARD T. HALL, *op. cit.*, p. 66.

58 TRADUÇÃO INTERSEMIÓTICA

tro lado, já se observou, com muita frequência, que o ensino de uma língua estrangeira não pode ser considerado satisfatório se não comporta a aprendizagem dos emblemas e gestos que lhe são peculiares. O canal tátil, como receptor imediato, está, por isso mesmo, ligado ao próprio eu e à esfera corporal. É natural que ele se sature na linguagem falada e vice-versa, sobretudo nas práticas de "meta-comunicação", no "contexto imediato" com os outros. A linguagem "emblemática", "ilustradora" e "adaptativa" tem como significado imediato uma comunicação tátil que é complementar ao verbal e expressão das emoções humanas.

Háptico-Sensitivo

O caráter háptico dos Objetos Imediatos do signo, seja na representação, seja na tradução, está intimamente ligado a sua organização material ou, mais especificamente: o sentido háptico se dá na relação tensional entre intervalo e elementos e também entre a semântica dos materiais e a sua organização. Isto fica claro, se pensarmos em artes nitidamente hápticas como a escultura, arquitetura, cerâmica, onde a fusão sensorial e semântica dos materiais está unificada: o calor e a cor dos objetos, a sua temperatura, o seu caráter tátil-sensitivo são significados que se incorporam à forma. Mas o sentido háptico pode também ser transferido sinestesicamente para o visual (chuvisco da TV) como a textura de um texto.

O sentido háptico, modulador do sensório e das qualidades luminosas, criador de ritmos, ícones, organizador de espaços e conflitos, atua como equivalente dos conceitos perceptuais e sua materialização como forma tangível é muito mais uma tradução aos meios do que reprodução dos perceptos. As qualidades materiais dos Objetos Imediatos do signo estão pois relacionadas às representações. A tradução de conceitos perceptivos em representações está perpassada pelos meios de produção.

OS SENTIDOS COMO PRODUTORES DOS OBJETOS IMEDIATOS DO SIGNO: ACÚSTICO

> *O espaço acústico é sempre um espaço esférico, um campo não visualizável de relações simultâneas. Mas é uma esfera em dinâmica vital porque não está contida em nada nem contém nada, não tem horizontes.*
>
> MCLUHAN

Os sinais táteis como os visuais dão-se no espaço, de forma simultânea. No entanto, são suscetíveis de exploração temporal como acontece na leitura de um texto. Os sinais temporais como a música e a fala são sucessivos. Mas há uma diferença mais fundamental en-

A TI COMO INTERCURSO DOS SENTIDOS 59

tre o canal visual e o acústico: o primeiro pode escolher e selecionar a informação, isto é, pode eliminar informação de seu campo de amostragem. Já o canal acústico é obrigado a perceber em simultaneidade várias sucessividades. Outra diferença: o canal visual pode escolher a sua fonte de informação, o canal auditivo tem mais dificuldade em localizar a sua fonte. À univocidade do canal visual, opõe-se a ambiguidade do canal áudio. O que se vê em oposição ao que se sabe e sente. Daí a fotografia como documento em oposição ao mundo oral, ao mito. "Ver para crer" é o lema ocidental.

A experiência do espaço acústico é bem diferente da experiência visual desse espaço. O canal visual recebe mais informação em termos de qualidade e quantidade do que o canal acústico. Basta lembrar que a luz viaja a 300 000 km/segundo, enquanto o som a 340 m/segundo. Já que a localização da fonte emissora carece de significado, o espaço acústico é um espaço sem fronteiras ou horizontes, é um espaço fluente que independe da nossa posição em equilíbrio. O espaço acústico tem assim um caráter mais qualitativo e analógico do que o sentido visual. O som suscita em nós a imagem acústica correspondente como mera qualidade analógica. Se o espaço acústico é um espaço equívoco pelo caráter de ambiguidade e simultaneidade, isto é, um palimpsesto como mundo de espaços e tempos superpostos, o espaço visual é um espaço unívoco porque limitado a um ponto de vista fixo, daí a sua mecanização pela fotografia. "O espaço acústico não pode existir num fragmento de espaço visual (...)... o bidimensional retrata muitos espaços num tempo multinivelado"[22].

O Som: Mera Qualidade

Tomando o fonema como unidade mínima de material sonoro e fazendo um paralelo com a música, vemos que ambos, música e fonema, possuem uma estrutura tanto harmônica quanto melódica. A melodia é uma sequência temporal de sons, já a harmonia é um feixe de sons simultâneos. Para efeitos de análise, tanto a fala quanto a música se revelam como um fluxo de sons dos quais é possível extrair tanto um acorde musical quanto um fonema. Este último, em si próprio, carece de significação, pois é "a menor entidade linguística de dois eixos", isto é, "as propriedades distintivas dividem-se numa classe de propriedades inerentes, que dispõem do eixo das simultaneidades, e numa classe de propriedades prosódicas, que só interessam ao outro eixo, o das sucessividades"[23]. O fonema, tomado em si próprio, não significa nada, é mera qualidade acústica. "As propriedades distintivas são em si próprias vazias de significação"[24].

22. MCLUHAN, *op. cit.*, pp. 135 e 57.

23. ROMAN JAKOBSON, *Seis Lições sobre o Som e o Sentido*, Lisboa, Moraes Editores, 1977, p. 85.

24. *Idem*, p. 87.

60 TRADUÇÃO INTERSEMIÓTICA

A relação entre som e sentido é uma relação externa, por contiguidade; "não é arbitrária, é necessária. (...) Foi em conjunto que os dois ficaram impressos no meu espírito"[25]. Mas a relação entre som e sentido também pode ser da ordem da semelhança como acontece nos sons onomatopaicos e expressivos que designam um objeto fora do som. Isso, se não mencionarmos os procedimentos poéticos que radicalizam as relações de som e sentido no eixo das semelhanças. Para Jakobson, a intimidade dos laços entre som e sentido na palavra leva os sujeitos falantes a completarem a relação externa com uma relação interna, a contiguidade com uma semelhança, com um rudimento de caráter visual. Em virtude das leis neuropsicológicas da sinestesia, as oposições fônicas podem chegar a evocar relações com sensações musicais, cromáticas, olfativas, táteis etc. A oposição dos fonemas agudos e graves, por exemplo, é capaz de sugerir a imagem do claro e escuro, do agudo e do arredondado, do fino e do grosso, do leve e do pesado etc. Este "simbolismo fonético", como lhe chama o seu explorador Sapir, "este valor intrínseco, ainda que latente, das qualidades distintivas, reanima-se assim que encontra uma correspondência no sentido de uma determinada palavra, na nossa atitude afetiva ou estética para com essa palavra e ainda mais para com palavras de significados polares"[26]. Ainda para Jakobson, o fonema "é uma entidade complexa, um feixe de qualidades distintivas. Estas são dotadas de um caráter meramente opositivo, e cada uma destas oposições em separado presta-se à ação da sinestesia, de que a linguagem infantil dá as provas mais notáveis"[27].

Vê-se, a partir disso, que tanto o fonema, quanto o acorde musical carecem por completo de referencial, tornando dominantes seus Objetos Imediatos como meras qualidades plenas de ambiguidade. Tanto a fala quanto a música são fluxos contínuos de sons, não existindo fronteiras nítidas entre sons sucessivos. Tanto uma quanto a outra podem ser transcritas para a notação fonética ou a notação musical que permitem digitalizar e quantificar as qualidades sonoras. Contudo, são essas mesmas qualidades que constituem os Objetos Imediatos sonoros. Algo da fisicalidade icônica desses Objetos Imediatos pode ser capturado pelos chamados espectrógrafos de som que medem espectros de frequência de sons físicos (sonogramas), tanto os de instrumentos e de cantores como os da fala. Esses espectros, utilizados sozinhos, fornecem portanto uma descrição acústica. São sinais que, destinados à identificação auditiva, podem estabelecer padrões visuais inteligíveis de forma não ambígua. A fala torna-se visível[28]. Da mesma forma, os percursos oculares podem ser registrados, desvendando, em

25. ÉMILE BENVENISTE, *apud* ROMAN JAKOBSON, *op. cit.*, p. 86.

26. ROMAN JAKOBSON, *op. cit.*, p. 88.

27. *Idem*, p. 88.

28. COLIN CHERRY, *A Comunicação Humana*, São Paulo, Cultrix, 1971, pp. 228-232.

A TI COMO INTERCURSO DOS SENTIDOS   61

certo sentido, as estruturas configuracionais, e portanto icônicas, das interações entre sentidos e Objetos Imediatos do signo.

Como se pode ver, são precisamente as características estruturais dos sentidos que são traduzidas para os canais tecnológicos e para os Objetos Imediatos dos signos. Já viu McLuhan que os canais tecnológicos como extensões dos sentidos, tais como o rádio, o gravador, o telégrafo, restauram todas as qualidades do espaço acústico primitivo na criação de uma "aldeia global" de características orais. É também pelo ângulo dos Objetos Imediatos do signo que a arte pode ser vista como uma "história da sensibilidade"[29] pelo modo como os artistas empregam seus sentidos e comunicam suas percepções ao observador.

Analógico-Digital

Processos cerebrais superiores e integrativos, que se operam entre o tálamo e o córtex, estabelecem, durante a produção de linguagem, a associação que faz parte dos processos de organização mental e que induz à criação icônica. Para Friedrich Sanders[30], o princípio integrativo e "transfenomênico" é anterior à percepção de sensações como fenômenos isolados ou experiências separadas. Estes fatores condicionantes "transfenomênicos", que possibilitam a totalidade da experiência e a organização estrutural das partes no todo na corrente sintética da consciência, sobrepõem-se à primazia dos elementos sensoriais "simples"[31].

Por outro lado, sabe-se que o tálamo opera abaixo do nível da consciência, enquanto o córtex cerebral integra os dados emitidos pelos sentidos via tálamo. Também é relevante mencionar aqui a divisão do cérebro em dois hemisférios, o esquerdo que controla o lado direito do corpo e o direito que controla o lado esquerdo. Este último, responsável pela "intuição", é o lado mais "artístico" onde estão localizadas as habilidades especiais que permitem uma experiência tridimensional do mundo. É o lado analógico. Nesta lateralidade cerebral, que nos especializa em algo, o lobo ou hemisfério esquerdo é mais apto às operações lógicas e às tarefas analíticas. Contudo, as áreas de Broca e Wernike, interligadas e localizadas no lobo temporal (principal depósito das memórias visual, auditiva e verbal), permitem o trânsito da linguagem articulada e concatenada, juntando e comparando esses sinais nas chamadas áreas de associação.

Essa técnica de comparar e integrar sinais é levada ao auge, numa verdadeira orgia de trocas de informações, na área de superassociação. Lá vão ter as mensagens dos olhos, ouvidos, nariz, pele, de modo que quando, por exemplo,

---

29. Cf. EDWARD T. HALL, *op. cit.*, p. 77.

30. FRIEDRICH SANDERS, "Estructura, Totalidad de Experiencia y Gestalt", in *Psicología de la Forma*, Buenos Aires, 1963, pp. 94-126.

31. *Idem*, pp. 94-126.

62   TRADUÇÃO INTERSEMIÓTICA

você pega uma xícara, você pode combinar a sensação de forma com a imagem que ela representa. E se alguém disser: "Isto é uma xícara", você ganha uma etiqueta para esse objeto e a etiqueta pode ser escrita ou falada. Sem as habilidades integradoras da área de superassociação, seria difícil manipular uma linguagem complexa[32].

Essas estruturas, que atuam indissoluvelmente unidas, permitem experimentar a construção de formas "como a satisfação de uma exigência íntima, pois a consciência total está urgida pela necessidade de formar o informe, de dar significado ao que não tem. O que sucede no nível da percepção, repete-se em maior medida em nível intelectual e artístico"[33]. Esses processos concomitantes e simultâneos aos processos criativos de elaboração da informação – processos como organizações centrais, em si mesmas não verbais, que conduzem à invenção através da organização de forças internas, como estruturas comuns às diversas percepções e que aspiram ao máximo de organização icônica – devem estar perpassados por organizações "super sensoriais" (Koffka) como processos energéticos combinados e complementares que constituem o "fundo" das operações de invenção. "Isso quer dizer que o nosso fundo mais geral é supersensorial na acepção de que deve a sua existência, potencialmente, às contribuições de todos os sentidos..."[34]. O caráter intermodal entre os sentidos é também ressaltado por Werner (via Paul Guillaume), quando enfatiza o caráter analógico-organizativo na relação sujeito-objeto. Assim, o caráter analógico-integrativo como origem comum às experiências sensoriais se superpõe à irredutibilidade dos sentidos isolados de suas estruturas como propriedade intermodal.

É por demais evidente, na sua estrutura organizativa, o caráter analógico e ambíguo dos sentidos que confere à percepção sensorial seu *status* de complementariedade, isto é, a percepção de um acontecimento ou objeto, imaginário ou observado, está enraizada em mais de um dos sentidos. A identidade de uma flor repousa tanto no seu aroma e em sua forma como em sua cor, de modo que a experiência e a memória possam conter um ramalhete de sensações e percepções.

> Comme de long echoes qui loin se confondent
> ans une ténebreuse et profonde unité,
> Vaste comme la nuie et comme la clarté,
> Les parfums, les couleurs et les sons se répondent.
> BAUDELAIRE

Operações de criação (icônicas) de ideias novas atuam em simultaneidade com as possibilidades do existente. Contudo, a energia icônica, não obstante essa especialização na aplicação real, tende a extravasar o âmbito dos sentidos, das linguagens ou meios escolhi-

32. *Idem*, pp. 94-126.
33. *Idem*, p. 107.
34. KURT KOFFKA, *op. cit.*, p. 211.

A TI COMO INTERCURSO DOS SENTIDOS

dos. Basta observar as caretas do músico, por exemplo, quanto toca um instrumento, assim como outras manifestações da "metacomunicação" para que isso apareça. Fragmentos do "supersensorial" ou da atividade sensitiva "intermodal", como contribuição de todos os sentidos, devem existir necessariamente em toda representação. O extravasamento de dados sensoriais como atividade dos sentidos é uma condição indispensável para o funcionamento do sistema nervoso e da mente. É por isso que certos caracteres sinestésicos manifestam-se na terminologia descritiva de todas as línguas, e de maneira mais imediatamente inteligível para todos. Fala-se correntemente, e sem equívoco, de cores quentes, frias, berrantes, violentas, agressivas, doces, brandas, duras; de sons claros, agudos, brilhantes etc. Como compreender o acordo na atribuição desses qualificativos, se ele não estivesse fundado numa analogia real das impressões?[35]

Segundo H. J. Campbell[36] (numa relação com o cérebro triúnico de McLean), o cérebro nos especializa em "ativos da sensação", "ativos de pensamento" e, em terceiro lugar, no reduzidíssimo número de pessoas pensantes que obtêm o prazer dos processos mentais elevados e cujo fazer é comunicado através da escrita e da palavra. Enquanto o primeiro grupo desenvolve uma sensorialidade puramente animal e instintiva, no segundo grupo, "os mecanismos sensoriais estão submetidos ao domínio criador das regiões superiores, e as faculdades essencialmente humanas do córtex cerebral se expressam de forma sensorial"[37]. Assim, os "ativos de pensamento" obtêm seu prazer predominantemente dos processos de pensamento que são materializados. Encontram-se aqui os artistas que empregam a modalidade sensorial de forma estimulante para poder comunicar as ideias que originam suas atividades. Assim, processos articulatórios de pensamento e linguagem encontram-se nas regiões superiores do córtex cerebral, o que levou Chomsky a pensar que a estrutura sintática da linguagem é um atributo peculiar do homem.

Contudo, processos analógicos de pensamento e processos lógicos transam entre si. Na divisão já clássica das linguagens em digitais e analógicas, o digital funciona em termos de sim e não, de tudo ou nada, já o analógico, devido ao seu caráter de continuidade e iconicidade, produz sempre ambiguidade nas mensagens. O digital, por sua vez, tende a traduzir conteúdos objetivos que o capacitam para instrumentalizar processos lógicos de pensamento. É por isso que a tradução entre analógico e digital está sujeita a distorções de informação. Para a mente tradutora, as operações de análise e síntese, concomitantes ao processo tradutório, colocam em jogo os dois níveis de pensamento: o sensível e o inteligível.

---

35. Cf. PAUL GUILLAUME, *Psicologia da Forma*, Rio de Janeiro, Editora Nacional, 1966, p. 165.

36. H. J. CAMPBELL, *Las Areas del Placer*, Madrid, 1976, pp. 78-79.

37. *Idem*, pp. 78-79.

64 TRADUÇÃO INTERSEMIÓTICA

Movimento de Hibridização Tradutório

Os meios e linguagens quentes, produtores de alta definição, referem-se a estados onde a alta saturação de dados cria o prolongamento excessivo de um dos nossos sentidos, tornando-nos especialistas nesse sentido. Pelo contrário, os meios e linguagens frios, de baixa definição, permitem a participação do receptor. São, por assim dizer, mais envolventes e, consequentemente, tendem ao trânsito entre sentidos.

O par frio-quente ou baixa e alta definição tem a ver com o domínio do receptor e sua memória sinestésica. Assim, a interação entre sentidos é um fato que depende da recepção e também da capacidade de preenchimento dos espaços sensoriais. Todos os veículos, de forma mais ou menos acentuada, saturam-se uns aos outros, à maneira do processo sinestésico promovido pelo sistema nervoso central humano. Os canais técnicos sofrem também o processo de hibridização como combinação de diversos meios ou códigos, processo relativo, sobretudo, aos meios eletrônicos de caráter inclusivo. Do mesmo modo que a especialização dos sentidos nos conduz sequencialmente à fragmentação (e McLuhan assinala a máquina como portadora desse processo), a hibridização e saturação nos conduz a uma visão simultânea das coisas, ingressando, no dizer de McLuhan, no mundo da estrutura e da configuração próprias da velocidade elétrica que substitui a sequência mecânica. Assim, "as linhas de força das estruturas e dos meios tornam-se audíveis e claras, fazendo-nos retornar à forma inclusiva do ícone"[38].

Esse fato, característico de todos os veículos, significa que o conteúdo de qualquer meio ou veículo é sempre um outro meio ou veículo. O conteúdo da escrita é a fala, assim como a palavra escrita é o conteúdo da imprensa e a palavra impressa é o conteúdo do telégrafo. Se alguém perguntar "qual é o conteúdo da fala?", necessário se torna dizer: "– É um processo de pensamento, real, não verbal em si mesmo"[39].

Consequentemente, o caráter de frio, baixa definição, abertura, saturação, hibridez, participação, simultâneo, em oposição ao caráter de quente, alta definição, fechado, puro, autônomo, não participativo, especialidade e sequencial define, de antemão, as condições tradutoras. Para a TI, o caráter de frio antecipa as condições tradutoras muito mais do que o caráter de quente, assim como a hibridização nos oferece as condições comparativas de seus componentes e propriedades estruturais, o que permite dimensionar os caracteres sensoriais dos meios e veículos. Já o predomínio intensificado de um sentido, além de nos tornar especialistas, nos embota e fecha aos outros sentidos.

38. MCLUHAN, *Os Meios de Comunicação...*, p. 27.
39. *Idem*, p. 22.

A TI COMO INTERCURSO DOS SENTIDOS

Ao contrário, "o híbrido ou encontro de dois meios constitui um momento de verdade e revelação do qual nasce a forma nova"[40].

Intermídia e Multimídia

O universo das ferramentas físicas e o universo das ferramentas "invisíveis", tais como as linguagens e sistemas de signos em geral, são ampliações dos processos mentais do homem e suportes de seu pensamento e de sua sensibilidade. Basicamente, o homem constrói tecnologias para multiplicar a sua competência para a expressão. Daí que as ferramentas "moles" (*software*), como é o caso das linguagens e processos simbólicos, se relacionam com as ferramentas "duras" (*hardware*).

As ferramentas das atividades artesanais eram utilizadas por um só homem, enquanto no uso das ferramentas industriais cooperavam vários grupos. Na sociedade pós-industrial, porém, os sistemas funcionam com o esforço integrado de muitos homens ao mesmo tempo, a ponto de constituir, como nota Fuller, sistemas integrais mais do que sistemas locais. Tais sistemas funcionam com uma eficácia tanto maior quanto mais organizados eles estão em redes vastas e universais. Fuller parece flagrar aí o que poderia ser o germe de uma teoria da *intermídia*.

Já vimos com McLuhan como a hibridização ou encontro de dois ou mais meios constitui um momento de revelação do qual nasce a forma nova. Assim, o processo de hibridização nos permite fazer os meios dialogarem. A combinação de dois ou mais canais a partir de uma matriz de invenção, ou a montagem de vários meios pode fazer surgir um outro, que é a soma qualitativa daqueles que o constituem. Neste caso, a hibridização produz um dado inusitado, que é a criação de um meio novo antes inexistente. Uma segunda possibilidade é superpor diversas tecnologias, sem que a soma, entretanto, resolva o conflito. Neste caso, os múltiplos meios não chegam a realizar uma síntese qualitativa, resultando uma espécie de colagem que se conhece como *multimídia*.

Tomando como exemplo o videotexto, este é produto da síntese qualitativa (*intermídia*), síntese do computador, vídeo doméstico e da cablagem telefônica que permite mostrar textos e imagens usando a telemática (informática mais redes de comunicação). Pois bem, seus textos-imagens circulam pelos cabos telefônicos, pelas memórias do computador e se escandem no vídeo doméstico, conforme é solicitado pelo usuário. Vê-se que seu suporte é plural e a imagem mostrada é mera potencialidade que aparece quando solicitada. A imagem do videotexto é uma imagem "imaterial". Estas imagens-textos, quando mostradas em escansão, nos fornecem aparências como ícones de fala

40. *Idem*, p. 75.

66 TRADUÇÃO INTERSEMIÓTICA

traduzida em imagens do movimento de escansão da escrita. Vemos a fala, ouvimos a imagem. A tatilidade da escrita, formando-se imagem, tem tudo a ver com a tradução (via *modem*) de *bits* em imagens. Texto e imagem transando juntos.

Tanto *multimídia* como *intermídia* são categorias interdisciplinares que, como colagem ou síntese-qualitativa, colocam em questão as formas de produção-criação individual e sobretudo a noção de autor. A criação é hoje o resultado da interação dessas práticas, como forma de tradução e inter-relação. O que não quer dizer que já não seja possível instaurar um estilo: ele é hoje a marca invariante que estabelece a diferença transmutadora em quaisquer dos suportes utilizados. O diálogo entre o singular-individual (ego) e o coletivo (superego) é uma das características da prática tecnológica. Por outro lado, os meios tecnológicos absorvem c incorporam os mais diferentes sistemas sígnicos, traduzindo as diferentes linguagens históricas para o novo suporte. Essas linguagens transcodificadas efetivam a colaboração entre os diversos sentidos, possibilitando o trânsito intersemiótico e criativo entre o visual, o verbal, o acústico e o tátil.

A Tradução Intersemiótica e os Multimeios

A lógica ocidental permite organizar os meios em sistemas ou redes universais que são utilizados como suportes de *re-produção* de linguagens, ou seja, como veículos de comunicação, inteligibilidade, representação simbólica e memória. A analógica oriental, entretanto, permite a transgressão desses caracteres e a criação-produção de objetos próprios. É a produção de contracomunicação, o lado sensível da prática tecnológica. A comunicação permite que "os fins justifiquem os meios", enquanto a arte permite que "os meios justifiquem os fins". O que faz o artista tecnológico não é mais que deter o movimento progressivo-centrífugo da comunicação simbólica para substituí-lo pelo movimento centrípeto: o ícone. Os meios tecnológicos são capazes todavia de nos fornecer os caracteres e as estruturas necessários para a concretização de objetos estéticos. Todos os meios tecnológicos conhecidos até agora trazem a possibilidade de criar a própria talidade (qualidade), que aparece sobre a textura desses objetos.

Assim, o olho de artista tecnológico torna dominante a dimensão icônica, material, num movimento que vai do centrífugo (meios que querem comunicar uma mensagem na sua dimensão simbólica) ao centrípeto (a característica material, imagética e icônica, tudo o que é contracomunicação). Ele se relaciona com os meios tecnológicos muito além ou aquém de sua realidade como veículos produtores de sentido e comunicação. No seu desejo de presentificar, tornar real o objeto que pretende comunicar, o artista exacerba ou torna proeminentes os caracteres do meio que utiliza, tornando-o autorreferencial. Essa passagem-tensão entre os meios que querem comunicar mas

A TI COMO INTERCURSO DOS SENTIDOS 67

acabam se autorreferenciando toca no que há de mais transgressor e mais sensível na linguagem dos suportes, ou seja, na sua própria materialidade como elemento detonador de seu sentido, como pura semelhança.

A Tradução Intersemiótica se pauta, então, pelo uso material dos suportes, cujas qualidades e estruturas são os interpretantes dos signos que absorvem, servindo como *interfaces*. Sendo assim, o operar tradutor, para nós, é mais do que a "interpretação de signos linguísticos por outros não linguísticos". Nossa visão diz mais respeito às transmutações intersígnicas do que exclusivamente à passagem de signos linguísticos para não linguísticos.

Não apenas essa oposição verbal *x* não verbal foi por nós descartada, aqui, mas também estamos evitando deliberadamente pensar a Tradução nos diversos meios a partir de uma estratificação prévia ou demarcação de fronteiras nítidas entre os diversos e diferenciados sistemas sígnicos, dividindo-os em códigos separados, tais como: verbal, pictórico, fotográfico, fílmico, televisivo, gráfico, musical etc. Assim procedemos porque essas divisões nos levariam a um número enorme de subdivisões que tornariam praticamente impossível se pensar os processos de interação sígnicos que se realizam na Tradução Intersemiótica, nem ainda porque perguntar se determinados processos de linguagem se constituem em códigos instituídos ou não nos levaria a discussões bizantinas nada produtivas a uma teoria e operacionalidade da Tradução. Assim procedemos, isto sim, porque estamos buscando pensar os signos num patamar um pouco mais abstrato. Essa abstração teórica é mais do que necessária, visto que, se fizéssemos o caminho empírico, isto é, o da classificação prévia dos sistemas sígnicos ou códigos, o advento de qualquer processo novo de linguagem (de que o videotexto, por exemplo, é o caso mais recente) tornaria nossa pesquisa imediatamente obsoleta.

Nessa medida, não é o rótulo do meio ou suporte (fotografia ou vídeo, por exemplo) e o rótulo do código (verbal ou musical, por exemplo) que nos vão fornecer a habilidade para radiografar as operações sígnicas que estão se processando no interior de uma mensagem.

O importante para se inteligir as operações de trânsito semiótico é se tornar capaz de ler, na raiz da aparente diversidade das linguagens e suportes, os movimentos de passagem dos caracteres icônicos, indiciais e simbólicos não apenas nos intercódigos, mas também no intracódigo. Ou seja, não é o código (pictórico, musical, fílmico etc.) que define *a priori* se aquela linguagem é *sine qua non* icônica, indicial ou simbólica, mas os processos e leis de articulação de linguagem que se efetuam no interior de um suporte ou mensagem.

Será na noção de signo de lei ou legissigno, que atuando como lei *transductora* ou *interface*, nos permitirá a transmutação sígnica. E isto se verá com maior detalhe no capítulo a seguir.

68   TRADUÇÃO INTERSEMIÓTICA

De um ponto de vista semiótico, portanto, as linguagens operam e funcionam em três níveis de complexidade no processo de semiose e de conformidade com os caracteres de iconicidade, indicialidade e simbolicidade. Assim, a linguagem musical, por exemplo, que tem seu modo dominante de ser naquilo que é como tal "e positivamente sem referência a qualquer outra coisa", pode também se articular de acordo com normas convencionais e desgastadas, produzindo o efeito de hábitos enrijecidos e portanto congelados. O mesmo pode ser dito da linguagem pictórica, que pode ter formas de organização que vão da maior abertura icônica até o nível da convencionalidade mais fechada. E o que dizer da linguagem verbal que, tida como código instituído de normas e leis convencionalmente aceitas, pode atingir, quando sob a intervenção criadora do poeta, níveis de iconicidade equiparáveis aos das cores, formas, tons, luzes, movimentos... Também a fotografia e o cinema que, tendo um caráter mais dominantemente indicial, isto não os impede de aspirar à iconicidade (cinema de montagem, foto solarizada) ou buscar o símbolo (cinema realista ou documentário). O mesmo podemos dizer da gestualidade simbólico-militar e a gestualidade afetiva do amor...

O que interessa para nós, finalmente, é a especificidade do signo estético e, sobretudo, o Objeto Imediato do signo, objeto que a operação tradutora tem em mira, para que o ícone possa emergir e a tradução se efetuar "sob o signo da invenção".

Classificação das Linguagens e Suportes

As formas de linguagem e meios em que os sentidos humanos se materializam organizam-se todas elas conforme os caracteres do ícone, índice e símbolo que delimitam coerentemente três matrizes semióticas[41]. Estas matrizes conforme pode ser visualizado no gráfico ao lado, nos ajudam a caracterizar aquilo que é dominante em cada linguagem e que nos vem dado pelos signos de lei estruturantes (ver gráfico sobre os legissignos na página 75).

As interpenetrações entre os círculos indicam o trânsito intersemiótico entre as várias matrizes. Este trânsito só é possível graças ao caráter paramórfico transductor, aglutinante e estruturante dos legissignos, quer dizer, são os legissignos icônicos, indiciais e simbólicos que atuam como interfaces.

---

41. A classificação das linguagens conforme os caracteres das categorias semióticas – Primeiridade, Secundidade e Terceiridade – revelou-se de especial valor para a intelecção e viabilidade das operações tradutoras interlinguagens. Neste sentido, estamos nos referindo aos trabalhos já realizados ou em processo sobre as classificações da linguagem verbal, musical e visual que Lúcia Santaella está levando a cabo. Cf. "Por uma Classificação da Linguagem Escrita", in *Produção de Linguagem e Ideologia*, São Paulo, Cortez Editora, 1980.

3. A Tradução Intersemiótica como Transcriacão de Formas

> *A tradução de um poema lírico é análoga à resolução de um poema matemático.*
> WITTGENSTEIN

Na Tradução Intersemiótica como transcriacão de formas o que se visa é penetrar pelas entranhas dos diferentes signos, buscando iluminar suas relações estruturais, pois são essas relações que mais interessam quando se trata de focalizar os procedimentos que regem a tradução. Traduzir criativamente é, sobretudo, inteligir estruturas que visam à transformação de formas.

Três modos de aproximação podem ser feitos em relação à forma, visando a transposição baseada na equivalência nas diferenças. São eles: a captação da norma na forma, como regra e lei estruturante. Segundo, a captação da interação de sentidos ao nível do intracódigo. Terceiro, a captação da forma como se nos apresenta à percepção como qualidade sincrônica, isto é, como efeito estético entre um objeto e um sujeito. Isto porque todo signo está habitado de outros signos conforme podemos apreciar na sua abordagem microscópica.

NORMA E FORMA

> *A tradução é antes de tudo uma forma. Para compreendê-la desse modo, é preciso voltar ao original, já que nele está contida sua lei, assim como a possibilidade de sua tradução.*
> WALTER BENJAMIN

Os princípios normativos de uma forma estética impõem um comportamento a essa forma que afeta a sua configuração, ao mesmo em que essa ordem se reflete no interior de seu sistema.

72 TRADUÇÃO INTERSEMIÓTICA

É na noção do legissigno semiótico que pode ser encontrado o conceito chave para se inteligir o papel exercido pela norma na forma. São os legissignos que exercem a função de norma e estrutura ao mesmo tempo em que emprestam um significado a essa forma, ou seja, fazem dela uma "forma significante".

Um legissigno é uma lei que é um signo. Tal lei é comumente estabelecida por homens. Todo signo convencional é um legissigno, porém a recíproca não é verdadeira. (...) Todo legissigno ganha significado por meio de um caso de sua aplicação, pode ser denominado Réplica. (...) Nem a réplica seria revestida de significação não fosse a lei que lhe confere tal significação[1].

Os legissignos, com suas características de lei, de geral e universal, permitem estabelecer uma ordem sígnica que nos faz discernir entre o que é igual, semelhante e o que é diferente, providenciando, assim, as condições para o estabelecimento de uma síntese.

Paralelamente, a tradução como forma estética, não é uma simples transferência de unidade para unidade, do complexo de um sistema sígnico para outro, pois toda unidade constrói o seu sentido e significação numa unidade maior que a inclui. Assim, não se traduz termo a termo, traduz-se sincronicamente os aspectos envolvidos. Já viu Jakobson que ao traduzir

substituem-se mensagens em uma das línguas, não por unidades de código separadas, mas por mensagens inteiras de outra língua. Tal tradução é uma forma de discurso indireto: o tradutor recodifica e transmite uma mensagem recebida de outra fonte: assim, a tradução envolve duas mensagens equivalentes em dois códigos diferentes[2].

Considerando que o legissigno é o signo que nos fornece a relação da invariância na equivalência entre dois signos, ele, em si, tem três referências precisas: *Transductor*, *Paramorfismo* e *Otimização*.

Legissignos Transductores: Na operação tradutora, é o legissigno que exerce o papel de Transductor como "elemento cibernético que governa e converte uma forma de energia em outra"[3]. Na passagem do signo original para o signo tradutor, passamos de uma ordem para outra ordem; essa mediação, no entanto, tende a fazer perder ou ganhar informação estética. A tendência do legissigno como Transductor é a de conservar a carga energética do signo original, isto é, manter a invariância na equivalência. O papel Transductor do legissigno está necessariamente ligado a uma economia da produção sígnica. Assim, o legissigno, estabelece uma rede de relações e conexões internas entre forma e significação que se imprime na sintaxe e configura os caracteres de seu Objeto Imediato.

1. C.S. PEIRCE, *Semiótica e Filosofia*, p. 101.
2. ROMAN JAKOBSON, *Linguística e Comunicação*, p. 65.
3. Cf. Glossário de Cibernética em ARNOLD PAULINE, *La Era de la automatización*, México, 1965, p. 262.

A TI COMO TRANSCRIAÇÃO DE FORMAS

Paramorfismo do Legissigno: O legissigno torna-se responsável pelo paramorfismo como estrutura diversa porém com o mesmo significado. Para Peirce, "o legissigno tem identidade definida, embora geralmente admita grande variedade de formas"[4]. O papel paramórfico do legissigno implica admitir que um objeto estético pode ser abordado e construído a partir de múltiplos signos, todos eles equivalentes, o que confere uma semelhança aos caracteres estilísticos da obra de arte e de sua série. O legissigno, ao admitir grande variedade de formas, desmistifica o que chamamos de criação (originalidade). Como qualidade paramórfica, o legissigno cria referência e diferença. Este signo de lei nos fornece então as condições para se estabelecer o estudo comparado das artes, visto mais como comparação de formas-significantes e menos como comparação de "conteúdos".

O Legissigno como Otimização: O signo de lei é na realidade um processo de optimização (para aproveitar um outro termo cibernético) que consiste em um método pelo qual ajusta-se continuamente um processo para se obter os melhores resultados, e isto se faz analiticamente. O papel otimizador do legissigno nos leva a reconhecer o caráter metalinguístico da operação tradutora. O legissigno tem a ver também com a interpretabilidade do signo, ou seja, o signo-leitor, pois o legissigno como lei está necessariamente referido a certas condições de código, repertório e convenção, enfim, de reconhecimento através dos "conceitos representativos".

A emergência de formas tradutoras é conseguida, portanto, pelo concurso dos legissignos Transductores como regras organizativas que, ao mesmo tempo que impõem uma ordem ao conjunto de elementos, ajudam a definir um repertório, isto é, obrigam o tradutor a passar de um repertório para um estado de configuração. Desse modo, a noção de legissigno liga-se à noção de forma na medida em que fornece inteligibilidade e significação a essa forma, dentro da sensibilidade que lhe é própria. Por outro lado, a existência dessa lei, que fornece um grau de coerência à forma, implica na emergência da previsibilidade e regularidade, isto é, de otimização.

Levando em conta, em primeiro lugar, os aspectos sintáticos, o legissigno é criador de ordem ou organização. Segundo Bense, a passagem de um repertório para um produto é o que caracteriza o esquema criativo. Entretanto, o repertório de elementos pode estar em estado de desordem ou em estado de "ordem pré-dada" (caso da tradução). "No primeiro caso, trata-se de uma produção de ordem a partir da desordem e, no segundo, da produção de ordem a partir da ordem"[5].

Nesse aspecto, é o legissigno como Transductor que impõe ordem ao conjunto de elementos que organiza. Essa ordem está neces-

---

4. C.S. PEIRCE, *Semiótica e Filosofia*, p. 144.
5. MAX BENSE, *Pequena Estética*, São Paulo, Perspectiva, 1971, pp. 92-94.

74 TRADUÇÃO INTERSEMIÓTICA

sariamente referida ao grau e tipo de regulamentação das relações entre as partes de uma unidade. Assim, ordem/complexidade forma um par polar, na medida em que a ordem tende à simplicidade e a complexidade tende a reduzir a ordem. Em termos de "Quociente de Birkhoff"[6], quanto menor o número de estruturas e maior o número de elementos, aumenta a complexidade; ao contrário, quanto maior o número de estruturas e menor o número de elementos, aumenta a ordem e diminui a complexidade.

Pode-se distinguir entre vários tipos de ordem: *a*) ordem por coordenação; *b*) ordem por acidente; *c*) ordem por hierarquia. Na ordem por coordenação, todas as partes tendem a ter a mesma importância, predominando a similaridade e a parataxe entre as partes, segundo a ideia de conexão como rede de relações. A rede conectiva eleva o grau de complexidade, gerando uma organização complexa. Na organização por coordenação não há como explicar a diferença entre dominante e dominado, central e periférico, pois a relação entre os elementos corresponde às noções de colaboração. A ordem por homogeneidade, como sendo um caso de ordem por coordenação, estabelece um mínimo de complexidade, quer dizer, esta tende ao desaparecimento, provocando uma qualidade comum a todo o esquema.

Já a ordem acidental caracteriza-se pelo encontro-desencontro entre ordens distintas: "A desordem não é a ausência de toda ordem, mas o choque de ordens não coordenadas"[7].

Na ordem hierárquica, por hipotaxe, os elementos estão distribuídos em conformidade com uma lei centralizadora que não pode ser subvertida. A espinha dorsal do conjunto vem dada pelo elemento estrutural dominante, sendo que os demais elementos exercem funções periféricas. A organização sintagmática da linguagem verbal é o exemplo característico da ordem lógica que implica dominância e subordinação.

Face ao problema da tradução criativa, a ordem por coordenação é a que melhor serve aos nossos propósitos, pois é ela que caracteriza as formas poéticas.

Classes de Legissignos

Para que as composições sígnicas mediadoras da tradução possam ser visualizadas, recorremos ao gráfico das interações entre as dez classes de signos semióticos, através do qual se torna possível perceber as diferentes variedades de legissignos. Estas permitirão

6. MAX BENSE, "Macroestética Numérica", in *op. cit.*, pp. 105-121.
7. WOLFGANG KÖHLER, *apud* RUDOLF ARNHEIM, *Hacia uma Psicología del Arte*, p. 343.

demonstrar que, não obstante a variedade, mantém-se sempre o papel paramórfico exercido pelo legissigno[8].

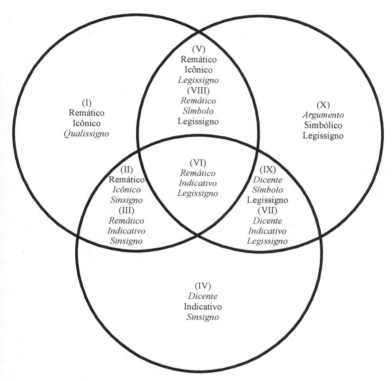

V Legissigno Icônico Remático (LS-IC-RE)
VI Legissigno Indicativo Remático (LS-IN-RE)
VII Legissigno Indicativo Dicente (LS-IN-DI)
VIII Legissigno Simbólico Remático (LS-SI-RE)
IX Legissigno Simbólico Dicente (LS-SI-DI)
X Legissigno Simbólico Argumento (LS-SI-AR)

Diagrama de Venn, das dez classes de signos (Peirce).

Estas dez classes de signos nos servem de apoio à estrutura a fim de viabilizar a análise dos signos e de seus elementos constitutivos que são de vital importância para as relações de tradução. Isto porque as dez classes de signos que Peirce formulou parecem responder às possibilidades de decupagem da forma original e da tradução. Temos, assim, possibilidades de explorar a mensagem em níveis macro e microestético[9], ou seja, das relações entre elementos. Estas dez clas-

---

8. C.S. PEIRCE, *op. cit.*, p. 108.

9. Os conceitos de "macro" e "micro" estéticos são fundamentais na *Pequena Estética*. Cf. especialmente: "Macroestética Numérica" e "Microestética Numérica", *op. cit.*, p. 105 e p. 123 respectivamente.

76 TRADUÇÃO INTERSEMIÓTICA

ses, agrupadas conforme o diagrama topológico de Venn, evidenciam as relações de interpenetração das categorias de primeiridade, secundidade e terceiridade, formando relações triádicas. É nesse conjunto que os legissignos paramórficos podem ser encontrados, o que nos servirá futuramente para levantar uma tipologia de traduções.

Pela função de transducção os legissignos permitem organizar a informação estética, estabelecer as relações semânticas e, finalmente, organizar os percursos da leitura. Os legissignos Transductores são, por isso mesmo, a ponte de ligação para a geração dos interpretantes e a organização dos efeitos do signo original. Pode-se, assim, destacar três grupos de legissignos que passaremos a descrever.

Primeiro grupo: Legissignos-Icônico-Remáticos. Este privilegia as relações de semelhança e a função poética. Atua por coordenação, tendo, portanto, um caráter pansêmico e um máximo de ambiguidade. Ao mesmo tempo, fornece-nos as condições para a montagem ou organização sintática, ou de referência de meios. Este legissigno, ao mesmo tempo em que delimita a estrutura sintática (LS), cria também o caráter do Objeto Imediato (IC), sendo ainda aberto à interpretação (RE) que se suspende no nível do interpretante imediato.

Neste ponto, parece importante rever a função poética de Roman Jakobson como forma de Legissigno-Icônico-Remático, quer dizer, como princípio organizativo da linguagem verbal poética que pode ser extrapolado para outras linguagens. Isto porque a ideia de forma na arte indica que a obra avança e se desenvolve numa direção, seguindo pautas próprias, internas, que autorregulam, por sua vez, a própria sintaxe da linguagem. Este tipo de legissigno é uma "lei ou tipo geral que exige que cada um de seus casos incorpore uma qualidade definida que o torna apto a despertar, no espírito, a ideia de um objeto semelhante. Assim, sendo um ícone, deve ser um rema"[10].

O legissigno icônico pode ser encontrado em muitas obras de arte como, por exemplo, no filme *O Encouraçado Potemkin*, de Serguei Eisenstein, isto é, na estrutura diagrama "Secção Áurea" que comanda o desenvolvimento do filme. (Para uma análise, vide a leitura da Tradução Intersemiótica operada desse filme, cap. 7, pp. 134-148.) Mas o legissigno da Secção Áurea foi também incorporado na tradução do poema "Organismo-Orgasmo" (vide leitura pp. 110-114). A organização por coordenação e semelhança (função poética) se dá também em Mondrian, onde podemos encontrar o mesmo legissigno como lei que atua e reorganiza o espaço parataticamente, através do jogo associativo das verticais e horizontais.

Segundo grupo: Legissignos Indicativo-Remático e Indicativo--Dicente. Estes providenciam as condições para a montagem ou organização semântica, isto é, de referência. Ao mesmo tempo que estruturam a tradução (como signo de lei), indiciam seu original pela contiguidade. Criam-se, assim, condições para o estabelecimento de

10. C.S. PEIRCE, p. 106.

A TI COMO TRANSCRIAÇÃO DE FORMAS   77

interpretantes imediatos e dinâmicos. Vê-se, a partir disso, que toda tradução é um legissigno indicativo como significado dinâmico de seu original. Este tipo de legissigno pode ser encontrado na organização quase-sígnica de Pollock, isto é, na relação indicial gesto-pintura-ritmo que permite captar, na repetição "automática" da *Action Painting*, o seu modo de produção. O desenho rítmico e a sequência espaço-temporal, assim como a velocidade do ato de pintar, indiciam a fluidez das linhas manchas e a gestualidade energética.

Terceiro grupo: Legissignos Simbólico-Remático, Simbólico-Dicente e Simbólico-Argumento. Ao mesmo tempo que todos eles fornecem as condições para se operar de forma estruturada, os diversos legissignos fornecem também maior ou menor grau de abertura à interpretação, gerando interpretantes que vão desde a máxima ambiguidade até significados convencionais. Estes legissignos privilegiam os aspectos de reconhecimento como transductores de "universais" ou "conceitos representativos", e procuram os caracteres de invariância nas equivalências. Impõem à percepção caracteres gerais que deverão ser classificados no conjunto de objetos reconhecidos numa classe existente. Dependem, por isso mesmo, de hábito, uso, memória e repertório.

O caso mais evidente de Legissigno Simbólico Remántico é o utilizado na tradução do *I Ching* (vide leitura de "A Constante: a Lei Construtiva Transductora", p. 196).

Já no caso da cruz cristã, o que temos é um legissigno-simbólico-dicente e argumento, pois que este é "com respeito àquilo que ele significa, realmente afetado por seu objeto, de sorte que a existência ou lei que ele faz surgir no espírito deve estar efetivamente relacionada com o objeto indicado"[11]. Temos, assim, que a cruz cristã, ao mesmo tempo que nos transmite a imagem do símbolo, dada pelo hábito cultural, também é reconhecida como instrumento (índice) de tortura, isto é, como objeto que mantém uma relação causa efeito com o corpo. Além do mais, este símbolo nos traz à mente todo um sistema religioso.

Um Legissigno-Simbólico-Argumento como a perspectiva central, as leis de simetria na geometria e o uso da linguagem verbal, em termos sistemáticos e comunicativos, são os exemplos mais adequados para se desmonstrar o caráter hierárquico destes signos de lei, que têm, por isso mesmo, caracteres de generalidade, reconhecimento, hábito e que traduzem conceitos gerais.

Importância do Legissigno para a Tradução

Sem o legissigno como princípio que governa, como estrutura significante, como lei que preside a toda organização de linguagem

---

11. *Idem*, p. 107.

78 TRADUÇÃO INTERSEMIÓTICA

(mesmo que esta organização seja *sui generis* e que sua lei, consequentemente, se estabeleça *ad hoc*) nenhuma ordenação seria possível. É o legissigno, por assim dizer, que regulamenta o processamento interno de uma estrutura, garantindo sua coerência e otimização. Sem o legissigno, por exemplo, um ícone não passaria de mera possibilidade irrealizada. Para se realizar, ele necessariamente tem não só de se materializar num meio, enfrentando, em primeira instância, as leis que são próprias ao meio ele mesmo, como também deve gerar as leis de sua própria configuração. Daí termos colocado o legissigno como signo Transductor.

O uso de cada grupo de legissignos define, pois, a dominância de caracteres em termos de tradução. Os legissignos icônicos, indiciais ou simbólicos, definem por sua vez três tipos de tradução conforme a dominância seja a do paramorfismo, a da indicialidade ou a do símbolo. Desse modo, jogamos com a polaridade sensível-inteligível, pois em contraposição aos signos de lei simbólicos existem os icônicos que estabelecem uma outra classe cujo reconhecimento implica em atos criativos, isto porque eles "admitem grande variedade de formas"[12].

INTRACÓDIGO

> *Qualquer coisa que nos surpreende é um indicador na medida em que assinala a junção de duas porções da experiência.*
>
> C.S. PEIRCE

Se o legissigno está para a estrutura, cada caso de aplicação singular se constitui num evento, ou modelo, numa coisa existente ou acontecimento que é signo. Só pode sê-lo através de suas qualidades[13]. Cada forma como estado estético está determinada pela relação entre os diversos estados físicos e qualidades. São as diversas partes que intervém na sua constituição e que atuam em conflito na própria interior idade do signo. A materialidade do suporte, a sua síntese e sintaxe entra em movimento transformativo e conflitante. A conexão entre vários fenômenos, sejam eles cores, letras, palavras, gestos, gera o diálogo interno.

Para se examinar as diferentes modalidades de atividade interna ao signo ou intracódigo, recorremos, antes de tudo, como não poderia deixar de ser, aos dois modos de arranjo que foram celebrados pelas teorias de Saussure e Jakobson (paradigma e sintagma ou semelhança e contiguidade). Consideramos aqui esses modos de arranjo como extensivos a toda e qualquer organização sintática, pondendo operar em outras formas de linguagem. Essa extensão dos dois prin-

12. *Idem*, p. 144.
13. *Idem*, p. 100.

A TI COMO TRANSCRIAÇÃO DE FORMAS 79

cípios para outros códidos se justifica porque também em Peirce eles são estabelecidos como modos de organização do próprio pensamento e, portanto, como leis da mente.

Tomando os dois eixos de estruturação da linguagem (contiguidade e semelhança) como sendo invariáveis, isto é, recorrentes da organização interna de qualquer mensagem (linguística ou não), buscamos estabelecer algumas das modalidades (que devem ser as principais) de articulação por continuidade e por similaridade.

Atividade Sígnica por Contiguidade

Neste eixo de articulação em que um elemento cede passagem a outro que é diferente dele, mas ao mesmo tempo parte dele, pode-se destacar três modalidades de contiguidade: *a*) contiguidade topológica, *b*) contiguidade por referência e *c*) contiguidade por convenção.

Contiguidade Topológica

Começamos aqui pelo caso mais elementar de manifestação sígnica na sua condição de existente: qualquer signo no seu caráter físico, ao aparecer e se corporificar num campo homogêneo onde nada acontece, começa a indicar contraste e sentido com seu suporte como grau zero de linguagem. Um signo tão simples como um ponto, por exemplo, começa a gerar relações de contraste conflitivas pelo simples fato de se constituir em sistema fatual e binário com seu suporte. Essa união sistemática em contato topológico entre traço e suporte é o começo de uma contiguidade rica em relações: é a relação entre figura como entidade melhor organizada do que o fundo que é mais amorfo, homogêneo e neutro. Ou, em termos de teoria da informação: a relação entre sinal e ruído de fundo.

Em geral, a teoria da *gestalt* exclui o tempo como fator determinante da percepção da forma. Isto tem como corolário a exclusão da contiguidade causal instauradora do tempo. Os picólogos da *gestalt* aceitam com ressalvas a lei da experiência (temporal), privilegiando a lei da pregnância de caráter espacial. Entretanto, alguns gráficos (relação figura-fundo) da *gestalt* já incluem, no seu âmago, o caráter de temporalidade e causalidade que são fatores causadores de percepção periódica como forma mais elementar de criação de ritmo.

Experiências feitas com o taquistoscópio (Wertheimer, 1912) revelam a possibilidade de apreensão da forma num instante que tende a zero. Entretanto, o conflito existente na mudança entre figura e fundo num padrão visual já se revela, por si mesmo, como um índice de inscrição do elemento temporal na percepção desse padrão, isto é, como forma ainda precária de continuidade e movimento que exprimem uma forma. Esta continuidade não é senão um aspecto da

TRADUÇÃO INTERSEMIÓTICA

periodicidade como forma temporal mais elementar a ser percebida e cuja forma mais apurada seria um ritmo.

"Psicologicamente, a atuação dos indicadores depende de associação por contiguidade e não de associação por semelhança ou de operações intelectuais"[14]. Pela lei de contiguidade, duas representações ou, mais geralmente, dois estados de consciência que tenham sido simultâneos ou imediatamente sucessivos, permanecerão associados. Daí por diante, se um deles ocorrer, tenderá a reproduzir o outro.

Outros casos de contiguidade topológica, de caráter indicial, portanto, são fornecidos pela pressão dos meios de transmissão, ou seja, das qualidades típicas de cada um deles: a formação gestáltica da imagem na TV, por exemplo a partir de tatilidade dos pontos e o consequente "chuvisco". Aqui, cada código de transmissão tende a contaminar a mensagem que veicula com a sua fisicalidade, não isenta de iconicidade, pois, como já vimos, os objetos imediatos do signo encarnam a materialidade dos suportes.

Outros exemplos de contiguidade topológica podem ser encontrados nos diagramas de caráter relacional, que são signos de experiência direta e que servem como malha organizadora de eventos e relações. As ideias de intersecção, reunião, conjunto total ou disjunção, por exemplo, são transmitidas rapidamente dentro de sua rede de conexões. Gráficos, como representações sensíveis de função entre elementos físicos, econômicos e sociais (representação de funções mediante curvas ou planos num sistema de coordenadas) e diagramas, como representações gráficas de fenômenos através de variáveis sobre duas coordenadas, ajudam-nos a captar propriedades genéricas e relações subjacentes, não observáveis diretamente nos fenômenos físicos. Seu sentido é estabelecido de forma causal pelas relações espaciais dos elementos gráficos. Possuem, assim, um forte caráter icônico-indicador, sendo interpretados em função das relações contextuais que elas conformam.

Contiguidade por Referência

O signo poderá ser o mesmo, como é o caso, por exemplo, dos *ready-mades* duchampianos e da narrativa "Pierre Menard, autor del Quijote", de Borges, mas esta ocorrência dando-se num outro contexto, por deslocamento espaço-temporal do signo em questão, não será a mesma. A simples mudança de contexto do signo, o deslocamento de sua singularidade como existente concreto, possui a particularidade de subverter a expectativa do intérprete e, portanto, sua experiência colateral com o signo. Neste caso, o que se opera e muda não é a linguagem, mas o "fundo" ou contexto onde está depositada, organizando-se num novo sintagma.

14. *Idem*, p. 113.

A TI COMO TRANSCRIAÇÃO DE FORMAS

Em termos de linguagem verbal, algo semelhante também ocorre. Para I. Tinianov, existe um habitual dualismo no determinar as diferentes acepções de uso de palavras, isto é, "a palavra fora da proposição e a palavra na proposição. A palavra não tem um significado preciso. É um camaleão no qual se manifestam não somente nuances diversas, mas, às vezes, também colorações diferentes". Nas relações entre significado e sentido, temos que não há nunca uma acepção absoluta para uma única palavra.

A palavra não existe fora da proposição. A palavra separada não reúne em si condições que prescindam da frase. Ela se encontra simplesmente em condições diversas em relação à palavra da proposição. Pronunciando a palavra isolada, "a palavra do dicionário", não obtemos a "palavra absoluta", a pura palavra lexical, mas simplesmente uma palavra em condições novas em relação àquela proposta pelo contexto. Eis por que os experimentos semânticos sobre palavras, nos quais se pronunciam palavras isoladas com a finalidade de provocar séries associativas em quem escuta, são experimentos realizados com um material insuficiente, cujos resultados não são generalizáveis[15].

Contiguidade por Convenção

Diferentemente da contiguidade por referência que diz respeito aos traços particulares de cada contexto singular em que cada signo está inserido, a contiguidade por convenção, por seu lado, diz respeito às conexões sintáticas normativas, imputadas por convenção que determinam a articulação ou contiguidade dos elementos de acordo com padrões estabelecidos. É o caso típico da linguagem verbal na sua manifestação padronizada. Mas esse modo de articulação pode também ser encontrado na linguagem visual, como é o caso, por exemplo, da perspectiva monocular como sintaxe que predermina a organização interna dos elementos que compõem o signo.

Atividade Sígnica por Semelhança

As associações por similaridade, como o próprio nome diz, são aquelas em que as partes componentes do signo mantêm entre si relações de semelhança. São três, pelo menos, as modalidades de articulação por semelhança que assim denominamos: *a*) semelhança de qualidades; *b*) semelhança de justaposição e *c*) semelhança por mediação.

Semelhança de Qualidades

Neste caso, há identidade de caracteres qualitativos entre as partes do signo, isto é, essas partes, na sua materialidade física e sensível, apresentam qualidades semelhantes. Tem-se aqui todos os casos de paramorfismos e paronomásias, simetrias e reversibilidade,

15. IURI TINIANOV, *O Problema da Linguagem Poética II, o Sentido da Palavra Poética*, Rio de Janeiro, Tempo Brasileiro, 1975, pp. 5-6.

82 TRADUÇÃO INTERSEMIÓTICA

de paralelismos sonoros, rítmicos e formais. É o caso também do anagrama, através do qual o texto estabelece uma rede de conexões embutidas e acopladas por aglutinação. O princípio de aglutinação foi visto por Saussure como "dois ou mais termos originariamente distintos, mas que se encontram frequentemente em sintagma no seio da frase, o que faz com que eles se soldem numa unidade absoluta dificilmente analisável"[16]. Este princípio da palavra-montagem coloca a nu o processo de movimento transformativo do sentido dos elementos aglutinados.

Além desses casos de transformação interna por semelhança, há também as relações entre as diversas modalidades de percepção entre sentidos e meios, entre formas visuais, hápticas, musicais, cromáticas e espaciais, que só são possíveis através da sinestesia como lei e memória sensorial que providencia a transformação sígnica através da associação por similaridade. As energias que chamamos de "representações mentais" colocam automaticamente em jogo os sentidos. Estes, evocados (pois não há percepto especializado), tendem à transformação e ao intercâmbio de informação entre os sentidos como forma de apreender o estímulo como um todo. Assim, o trânsito entre o háptico, o visual, o sonoro, o cheiro e o tátil-muscular torna-se uma tendência natural da mente. Nestas condições, as transformações mais simples de se observar são (entre muitas), as seguintes:

- formas hápticas podem dar a representação de formas visuais e vice-versa;
- formas musicais podem dar representações de espaços, volumes, sentimentos hápticos, cheiros, cores etc;
- formas visuais podem dar representações de formas temporais;
- formas cromáticas ou visuais podem dar sensação sinestésica de peso ou de temperatura etc.

A tendência à reversibilidade entre sentidos é patente em alguns casos conforme acontece entre formas hápticas e formas musicais. Aqui o princípio da similaridade faz aparecerem analogias que se referenciam mutuamente como correspondência de qualidades concretas.

Semelhança por Justaposição

Neste caso, um elemento não apresenta em relação ao outro uma semelhança qualitativa, isto é, suas qualidades materiais são diferentes, mas a proximidade (justaposição) entre eles é capaz de revelar uma semelhança essencial pela qual eles estão unidos e que, sem a proximidade, não poderia ser revelada. Pode-se tomar como exemplar dessa modalidade de articulação por semelhança o ideograma copulativo. Neste, cada elemento tem sua autonomia. Quando justapostos,

16. FERDINAND DE SAUSSURE, *Curso de Linguística Geral*, São Paulo, Cultrix, 1975, p. 205.

A TI COMO TRANSCRIAÇÃO DE FORMAS 83

no entanto, produzem não um terceiro termo, mas a descoberta de uma relação ou comunhão entre ambos. É deste tipo de ideograma que Eisenstein extraiu sua concepção de montagem que, no caso, nasce da ênfase na justaposição por conflito. É no atrito e colisão entre dois termos que brota o lampejo da semelhança.

Semelhança por Mediação

Neste caso, a relação de semelhança entre as partes só é despertada porque se produz na mente que percebe ou interpreta um terceiro termo que serve para unir aquelas partes. Tem-se aqui todos os casos de metáforas verbais ou visuais de que o surrealismo, por exemplo, fornece farto material.

Importância do Intracódigo para a Tradução

As relações internas ao signo aparecem flutuantes e fugidias na topologia de toda representação material. Num primeiro nível, portanto, o caráter singular de qualquer signo reside no conflito entre tensão e adequação do signo em relação ao suporte em que o signo toma corpo. Num segundo nível, a observação atenta ao caráter singular da forma significa apreender os movimentos internos dos elementos na sua interação.

Este aspecto da forma, denominado Intracódigo, configura as relações internas da linguagem. Se o signo de lei permite a passagem de uma forma a outra, o caráter singular da forma diz respeito às passagens internas, transformações dos elementos no interior da forma (transformações que sofrem a interferência da materialidade do suporte, seleção do repertório, movimento sintático etc). Sem a leitura dessa rede-diagrama de conexões perde-se o visor para a materialidade constitutiva da estrutura da linguagem.

No entanto, se anteriormente apontamos para a quase impossibilidade da operação tradutor a sem a mediação do signo de lei, cumpre agora apontar para as estéticas ou materializações de linguagem em que os aspectos do intracódigo emergem para um primeiro plano. Tratam-se das poéticas essencialmente fisicalistas que enfatizam o signo, a sua materialidade e os suportes, nas quais domina a função fática da linguagem. O fático, o contato, pode ser entendido assim como o início do início..., onde predomina uma pré-constelação ou uma mensagem latente, em potencial e em estado configurativo permanente; uma pré-linguagem. Neste caso, os procedimentos da operação tradutora têm de se erigir sob a dominância do singular.

Se a comunicação é a mensagem como organismo (N. Wiener), na função fática vê-se um pendor para a "contracomunicação" ou, nas palavras de Barthes, "grau zero da escritura". Contracomunicação situa-se aqui, junto à função fática da linguagem, não como forma de início de comunicação, mas como "descomunicação", onde o norma-

84 TRADUÇÃO INTERSEMIÓTICA

tivo é contestado pelo fragmentário que se instala como exercício de aspecto criador ou gerativo da linguagem e dissolve a função comunicativa numa bruma de significantes, cujo contato institui o sentido e uma situação configuracional[17].

Para distinção entre "mensagem linguística global" (significativa no sentido da comunicação habitual) e "mensagem textual" ou "texto", o grupo de semiologia russa de Tartu formula o seguinte axioma:

> É justamente o seu grau zero da mensagem linguística global que revela o alto grau de sua semioticidade enquanto texto, a mensagem deve ser pouco ou nada compreensível, e sucetível de uma tradução ou interpretação ulteriores. (...) A isso se ligam, igualmente, as tendências à semi-inteligibilidade, ao duplo sentido, à multiplicidade de sentidos. A arte, onde a pluralidade de sentidos é erigida em princípio, não produz teoricamente senão textos[18].

Vê-se nas relações intracódigo a descomunicação como proposta de uma sintaxe labiríntica que, rejeitando a estrutura, a funcionalidade, instala o redundante. Entre a incompletude, o fragmento, criam-se meandros, vazios, a inclusão pré-configuracional, a "escritura".

FORMA

O instante capta a forma; a forma faz ver o instante.
VALÉRY

O primeiro sentimento, as primeiras impressões que temos das coisas e de suas relações é a percepção global. Neste sentido, o sentimento é a forma mais imediata de conhecimento.

Pelo caráter das coisas, uma percepção estética tende a conservar esse aspecto de globalidade do sentimento, enquanto a análise, que nos providencia um conhecimento em sucessividade, faz-nos perder essa qualidade.

O campo da percepção é mais complexo e extensivo do que supomos num apanhado global. É característica do espaço a simultaneidade, a coexistência entre suas partes. Numa percepção sintética, percebemos em conjunto, como um todo indecomponível, em contraposição àquela em que percebemos as partes articuladas e solidárias: este tipo de síntese pressupõe uma análise. Entretanto, a percepção sintética é anterior a qualquer análise.

A *Gestalt* sustenta que perceber é perceber conjuntos e não estímulos isolados. Esta percepção decorre da forma de apresentação do estímulo-forma e de certas propriedades do sistema nervoso central, descartadas as condições subjetivas e experienciais do receptor. Ne-

---

17. Cf. HAROLDO DE CAMPOS, "O Texto como Descomunicação (Hoelderlin)", in *A Operação do Texto*, São Paulo, Perspectiva, 1976, p. 89.
18. *Idem*, p. 90.

A TI COMO TRANSCRIAÇÃO DE FORMAS 85

gando a distinção entre sensação e percepção (por ser casual), e considerando que as condições do estímulo-forma (condições exteriores) e a estrutura do sistema nervoso central (condições interiores) não podem ser separadas, caracterizam a teoria da forma como uma teoria monista, isto é, o conjunto de propriedades do processo perceptivo é um só, a identificação de aspectos universais na mensagem supera o simples reconhecimento das partes. É uma tomada de consciência ou constatação de que "o todo é maior (qualitativamente) do que a soma das partes". O conceito de forma, na teoria da *Gestalt*, está pois referido às condições e características estruturais dos objetos em isomorfia e equilíbrio com o campo da consciência perceptiva. Assim, as qualidades materiais do signo fornecem ao pensamento sua qualidade.

Forma como Signo de Qualidade

A analogia entre o processo isomórfico da percepção e o ícone vem dada pelo caráter de sincronia e simultaneidade de ambos. Diz Peirce: "Sentimento imediato é a consciência do primeiro"[19], pois não há qualquer distinção entre objeto e percepção. "Um ícone puro não traça qualquer distinção entre si e o objeto, representa o que representa, seja como for, pelo fato de ser como é. Pura talidade"[20]. O modo de apreensão do próprio ícone é instantâneo, como imediaticidade sem referência a uma outra coisa, como mera qualidade, assim como uma superfície geométrica, como possibilidade. Como um *Aleph*, diria Borges.

O princípio transfenomênico estrutural da consciência condiciona os fatos da experiência icônica. Os fatores de totalidade e a organização estrutural do conteúdo real da consciência são fortemente sintéticos e conduzem à percepção do ícone como qualidade que se experiência em simultaneidade. O caráter do ícone e da forma se concretizam quando percebemos configurações estelares e não simplesmente estrelas no céu, assim como não percebemos golpes ou sons isolados ou esparsos, mas a tendência à organização em conjuntos rítmicos e sequenciais, isto é, totalidade como séries organizadas por forças operativas da consciência: o signo presente à mente, indefinível, como um todo indivisível, imediatamente, antes do pensamento, como um percurso por fazer, algo virtual, o modo como uma qualidade de superfície ou uma cor definem alguma das qualidades do objeto imediato do signo, isto é, como o signo se nos apresenta à consciência: a diferença entre escrita e fotografia, por exemplo, a qualidade de cada meio, a singularidade de cada signo.

19. C.S. PEIRCE, *Collected Papers*, § 2.382.
20. C.S. PEIRCE, "Escritos Coligidos", *op. cit.*, p. 33.

TRADUÇÃO INTERSEMIÓTICA

Importância da Qualidade para a Tradução

A tradução como consciência sintética no mais alto grau, isto é, como autoconsciência de linguagem, mantém com o qualissigno (na melhor das hipóteses) um convênio de solidariedade dado pelas semelhanças nas aparências. Solidariedade fornecida pelas relações de semelhança contidas na mente, pois que esta é compelida a realizar a síntese

não pelas atrações interiores dos próprios sentimentos ou representações, nem por força transcendental de necessidade, mas sim no interesse da inteligibilidade, isto é, no interesse do próprio "Eu penso" sintetizador; e isso a mente faz através da introdução de uma ideia que não está contida nos dados e que produz conexões que estes dados, de outro modo, não teriam[21].

Aparência, imagem, sentimento, operações de semelhança estão vinculados entre si. A forma na arte lida com *insights*, não com referências. Ele é a essência de toda arte que tende à unidade de sensibilidade: "forma em seu sentido mais abstrato equivale a estrutura, a articulação a um todo que resulta da relação de fatores mutuamente dependentes ou, com mais precisão, o modo em que se reúne o conjunto todo"[22].

As estruturas que chamamos de artísticas ou poéticas são caracterizadas pelas aparências que elas mesmas criam e encarnam, aparências como meras aptidões para a semelhança. O que elas produzem são imagens virtuais de algo que pode vir a ser, mas não é por muito tempo. É do caráter da semelhança ser reflexiva e simétrica; tanto A se assemelha a B, quanto B se assemelha a A. O caráter virtual do semelhante produz em nós uma imagem dinâmica que não permanece por muito tempo. Ela se desprende das qualidades materiais do objeto sobre o qual está incorporada. A forma, como composição de tensões e resoluções de coerência e unidade, somente pode ser expressa através de formas apresentativas (e nunca discursivas) que compõem uma qualidade de sentimento.

O que diferencia as diversas artes entre si é precisamente seu grau de qualidade de aparência. Aparência esta que se resolve e confunde com as qualidades do objeto imediato e com a substância da qual a obra de arte é feita. Entretanto, se as qualidades substanciais e materiais da forma incidem sobre a aparência, não a determinam na sua totalidade, pois a aparência como qualidade do signo é mero sentimento de similaridade em isomorfia com a ideia e a substância que lhe serve de suporte, como consciência sintética.

O caráter de virtualidade e de aparência subverte todo e qualquer referencial externo. Mesmo nas artes mais denotativas, o caráter de

---

21. C.S. PEIRCE, *Semiótica*, p. 17.

22. SUSANNE K. LANGER, *Los Problemas del Arte*, Buenos Aires, Ediciones Infinito, 1966, p. 24.

A TI COMO TRANSCRIAÇÃO DE FORMAS 87

semelhança é independente e autônomo em relação aos objetos denotados. O que uma obra de arte expressa, antes de tudo, é mero sentimento (que não tem nada a ver com sentimentos codificados: "alegria", "tristeza", entre outros) como estado de virtualidade. Assim, a música desenvolve-se no tempo, mas não no tempo vivido do relógio, antes no tempo sentido. Assim também a pintura é mera virtualidade espacial que nada tem a ver com o espaço real, pois deste se constitui numa aparência. Isso para não mencionarmos a poesia, cuja aptidão para totalidades configuradas não necessita de ênfase.

A forma assim concebida resiste à análise. É inarticulável e inefável e, sobretudo, não é discursiva; daí apresentar resistência à comunicação, ao familiar, ao convencional. Ela se dá pela primeira vez como apresentação de sentimento e "em congruência com as formas dinâmicas de nossa vida sensorial, mental e emocional direta: as obras de arte são projeções da 'vida sentida', em estruturas espaciais, temporais e poéticas"[23]. A complexidade da forma poética ou artística, como forma apresentada, não permite a sua abstração dos objetos, elementos ou partes que a constituem, pois seu efeito total é a síntese qualitativa desses elementos em congruência perfeita como signo não discursivo que articula o que é verbalmente inefável, isto é, a lógica mesma da complexidade da consciência. A forma é, assim, aparição e a tradução é transformação de aparências em aparências.

23. *Idem*, p. 33.

4. Por uma Tipologia das Traduções

A ordem é uma condição necessária para qualquer coisa que a mente humana deva entender.

R. ARNHEIM

Tendo em vista a operacionalidade dos conceitos até agora levantados, resta estabelecer uma tipologia de traduções intersemióticas. Quando dizemos tipologia, não queremos evidentemente nos referir a uma grade classificatória de tipos estanques que deve funcionar de modo fixo e inflexível, mas nos referimos, isto sim, a uma espécie de mapa orientador para as nuanças diferenciais (as mais gerais) dos processos tradutores. São tipos de referência, algumas vezes simultâneos em uma mesma tradução, que, por si mesmos, não substituem, mas apenas instrumentalizam o exame das traduções reais. Aliás, não estamos aqui senão atuando em correspondência com o mesmo espírito que guia a organização das tipologias de signos formuladas por Peirce. Nessa medida, nossa tipologia deverá levar em conta naturalmente aqueles aspectos dominantes do operar tradutor encontrados neste trabalho, como são os legissignos. Já vimos anteriormente como os legissignos icônicos-remáticos, indicativos remáticos e dicentes e os legissignos simbólicos-dicentes delimitavam três tipos de tradução. Aproveitando agora essas estruturas, pode-se ver que elas nos fazem distinguir, em seus estados configurativos, informação sobre estruturas, informação sobre eventos e informação sobre convenções. Esses três tipos entram em correlação, como se pode ver, com os caracteres de iconicidade, indicialidade e simbolicidade. Distinguimos, pois, como ponto de partida, três matrizes fundamentais de tradução: Tradução Icônica, Indicial e Simbólica.

Tradução Icônica

Esta se pauta pelo princípio de similaridade de estrutura. Temos, assim, analogia entre os Objetos Imediatos, equivalências entre o

90 TRADUÇÃO INTERSEMIÓTICA

igual e o parecido, que demonstram a vida cambiante da transformação sígnica. A tradução icônica está apta a produzir significados sob a forma de qualidades e de aparências, similarmente.

Neste tipo de tradução, trata-se fundamentalmente de enfrentar o intraduzível do Objeto Imediato do original através de um signo de lei transductor. Podem-se distinguir, assim, as traduções icônicas de caráter isomórfico e paramórfico, numa apropriação metafórica destas noções vindas da química e da física.

Isomórfica: "quando substâncias diferentes cristalizam-se no mesmo sistema, com a mesma disposição e orientação dos átomos e moléculas".

Paramórfica: "transformação de um mineral em outro sem mudança de composição, alterando-se apenas a estrutura cristalina". Trata-se, pois, de fazer aparecer o segundo modelo (a tradução) similar ou equivalente ao primeiro, porém, com estrutura diferente e equivalente. Estamos diante do jogo entre identidades e semelhanças, o que nos leva ao caráter do homólogo como semelhança de estrutura e origem em organismos taxionomicamente diferentes.

Assim, o mesmo fenômeno pode ocorrer na biologia, quando as mesmas células, conforme seu programa genético, formam organizações diferenciadas: "a diferença entre um homem e um chimpanzé, entre um pé e uma mão, ocorre na organização espacial das células. (...) As células se comportam de acordo com sua posição em seus diferentes programas genéticos"[1].

Traduzindo-se esses processos em termos semióticos, já dizia Peirce que o legissigno admite grande variedade de formas, o que torna explícito o paramorfismo.

Tradução Icônica Ready-Made: podendo se caracterizar tanto no tipo isomórfico quanto no paramórfico, este caso de tradução Icônica

---

1. LEWIS WOLPERT, "La formación de modelos en el desarrollo biológico", *Scientific American*, dez. 1978, pp. 78-88. O termo isomorfia (no sentido da cristalografia) para caracterizar a tradução como prática que se volta para a iconicidade do signo vem sendo usada por Haroldo de Campos desde seu ensaio de 1962 ("Da Tradução como Criação e como Crítica", *op. cit.*). Num artigo posterior ("A Transcriação do *Fausto*", Suplemento Cultural de *O Estado de São Paulo*, 16-8-1981), Haroldo de Campos prefere o termo "tradução paramórfica" ao termo "isomórfica", preferência esta que, num artigo ainda mais recente ("Tradução, Ideologia e História", *Cadernos do MAM*, nº 1 Rio de Janeiro, dez. 1983), o autor assim explica: "De uns anos para cá, tenho preferido usar o termo *paramorfismo* para descrever a mesma operação, acentuando no vocábulo (do sufixo grego *para*, ao lado de, como em paródia, 'canto paralelo') o aspecto diferencial, dialógico do processo, aspecto, aliás, presente em meu ensaio de 62 (quando falo, a propósito, da nova informação estética obtida via tradução, comparando-a à resultante do texto original: 'serão diferentes enquanto linguagem, mas como os corpos isomorfos, cristalizar-se-ão dentro de um mesmo sistema'". Embora concordemos com Haroldo de Campos quanto à razão mais eficaz do uso do termo "paramorfismo" enquanto ênfase na "transcriação" como diferença, neste nosso trabalho, utilizamos ambos os termos (tradução isomórfica e paramórfica) porque, no que diz respeito à Tradução Intersemiótica, esses dois tipos (não obstante muito semelhantes) são irredutíveis e, portanto, operacionais quando se trata de caracterizar o tipo de transformação que se opera na passagem de uma forma (original) a outra (tradução), conforme se verá na Oficina de Signos.

POR UMA TIPOLOGIA DAS TRADUÇÕES 91

consiste em encontrar uma "tradução" já pronta, ou seja, *ready-made*. A possibilidade desse encontro se dá devido à existência das variadas formas em que um mesmo legissigno pode se concretizar. A tradução *ready-made* e o "original" entram em conjunção icônica devido às suas semelhanças. Isto vem ao encontro do pensamento de Walter Benjamin, quando diz: "a tradução serve, pois, para pôr em relevo a íntima relação que os idiomas guardam entre si[2] (...) mas este vínculo imaginado e íntimo das línguas é o que traz consigo uma convergência particular". E mais: "... as línguas mantêm certa semelhança na forma de dizer o que se propõem".

Nessa medida, a tarefa do tradutor, no caso de uma tradução *ready-made*, é ter antenas sensíveis para a correspondência ou semelhança (isomorfia) entre estruturas cujo encontro, por si mesmo, pode se caracterizar como encontro tradutor, aliás recíproco, visto que, neste caso cabe a pergunta: qual é o original e qual é a tradução? E isto, parece ser crítico em relação à categoria da originalidade.

Do ponto de vista da semiótica da montagem, a tradução icônica opera em montagem sintática, pois privilegia a estrutura de qualidade. Já em relação à teoria da informação, a tradução icônica manifesta seu pendor para o "cosmo-processo-estético[3], onde se instala a complexidade, a informação estética, a imprevisibilidade, originalidade e também a fragilidade".

Tradução Indicial

A tradução indicial se pauta pelo contato entre original e tradução. Suas estruturas são transitivas, há continuidade entre original e

---

2. WALTER BENJAMIN, "A Tarefa do Tradutor", *Revista Humbodt* nº 40, pp. 38-44.

3. Segundo nos informa HAROLDO DE CAMPOS em "Montagem: Max Bense", os conceitos "cosmo-processos físicos" e "cosmo-processos estéticos" foram formulados por MAX BENSE em *Aesthetische Information*, Agis-Verlag, 1956. No ensaio "Arte Concreta e Tachismo" (1958), inserido em *Pequena Estética* (Texto 3), Bense afirma que a evolução do processo estético, que conduz à informação, opõe-se à do processo físico que leva à entropia. Haroldo de Campos explica: "Outro instrumento de análise praticada por Bense é a distinção entre *entropia* e *informação*, derivada da cibernética e da teoria da informação. Entropia entendida como medida para a probabilidade termodinâmica, que determina o grau de desordem, no sentido de distribuição uniforme (igualmente provável) dos elementos de um sistema (característica dos 'cosmo-processos físicos'); a informação equivalendo à medida para o grau de ordem, correspondente a uma distribuição improvável, selecionada, excepcional, original de elementos (característica dos 'cosmo-processos estéticos')". Haroldo de Campos também discute esses conceitos no seu "A Temperatura Informacional do Texto", em *Teoria da Poesia Concreta*, cit. Já do ponto de vista semiótico, que mais se aproxima da utilização que fazemos desses conceitos em nosso trabalho, os "cosmo-processos estéticos" e os "cosmo-processos físicos" relacionam-se respectivamente ao caráter icônico-sintático que estabelece a originalidade, a organização mental sígnica e ao caráter indicial-material, vale dizer, físico, no qual todo signo se concretiza. A ênfase no processo estético ou no processo físico caracteriza, segundo esse ponto de vista, a dominância da invenção como iconicidade mental (processo estético) ou a dominância da materialidade (processo físico). Cf. MAX BENSE, *Pequena Estética*, São Paulo, Perspectiva 1971, pp. 155-173.

92 TRADUÇÃO INTERSEMIÓTICA

tradução. O objeto imediato do original é apropriado e transladado para um outro meio. Nesta mudança, tem-se transformação de qualidade do Objeto Imediato, pois o novo meio semantiza a informação que veicula. Na operação de translação, pode-se deslocar o todo ou parte. Tem-se, então, um movimento topológico-homeomórfico e um movimento topológico-metonímico, podendo-se distinguir, portanto, dois tipos de Tradução.

Topológica-homeomórfica: aqui, na transposição do "mesmo" para um outro meio, e aproveitando a noção de Homeomorfismo, fornecida pela topologia, tem-se a correspondência entre elementos, isto é, correspondência ponto a ponto entre os elementos dos dois conjuntos de signos. Mais precisamente: a todo ponto de uma figura corresponde um ponto e somente um da outra, e a dois pontos vizinhos de uma correspondem dois pontos vizinhos da outra. Assim, os dois conjuntos são equivalentes topologicamente, conseguindo, com isto, continuidade na passagem biunívoca de um conjunto para outro e vice-versa. Dois conjuntos homeomórficos têm as mesmas invariantes topológicas, como uma circunferência e uma elipse, um polígono ou uma curva fechada de Jordan, quer dizer, todos eles são homeomorfos a uma circunferência.

Topológica-metonímica: trata-se de explorar a noção de homeomorfismo parcial, de caráter metonímico (*pars pro toto*), como forma de estabelecer a continuidade entre original e tradução. Pelo deslocamento de metonímias (partes do original) e sua localização no novo contexto sígnico, tem-se o "deslizamento de significantes". Estes procuram a conexão sintagmática que alude à relação de contiguidade, pois a relação da metonímia dá-se por contiguidade produzindo um efeito de sentido. Os elementos deslocados podem, assim, ser "orientados" espacialmente e contextualmente, procurando novas organizações e cristalizações.

Nesse caso, encontra-se uma analogia com o fenômeno "Alotrópico" que "consiste em poder um elemento cristalizar em mais de um sistema cristalino e ter, por isso mesmo, diferentes propriedades físicas"[4]. Quer dizer, pela transposição de um organismo ou partes para outro (tradução de meio para meio), obtemos continuidade e identificação. Entretanto, qualidades e aspectos, em diferentes meios levam à transformação qualitativa dos eventos.

Do ponto de vista da semiótica da montagem[5], essas traduções se caracterizam em montagem sintática (como referência de meios)

---

4. Foi HUGH KENNER, em *The Poetry of Ezra Pound*, quem apontou para a importância da transposição do fenômeno do alotropismo para o campo da estética. Diz ele: "A fragmentação da ideia estética em imagens alotrópicas, tal como teorizada pela primeira vez por Mallarmé, foi uma descoberta cuja importância para o artista corresponde à da fissão nuclear para o físico". *Apud*. AUGUSTO DE CAMPOS, "Pontos — Periferia — Poesia Concreta" e HAROLDO DE CAMPOS, "Aspectos da Poesia Concreta", in *Teoria da Poesia Concreta*, p. 17 e p. 96 respectivamente.

5. DÉCIO PIGNATARI, *Revista Através*, Martins Fontes, ed. (São Paulo, 1982).

POR UMA TIPOLOGIA DAS TRADUÇÕES   93

e em montagem semântica, como referências por contiguidade, isto
é, ela indicia a relação de contato físico com o objeto, muito mais do
que a transposição por invenção.

Tradução Simbólica

Este tipo de tradução opera pela contiguidade instituída, o que
é feito através de metáforas, símbolos ou outros signos de caráter
convencional. Ao tornar dominante a referência simbólica, eludem-
-se os caracteres do Objeto Imediato, essência do original. A tradução simbólica define *a priori* significados lógicos, mais abstratos e
intelectuais do que sensíveis. Pode-se colocar como exemplo a tradução da palavra "arte", em linguagem binária, executada por Waldemar Cordeiro:

$$1\ 1\ 0\ 0\ 0\ 1$$
$$1\ 0\ 1\ 0\ 0\ 1$$
$$1\ 0\ 0\ 1\ 1\ 0$$
$$1\ 1\ 0\ 1\ 0\ 1$$

significa

ARTE

em linguagem
binaria.

Comparação dos Tipos de Tradução

Sendo o pensamento "o único modo de representação" e sendo
o ícone o "único meio de transmitir diretamente uma ideia", a tradução como pensamento intersemiótico, trânsito de meios e transmutação de formas, inserirá necessariamente, no seu âmago, as três
espécies de signos.

Numa comparação entre os três tipos de tradução, pode-se perceber que a Tradução Icônica, tende a aumentar a taxa de informação
estética. Consequentemente, a tradução como ícone, estará despro-
vida de conexão dinâmica com o original que representa; ocorre simplesmente que suas qualidades materiais farão lembrar as daquele
objeto, despertando sensações análogas. A Tradução Icônica produ-
zirá significados sob a forma de qualidades e de aparências entre ela
própria e seu original. Será uma *transcriação*.

A Tradução Indicial estará determinada pelo seu signo antece-
dente; contudo esta relação será de causa-efeito (caso da tradução de
um signo para outro meio) ou terá uma relação de contiguidade por
referência que se resolverá na sua singularidade, pois acentuará os

caracteres físicos do meio que acolhe o signo. Contudo, ela será interpretada através da experiência concreta. A tradução será neste caso uma *transposição*.

Já a Tradução Simbólica se relacionará com seu objeto por força de uma convenção, sem o que uma conexão de tal espécie não poderia existir, pois como símbolo consistirá numa regra que determinará sua significação. Neste caso a tradução é *transcodificação*.

Finalmente, a tradução como processo simbólico irá determinar as leis de como "um signo dá surgimento a outro, pois o símbolo "é uma lei ou regularidade de futuro indefinido", uma lei que governará e será materializada e que determinará algumas de suas qualidades, unindo o sensível ao inteligível, isto é, será uma forma significante.

Parte II

Oficina de Signos: Traduções Intersemióticas e Leituras

> *O ponto de partida do tradutor não é a linguagem em movimento, matéria-prima do poeta, mas a linguagem fixa do poema. (...) Sua operação é inversa à do poeta: não se trata de construir com signos móveis um texto inamovível, mas de desmontar os elementos desse texto, pôr os signos de novo em circulação e devolvê-los à linguagem.*
>
> OCTAVIO PAZ

Até aqui procedemos ao levantamento e exame dos principais elementos que interferem na tradução como operação que envolve pensamento em signos, intercurso dos sentidos e transcriação de formas. Nossas discussões visaram, em primeira instância, ao delineamento dos caracteres gerais dos traços implicados no ato tradutor. Contudo, esses traços gerais só nos serviram como alicerce para que, a partir deles, pudéssemos refletir sobre a especificidade do pensamento em signos envolvido na tradução do signo que mais de perto a nós interessa, ou seja, a síntese do objeto estético.

Vimos assim que o pensamento desenvolvido na tradução não é do tipo evolutivo, embora abstrato e reflexivo, dá mais ênfase ao pensamento por semelhança. De fato, os interpretantes extraídos ao nível da leitura, pelo fato de não serem finalistas, permitem a tradução em formas, vale dizer, em níveis do pensamento sintético que descarta a articulação lógica da linguagem. Disto decorre que a tradução não seja representação em sentido pleno.

Os níveis de consciência sintética põem em jogo os diversos tipos de signos e o pensamento, assim, revela-se intersemiótico.

Se, no plano da invenção, a mente tradutora privilegia aqueles aspectos concretos que dão ao pensamento a sua qualidade, a tradução como intercurso dos sentidos põe em relevo o caráter material dos signos e seus suportes. Estes, responsáveis pela configuração dos Objetos Imediatos dos signos, incluem também o universo perceptivo do sinestésico. É por isto que a ação junto a suportes e meios artesanais, industriais e eletroeletrônicos, se caracterizam também pela subversão dos usos finalistas e comunicativos destes meios. Aliás, são as qualidades inerentes a cada um deles que criam o estranhamento necessário, alargando a percepção que acentua as diferenças entre tradução e traduzido. Estes suportes e meios fundam a especificidade da tradução intersemiótica.

Como transcriação de formas, a tradução intersemiótica é viabilizada pelos signos de lei que, devido às suas qualidades paramórficas, permitem sua penetração em quaisquer formas estéticas e meios. Os signos de lei, ao mesmo tempo em que apontam para um comparatismo entre as artes, permitem, por isso mesmo, estabelecer classes de linguagens estéticas e, por isso mesmo, uma tipologia das Traduções. Sendo esses signos de lei formas icônicas, cujo reconhecimento implica em atos criativos que possibilitam a "transcriação", elas, com seu poder aglutinante, transformam a energia sígnica e são, por isso mesmo, signos transductores. Neste nível, da transcriação de formas, a produtividade formativa do signo, põe em jogo aqueles aspectos da semelhança que providenciam os efeitos estéticos.

Traduzir com invenção pressupõe reinventar a forma, isto é, aumentar a informação estética. A operação tradutor a deve mirar seu signo de frente e não de modo oblíquo. Fechando o círculo tradutor: se o instante da consciência sintética capta a forma, é a forma (tradução), que faz ver o instante.

Agora, no território a seguir denominado "oficina de signos", como demonstração concreta das transformações tradutoras de signos, trata-se de evidenciar os reflexos e rebatimentos da teoria na prática.

Como exemplos do exposto, inclui-se uma série de traduções e transcodificações entre as Artes da Poesia, Artes Plásticas, Literatura, Cinema e nos diversos meios: fotografia, gráfica, holografia, videotexto, meios eletrônicos, objeto, instalação etc.

5. Tradução Simbólica

```
                    se
                    nasce
                    morre nasce
                    morre nasce morre
                                renasce remorre renas
                                    remorre renas
                                          remor
                re
                desnasce
            desmorre desnasce
desmorre desnasce desmorre
                        nascemorrenasce
                        morrenasce
                        morre
                        se
```

Original:
"nascemorre"
Haroldo de Campos (1958)

Tradução Intersemiótica:
Júlio Plaza (1984)

LEITURA DE "SE NASCE... (...) ... MORRE SE"

Grafado em tipografia e utilizando o espaço da página como meio substantivo de configuração, o poema processa-se no jogo das ambiguidades surgidas pela ação de contrários.

A atividade construtora do poema se enrola-desenrola toda ela na utilização pura e simples de dois elementos lexicais: os verbos antitéticos nasce/morre. Esses verbos se constituem, assim, numa espécie de célula-*mater* tensionada, uma vez que a cada ocorrência de *nasce* corresponde uma outra ocorrência de *morre* (24 ocorrências ao todo: 12 para *nasce* e 12 para *morre*). Num jogo de equilibração simétrica a mais perfeita, o poema se abre com *nasce* e se fecha com *morre*, tendo no seu interior quatro blocos visualmente perceptíveis de variações espelhadas na combinação e justaposição desses dois verbos. As variações se complexificam, contudo, através do concurso das partículas (*se, re, des*) que, sobre a combinatória espelhada dos verbos nasce/morre, faz incidir também variações prismáticas.

Nessa medida, as operações sobre o simples (nasce/morre) processam um conjunto de afirmações/negações, movimentos progressivos/regressivos e ações positivas/negativas, quer dizer, ações de contrários que procuram a sua coincidência, a sua síntese. Para uma leitura detalhada dessas operações, vejamos antes as partículas de linguagem uma por uma para que se possam considerar suas significações e sentidos que põem o poema em movimento:

se = pronome pessoal da 3ª pessoa, usado aqui como objeto direto e reflexivo da ação, e ainda como índice de indeterminação do sujeito: se nasce, se morre ou nasce-se, morre-se

nasce/morre = 3.a pessoa singular do presente do indicativo (no sentido de presente eterno). No seu conjunto formam um par polar e antagônico de cuja relação semântica depende o poema.

re/des = *prefixos; re* = significa repetição, reintegração, aumento, movimento para trás (de recuperação), mudança de estado e, por isso mesmo, dependente de uma situação anterior; gera movimento progressivo a partir do regressivo.

des = prefixo que denota negação e inversão do significado do simples (desnasce/desmorre). Significa: separação, transformação, privação, negação e ação contrária.

As partículas prefixiais *re/des* são responsáveis pela ambiguidade inerente aos sentidos do poema, pela modificação dos sentidos do simples: nasce/morre. Modificação por variações prismáticas. Grafadas numa configuração de caráter binário e, portanto, simétrica (como metáfora de organismos), as partículas encontram-se distribuídas em torno de eixos de simetria dessa estrutura (direito/avesso; avesso/direito), criando, ao mesmo tempo, movimento de balanço e rotação, operações de permutação como convém a um jogo de contrários.

TRADUÇÃO SIMBÓLICA

Tem-se, assim, no primeiro subconjunto:

se
nasce
morre nasce
morre nasce morre

Codificando os sentidos de NASCE como sentido positivo (enquanto acesso à vida) e MORRE como sentido negativo (ou negação da vida), pode-se (usando signos matemáticos) fazer a seguinte tradução:

NASCE = +
MORRE = −

Assim:

+
− +
− + −

Como se pode ver, o equilíbrio entre os sentidos é mantido no jogo de oposições antagônicas.

Agora, no segundo subconjunto, tem-se:

renasce remorre renasce
remorre renasce
remorre
re
ou: + − +
− +
−

onde a partícula *re* reafirma o caráter de equilíbrio provisório e indeterminado entre NASCE/MORRE, ou na oposição vida/morte em nível semântico.

Então, no primeiro subconjunto da segunda configuração, aparece:

re
desnasce
desmorre desnasce
desmorre desnasce desmorre
ou: −
+ −
+ − +

E, no segundo subconjunto da segunda configuração:

nascemorrenasce
morrenasce
morre
se
ou: + − +
− +
−

TRADUÇÃO INTERSEMIÓTICA

Percebe-se que há, em todos os subconjuntos e na relação entre eles um movimento dinâmico que acentua o equilíbrio sintático e semântico como resultado ao modo *Yin Yang*, o que cria uma espécie de transfusão perpétua do nascer em morrer e vice-versa. Colocando em movimento, por variações especulares e prismáticas, o caráter antitético desse par verbal, o poema transplanta esses verbos de um reduto simplesmente dicotômico para convertê-los em vasos intercomunicantes onde nascer se insemina no morrer e vice-versa.

TRADUÇÃO

A tradução se processa por convenção. As equivalências convencionadas são as seguintes:

NASCE   =   ▽   Triângulo + branco = símbolo da vida. Seu objeto imediato denota equilíbrio dinâmico.

MORRE   =   △   Triângulo invertido = símbolo da morte. Seu objeto imediato denota equilíbrio estático; posição antagônica ao anterior.

RENASCE =   ▽   O simples + reduplicação através da linha vertical, indicando o positivo, o afirmativo, o re-produtível.

REMORRE =   ▲   O simples + (re) negro, indicando negação.

DESNASCE =   ▼   O simples (posição de *nasce*) + negro (negação ou sentido de morte).

DESMORRE =   △   O simples (posição de *morre*) + branco acrescido da linha ou sentido de positivo.

Cada partícula do poema é traduzida pelo triângulo a modo de célula que cria, por sua vez, associações diagramáticas segundo seu próprio modelo interno (triângulo, hexágono, losango etc), obtendo, assim, um sistema orgânico a partir dos elementos celulares.

Os prefixos *re/des* são traduzidos pelas operações de duplicação, repetição, reflexão e simetria, responsáveis pela ambiguidade.

O resultado final é justamente o de uma tradução que só é compreensível, como tal, se dominamos a chave léxica como código simbólico. Contudo, há investimento estético ao nível de todo que supera os aspectos repertoriais. Tanto isso é verdade que no nível macroestrutural, o rebatimento espelhado entre *nasce/morre* é recuperado no todo da configuração visual: um grande triângulo (Vida) interpenetra-se num outro invertido (Morte). Este investimento opera a isomorfia entre forma e significado e recria o objeto imediato do poema originário como metáfora de organismo tensionado entre as forças positivas e negativas da vida e da morte.

6. Tradução Indicial

LUA NA ÁGUA

ALGUMA LUA

LUA ALGUMA

Original:
"Lua na Água"
Paulo Leminski (1982)

Tradução Intersemiótica:
"Lua na Água" em videotexto
Júlio Plaza (1983)

"LUA NA ÁGUA"

Analisando o texto poético, observa-se que processos anagramáticos e paragramáticos ativam a linguagem do poema. No primeiro verso, temos: *LUA NA ÁGUA*, texto que refletido na sua base já provoca a aparição de outra qualidade, a água como suporte do reflexo. Temos assim uma paisagem composta de *LUA* na *ÁGUA*.

No segundo verso: *ALGUMA LUA*, o termo *ALGUMA* inclui anagramaticamente *ÁGUA* e *LUA*, isto porque *ALGUMA LUA* é paragrama de *LUA NA ÁGUA*. Ainda pela reflexão, temos *ÁGUA*, indiciando o movimento entre *LUA* e *ÁGUA*.

No terceiro verso: *LUA ALGUMA*, quer dizer, nenhuma lua, resta a impressão fugaz dos reflexos da *LUA*, extraída de *ALGUMA* e confundida com a água. O poema realiza-se, como se pode ver, a partir da materialidade da linguagem.

O texto-poema é "descritivo qualitativo", pois que, como linguagem poética que é,

ao descrever verbalmente, transforma o caráter linear da sintaxe verbal, cria uma *gestalt* de relações inusitadas e acaba por recuperar analogicamente (em termos concretos) qualidades físicas, sensíveis daquilo que é descrito (do objeto da descrição). Sendo o ícone um tipo de signo cujas qualidades sensíveis se assemelham às qualidades do objeto e, por isso mesmo, um signo capaz de excitar na mente receptora sensações análogas às que o objeto excita, não é difícil perceber por que tal texto (descritivo qualitativo) seria um processo de signos de modo primeiro (descrição) em nível de primeiro (ícone de qualidade)[1].

É precisamente esse caráter icônico, pela "aglutinação" dos termos, que cria o movimento transformativo ao nível do intracódigo e que nos serve para processar a tradução.

"LUA NA ÁGUA" TRADUÇÃO INDICIAL

O poema "Lua na Água" é transferido para o videotexto, onde encontra sua inserção como prolongamento eletrônico da tipografia. Na transposição de meio para meio, temos que o videotexto apreende o poema original e o conforma no seu modo de escansão, emprestando-lhe suas qualidades. Na tradução, a disposição gutemberguiana é negada e negativada na luz-cor sobre fundo preto. Produz-se, assim, um ícone de paisagem noturna, com mera similaridade.

A similaridade entre ícone-paisagem-luz e texto confunde-se com o próprio processo (movimento) de escansão. A forma poética resultante e o processo formativo da imagem encontram-se absorvidos como linguagem.

---

1. MARIA LÚCIA SANTAELLA BRAGA, "Por uma Classificação da Linguagem Escrita", 0/7. *cit.*, p. 153.

O VIDEOTEXTO COMO MEIO DE TRANSPOSIÇÃO

A transposição de um signo estético num meio determinado para um outro meio tecnológico deve obedecer os recursos normativos (signos de lei) do novo suporte, seus sistemas de notação. Não parece ser outra coisa que Gombrich pretendeu expressar quando afirma: "O artista não pode traduzir mais do que seu meio é capaz de traduzir". Assim, todo suporte declara e impõe suas leis que conformam a mensagem.

A operação de passagem da linguagem de um meio para outro implica em consciência tradutora capaz de perscrutar não apenas os meandros da natureza do novo suporte, seu potencial e limites, mas, a partir disso, dar o salto qualitativo, isto é, passar da mera reprodução para a produção.

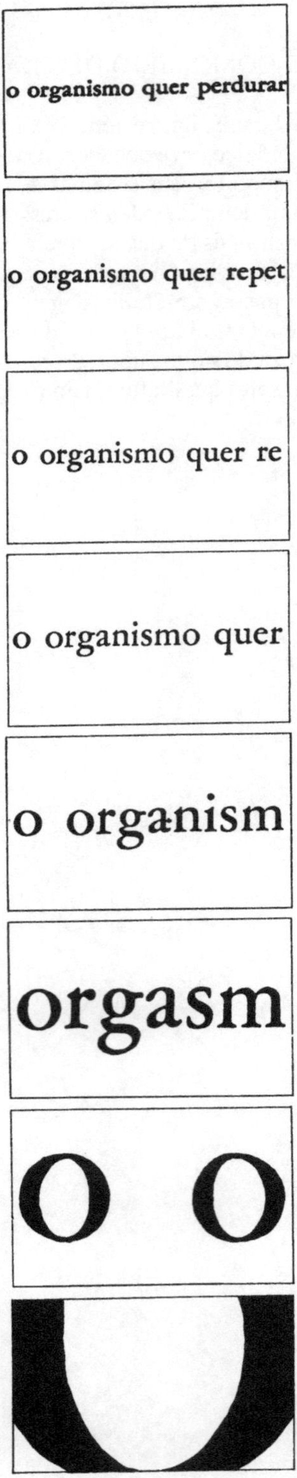

o organismo quer perdurar

o organismo quer repet

o organismo quer re

o organismo quer

o organism

orgasm

o o

Original:
"organismo"
Décio Pignatari (1960)

o organismo quer perdurar o organismo quer repet o organismo quer re o organismo quer

Orgasmo

o organismO quer

Tradução Intersemiótica:
"Organismo Áureo"
Júlio Plaza (1980)

LEITURA DE "ORGANISMO-ORGASMO"

Ao nível de primeira impressão, numa visão do todo, o procedimento através do qual o poema se engendra já se revela intersemiótico: macroestruturalmente o poema se organiza acoplando-se a uma sintaxe cinematográfica. Planos verticais, frontalidade, movimento *zoom*, características estas que indiciam o modo industrial de produção: a máquina de cinema. O processamento radical da passagem do verbal para o não verbal dá-se, assim, em sequência fragmentada de tomadas curtas, a modo de planos cinematográficos que imprimem movimento ao poema. Cada folha (enunciado do poema) equivale a um plano fílmico. O primeiro enunciado (O ORGANISMO QUER PERDURAR) apresenta-se como um grande plano que vai sendo gradativamente cortado, num processo de aproximação-dilatação crescente até atingir um primeiríssimo plano (a parte superior do grafema O) na última página.

O fundamental desse procedimento reside, contudo, na captura da mais perfeita isomorfia entre forma-significado que o poema realiza. Vejamos: o primeiro sintagma (O ORGANISMO QUER PERDURAR), ao ser seguido pelo sintagma O ORGANISMO QUER REPET, já lança o gérmen semântico de todo e qualquer organismo que só perdura repetindo o ato primordial em busca do qual o poema parte.

Os planos-páginas seguintes são, de fato, repetição por redução-aproximação. O *REPET* reduz-se ao *RE* (prefixo semântico da repetição). Cai, em seguida, o *RE* para pôr em destaque o *QUER* (que carrega o sema do desejo). Nessas passagens redutoras de um plano a outro, a palavra *ORGANISMO* vai simultaneamente se dilatando, num crescente, até que, na sequência da quinta para a sexta página, dá-se a transformação de *O ORGANISM* para *ORGASM* que se amplia e se dilata na página dando corpo físico ao significado. A página seguinte iconiza, no plano aproximando de (*O O*) *rganism*, a fusão dos genitais masculino e feminino, sendo seguida, na última página, pelo fragmento icônico da penetração feminina pelo masculino.

A iconicidade maior do poema revela-se, contudo, no nível rítmico, isto é, em termos de tempo-movimento, quando focalizamos seu todo estrutural. O processo de redução-aproximação de planos sintagmas vai criando um tempo de leitura cada vez menor, cada vez mais curto para cada página. Esse encurtamento do tempo vai correspondendo à dilatação da palavra *ORGANISMO*, ao mesmo tempo que vai reproduzindo o movimento-ritmo cada vez mais acelerado de uma relação sexual até explodir em *ORGASM* e no puro desenho-síntese da penetração no último plano.

"ORGANISMO ÁUREO"

Trata-se de um tipo de tradução indicial na medida em que recupera todos os enunciados-sintagmas, além da própria tipologia em que o poema original está grafado. A tradução, na realidade, o que faz é mobilizar a disposição sígnica do original para inscrevê-lo num outro espaço de produção, não mais o espaço cinematográfico, mas o espaço ideográfico-fisiognômico. Esta passagem é possível graças ao diagrama-icônico ou legissigno-icônico-remático (Secção Áurea) que organiza a tradução e os sentido do poema. Os aspectos simbólicos da Secção Áurea como forma-significante (conforme veremos mais detalhadamente na leitura do *Encouraçado Potemkin*) evoca, como signo de possibilidade, as noções de organismo e as ideias de germinação, fecundidade. É então sobre esta estrutura harmônica que a tradução está montada, emprestando organização entre o todo e as partes e isomorfia com as ideias de evolução orgânica, contínua e crescente relativas aos sentidos do poema original "Organismo Orgasm".

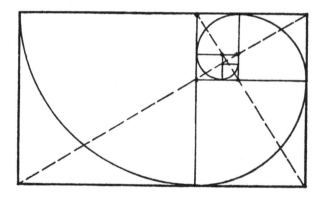

Assim, o traçado geométrico-matemático da Secção Áurea é que suporta, organiza e especializa os sintagmas-planos:

> o organismo quer perdurar
> o organismo quer repet
> o organismo quer re
> o organismo quer
> o organism
> orgasm
> o o
> O

O original propõe uma ação sequencial num processo de redução-aproximação que reproduz o movimento-ritmo cada vez mais acelerado de uma relação sexual até explodir em ORGASM.

A palavra ORGANISMO, gradativamente dilatando-se, funciona como uma espécie de ícone do órgão genital masculino e posteriormente do feminino.

Já a tradução, por outro lado, ganha para o simultâneo e isomorfia. O espaço sobrepõe-se ao tempo, mas sem anulá-lo, pois é do movimento espiralado e oval que nasce sintática e semanticamente a forma-ideia-tema do óvulo-ovo (que se encontra latente nos grafemas do original: O O). Estrutura-se, assim, o ícone do organismo-orgasmo como ação fisiológica envolvente na qual a paronomásia ORGANISMO-ORGASMO vai se condensando, em simultaneidade, até organizar a superposição indissociável dos genitais masculino e feminino.

A HOLOGRAFIA COMO TRANSPOSIÇÃO

Toda "nova tecnologia" é inicialmente tradutora e inclusiva das linguagens anteriores. Contudo, novos suportes supõem imagens. A imagem produzida pela holografia difere substancialmente das imagens em suportes tradicionais. A imagem holográfica é uma imagem-inteira (*holos* = inteiro, *grafia* = imagem), imagem-luz-memória que se reativa para o espectador com um simples *spot* de luz.

Com o raio *laser*, que produz raios de alta coerência espacial, é possível o armazenamento de informação em qualquer ponto do campo da onda luminosa, o que, consequentemente, permite seu registro num filme holográfico. Aqui registram-se as figuras ou imagens de interferência, resultantes da superposição das ondas de um feixe de radiação coerente (raio de referência) com as ondas que foram refletidas por um objeto (raio de reflexão). Ver Figura a.

A holografia no estágio atual é o registro de um objeto e incorpora ao mesmo tempo aspectos da fotografia e sobretudo da escultura. Para se fazer um holograma é necessário construir um objeto-escultura com todas as consequências perceptivas de volume, iluminação, espaço, paralaxe, perspectiva etc. A transformação desse objeto tridimensional em pura luz (Figura b), através da geometria do raio *laser*, é o que constitui o processo holográfico. Nesse sentido, um holograma é basicamente uma transposição entre meios, e isto, traz consequências para a Tradução Intersemiótica como transmutação de aparências em aparências.

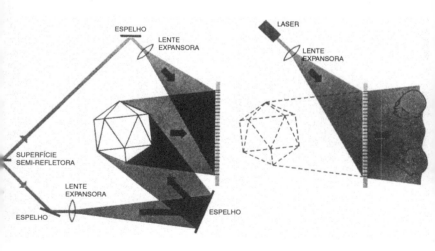

a   b

o velho tanque

rã salt

tomba

rumor de água

Original:
"o velho tanque", *Hai-cai*

Bashô: (século XVII)
Tradução para o português:
Haroldo de Campos (1958)

Traduções Intersemióticas: Júlio Plaza

1ª versão em videotexto (1982)
2ª versão em linguagem visual (1982)
3ª versão em montagem fotográfica (1984)

o velho tanque

RÃ salt tomba

rumor de água

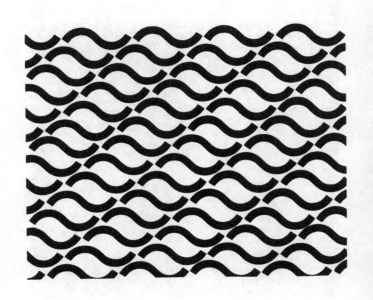

HAI-CAI: TRADUÇÃO INTERSEMIÓTICA

Recuperamos aqui a análise feita por Haroldo de Campos[1] e sua própria tradução a partir dos ideogramas japoneses, pois que tratando-se de tradução intersemiótica em sistema, diz respeito à recuperação da estrutura original do *Haicai*.

BASHÔ   *o velho tanque*

rã sair

tomba

rumor de água

(furu ike ya / kawasu tobikomu / tnizu no oto)

古 (1)   1 – *furu* (velho); o sinal de 10 sobre a boca (*kuchi*); o que passou de boca em boca por 10 gerações (Pound via Fenollosa), ou notícia 10 vezes repetida (Vaccari, *Pictorial Chinese/Japanese*).

池 (2)   2 – *ike* (lago, tanque): caracteriza-se pelo elemento "água" (*mizu*), abreviado, à esquerda do ideograma.

や (3)   3 – *ya*: partícula expletiva (*kireji*), escrita em *hiragana*.

蛙 (4)   4 – *kawazu* (rã): caracteriza-se pelo elemento "verme" (*mushí*), à esquerda do ideograma, indicando espécie animal.

飛込 } 5   む   5 – *tobikomu*: verbo composto de *tobu*, "saltar" + *komeru*, "entrar"; contém os dois polos da ação: o salto e o mergulho; grafa-se com dois *kanji* superpostos: o de *tobu* seria, para Vaccari, a pintura sintética de pássaros no ato do voo; o de *komeru* reúne uma parte inferior, indicativa de "movimento para a frente" (*shinnyu*, cf. Vaccari; "o processo": pegadas + um pé, cf. Pound/Fenollosa), e outra superior (*nyu*, Vaccari), significando "entrar" (como um rio na sua foz); a desinência verbal *mu* está grafada em *hiragana*.

水 (6)   6 – *mizu* (água): pictografia de fios de água correndo.

の (7)   7 – *no* (de): preposição, em grafia *hiragana*.

音 (8)   8 – *oto* (rumor): embora extremamente estilizado e de interpretação problemática, este símbolo, para Vaccari, remontaria a uma antiga pictografia de uma boca aberta, deixando ver a língua (parte inferior do kanji), no ato de produzir o som.

---

1. HAROLDO DE CAMPOS, "Hai-cai: Homenagem à Síntese", in *A Arte no Horizonte do Provável*, São Paulo, Perspectiva, 1969, p. 62.

TRADUÇÃO INDICIAL

Neste *haicai* de Bashô, talvez o mais famoso do gênero, o eixo da ação está na palavra composta *tobikomu*, formada pela aglutinação dos verbos saltar (*tobu*) + entrar (*komeru*). No original, a transição dos "shots" visuais, se faz assim, sem solução de continuidade, de uma tomada para outra, até o remate, que se resume, como numa etapa final de montagem cinematográfica, no rumorejar da água agitada pelo baque de um corpo que saltou e nela imergiu. Por aqui se pode avaliar a pobreza, para não dizer infidelidade, que haveria numa tradução convencional, que só fixasse a imagem da rã saltando, por exemplo. Com a "palavra-valise" à maneira joyciana, "saltomba" (fragmentada visualmente por um recurso à cummings de apostrofação, "salt/tomba"), procurei acompanhar o desenrolar fílmico da ideia, "esse desejo de fundir imagem em imagem" que, para D. Keene, caracteriza a poesia japonesa. De outro lado, a textura fônica de "saltomba" não deixa, de certo modo, de responder à de *tobikomu*. Lembre-se o leitor de exemplos como o "Tudo *turbulindo*" (fundindo "turbilhonar" + "bulir"), de Guimarães Rosa.

Nesta análise de Haroldo de Campos, impõe-se ressaltar o caráter sintético da dupla ação dos verbos saltar + tombar, da qual o autor extrai as consequências necessárias, isto é, extrai do verbo *saltar* a própria *rã* numa isomorfia perfeita: como desligar o salto do agente? Temos assim:

rã salt (ar)

ou seja, um salto simétrico no *ar* (reversão de *rã*). A elisão da terminação do verbo *salt*... vai encontrar na terminação de tomba a sílaba *a* que se completa na sílaba inicial *r* de rumor, compondo a palavra *ar* (terminação de saltar):

salt

tomba

rumor

"O VELHO TANQUE...": VERSÃO EM VIDEOTEXTO

Nesta versão, aproveitando os recursos gráficos eletrônicos do videotexto temos:

1º momento: a descrição verbal o *velho tanque* sobre fundo azul claro: imagem visual estática com equivalência do atemporal, algo não sujeito às contingências do mundo. Como uma mônada.

2º momento: *rã salt tomba*, sobre o mesmo azul, sendo que *rã*, grafado em laranja e com movimento intermitente em "pisca-pisca", indicia isomorficamente o salto. Temos assim o choque, o tátil, a relação entre corpos, o intervalo, a díada. Detona-se, assim, o início do terceiro movimento-síntese.

3º momento: um fundo azul escuro entra na escansão lenta, indiciando o *rumor de água* que traduz a ruptura do silêncio da primeira situação geral. Surge, assim, a produção de um ícone como pura semelhança visual com *rumor*.

TRADUÇÃO INTERSEMIÓTICA

Nesta versão, "Bashô no ano 2000" (como a chamou P. Leminski)[2], há, de fato, mais investimento estético decorrente das qualidades físicas da cor-luz e da forma de escansão do videotexto, pois que o movimento é o verdadeiro interpretante do poema.

"O VELHO TANQUE..." EM LINGUAGEM VISUAL

1º momento: "o velho tanque" é traduzido pelo signo gráfico-icônico de água.

2º momento: "rã salt tomba" é traduzido pela imagem de rã sobre água.

3º momento: "rumor de água" pela repetição ~~~~~~~ sinal de água que cria um ritmo-rumor visual.

"O VELHO TANQUE...": VERSÃO EM MONTAGEM FOTOGRÁFICA

Nesta montagem, temos tradução plena propondo a estrutura triádica haiku:
1º momento: fotograma de água calma, equivalente de "o velho tanque", como condição absoluta, como uma mônada.

2º momento: fotograma de um sapinho.

3º momento: fotograma do movimento ondulatário da água, como equivalente de *rumor*, interpretante que se constrói na mente como efeito do diagrama-icônico do salto da rã.

Observar que a ênfase não está dada aqui ao elemento de conflito, mas ao rumor de água que detona o efeito.

Em breve resumo dessas três traduções, tem-se: a primeira versão em videotexto é, de fato, uma transposição topológica cujo sentido é dado pelo movimento (do videotexto) como interpretante do poema. Na segunda versão (em linguagem visual) e também na terceira (montagem fotográfica), fica evidente a criação do diagrama-icônico mental pela justaposição da imagem da rã em montagem de conflito. São, por isso mesmo, traduções icônicas.

---

2. *Bashô*, São Paulo, 1983, p. 46.

7. Tradução Icônica

INTRADUÇÕES

A atividade tradutor a e o trânsito sensorial entre o visual, verbal, sonoro e tátil em níveis de intracódigo é patente. O trânsito tradutor entre esses aspectos interiores à linguagem parece permitir falar em tradução interna ou *intradução*.

Os casos que serão apresentados, embora sejam, na maioria, associações sígnicas por contiguidade, tendem à associação por similaridade que detona o lampejo da semelhança. São, por isso mesmo, rotulados de "intraduções irônicas".

Interessa captar nessa atividade as relações de semelhança projetando-se sobre a contiguidade como forma icônica transformativa, criadora dos sentidos inerentes ao signo e que têm por objetivo os objetos imediatos expressos no signo.

Intradução por Semelhança de Qualidade: CUMFIGURIS

Nos casos: *ADORA A RODA, A VELA A LEVA, A SACA DA CASA*, na relação entre forma e título associados, encontramos paralelismo e similaridade entre processos configuradores, isto é, entre figuras plásticas simples e os palíndromos (*palin* – "repetição", "de novo") que se organizam pelos princípios de simetria, reversibilidade, indiciando-se uns aos outros.

Intradução por Conflito e Justaposição: ÍCONES SÃO REDONDOS

Trata-se de uma proposição sintética, num texto descritivo-conceitual. Numa descrição como tal, o objeto (ícone) passa a ser apreendido no seu caráter convencional e abstrato. Como texto descritivo-conceitual, contudo, propõe-se como uma metáfora do que se passa na mente quando da aparição do ícone, isto é, como energia que tende à melhor configuração possível (redondez).

Graças ao tipo de letra em que se constrói a proposição, grande movimento e atividade são gerados, e isto significa investimento em nível microestético sobre os legissignos "Ícones" "São" "Redondos". Mesmo como proposição de caráter conceitual, em nível da ideia, a sua composição física denota, por justaposição, os caracteres atribuídos ao ícone, sematizando a sua composição física e extravazando-a.

Introdução por Semelhança: ALUZ AZUL (em videotexto)

A relação tradutora como intradução processa-se pela mediação paranomásica e anagramática entre ALUZ e AZUL e as correspondentes qualidades cromáticas designadas pelo substantivo LUZ adjetivado de AZUL.

ÍCONES SÃO REDONDOS

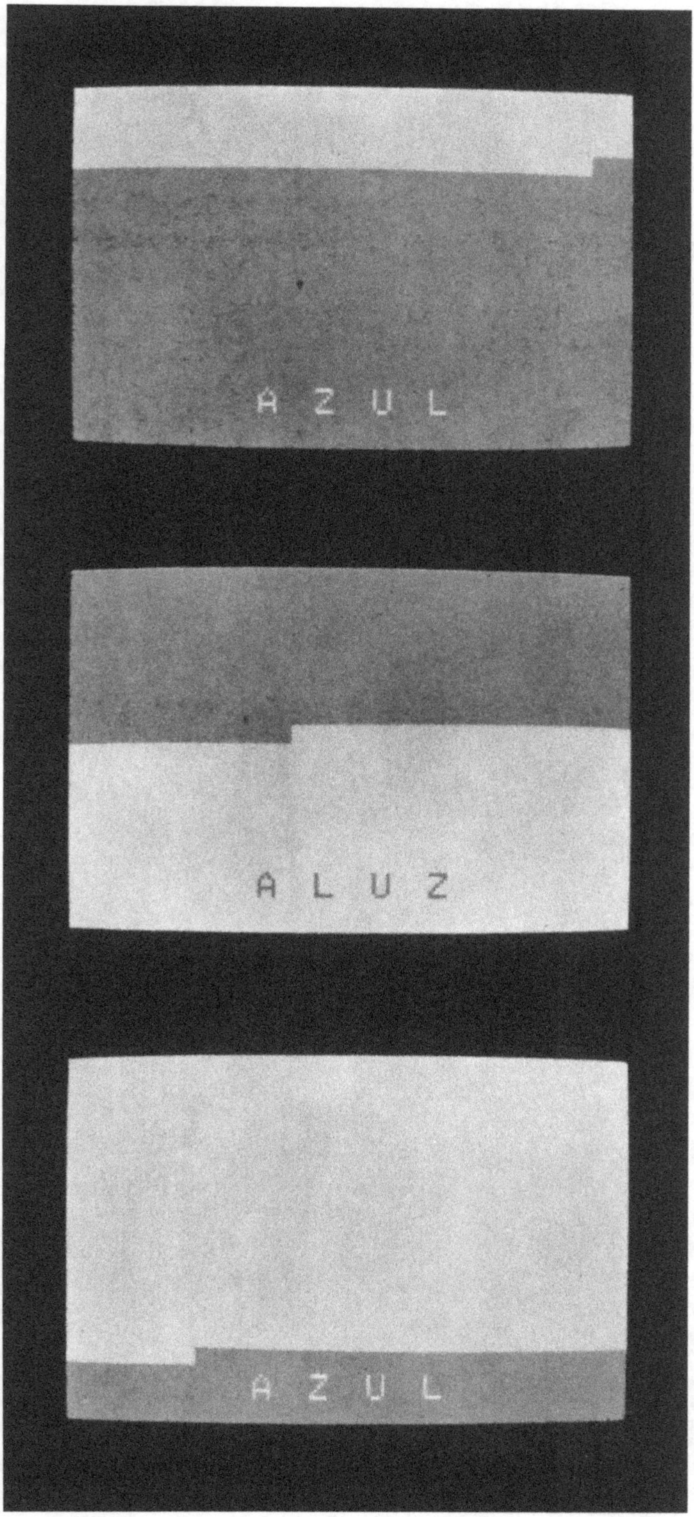
AZUL
ALUZ
AZUL

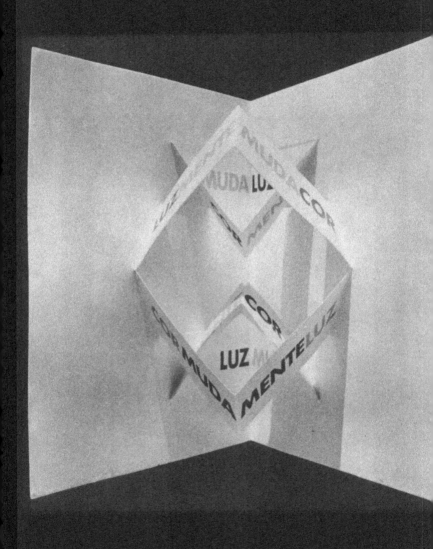

Original:
Poemobiles – "Luz Mente Muda Cor..."
Augusto de Campos (Poema)
Julio Plaza (Objeto) (1974)

Tradução Intersemiótica
para Holografia

Augusto de Campos
Julio Plaza (1985)

Tradução para Videotexto (1986): Júlio Plaza
Fotos: João Musa

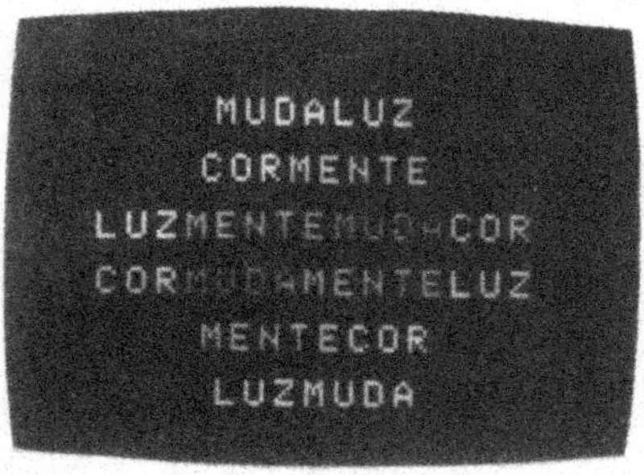
MUDALUZ
CORMENTE
LUZMENTEMUDACOR
CORMUDAMENTELUZ
MENTECOR
LUZMUDA

MUDALUZ
COR
LUZ
COR
COR
LUZ
LUZMUDA

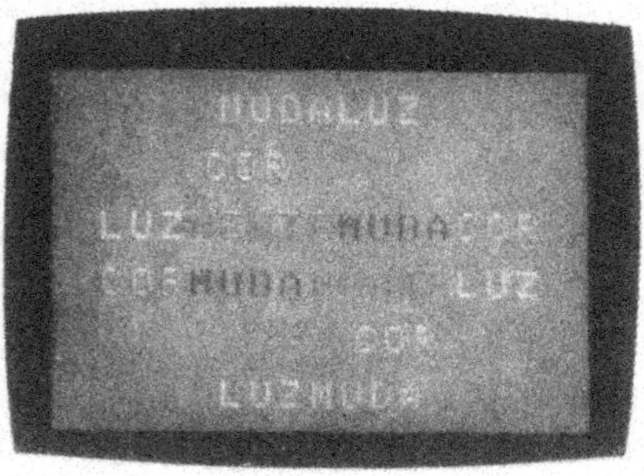
LUZ
MUDA
LUZ
LUZMUDA

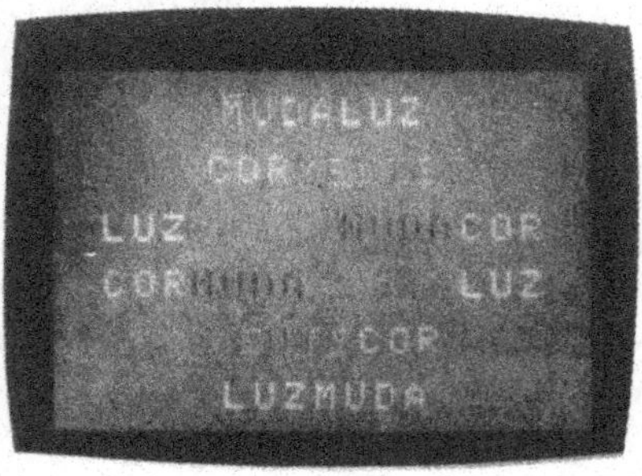
MUDALUZ
LUZ
MUDACOR
LUZ
COR
LUZMUDA

132 TRADUÇÃO INTERSEMIÓTICA

```
    MUDA   LUZ
     COR   MENTE
LUZ MENTE   MUDA COR
COR MUDA   MENTE LUZ
   MENTE   COR
     LUZ   MUDA
```

A qualidade do poema realiza-se pela combinatória dos grafemas: *MUDA, LUZ, COR* e *MENTE* que aglutinados nos eixos horizontal e vertical formam palavras-montagem. O poema descreve as qualidades concretas através do movimento diagramático e simultâneo dos seus grafemas, que permite elaborar leituras em várias direções. Em cada nova leitura e disposição, os grafemas mudam suas funções gramaticais o que implica mudança de sentido e significação, produzindo ambiguidade.

MUDA é verbo na terceira pessoa do presente, mas articulado com LUZ é verbo que designa imperativamente a ação de mudar: MUDA LUZ. Também MUDA COR. MUDA MENTE.

MUDA atua também como adjetivo. Isto pode ser visto em LUZ MUDA, onde MUDA qualifica a palavra LUZ. Assim se dá também em COR *MUDA*.

LUZ é um substantivo que designa a própria substância de um ser real. Entretanto, de substantivo passa a adjetivo, e articulado com MENTE *LUZ*, qualificando a MENTE.

COR é substantivo concreto que designa uma qualidade. Atua também como adjetivo quando articulado depois de um nome: MENTE *COR*.

MENTE é substantivo que designa intelecto, pensamento, concepção, imaginação e intenção, entre outros aspectos. Porém, do latim *Mens-mentis*, também atua como sufixo adverbial = maneira, modo. Isso acontece em COR *MENTE*, LUZ *MENTE*.

Temos assim que as funções dos substantivos, adjetivos, verbos e advérbios são trocadas, o que permite conseguir os efeitos poéticos pela montagem aglutinante das palavras. É no processo de combinatória dos grafemas que se instaura a ambiguidade precisa pela qual processa-se o todo do poema. Temos assim: CORMENTE, LUZMENTE, MUDA MENTE ou MENTELUZ, MENTECOR, MUDACOR, CORMUDA, ou MENTELUZ... etc.

Dessa forma, temos que a MENTE é LUZ que MUDA com a COR, ou vice-versa, mas, ao mesmo tempo, a MENTE é COR que MUDA com a LUZ, ou ainda LUZ é MUDA ou LUZ na MENTE da forma LUZMENTE e que MUDAMENTE e CORMENTE e LUZMENTE MUDALUZ...

Neste processo de intercâmbio semântico entre os grafemas, intercambiam-se também as estruturas da percepção. Na leitura, Objeto (poema) e sujeito (leitor) intercambiam suas informações: a MENTE do poema? ou a MENTE do leitor?, a LUZ no poema? a LUZ-cor na percepção? como separar?

TRADUÇÕES

Nas diversas traduções do poema "MUDA LUZ...", procurou-se interpenetrar tanto o poema com o suporte quanto este com aquele. Assim, as qualidades do suporte nos fornecem as condições para serem interpretantes icônicos das qualidades-palavra do poema. No Poemóbiles (folha tridimencional), poema e objeto se interpenetram, onde o branco da página nos fornece a iluminação na sua abertura fechamento.

Já na versão em holografia, procurou-se incluir efeitos cromáticos como interpretantes dos grafemas. A sua performance aparece como metáfora do que acontece na mente quando da aparição de imagens-ícones no processo de criação.

Na versão em videotexto, o poema está grafado em oito cores: branco, amarelo, ciano, verde, magenta, vermelho, azul e preto. Através do movimento das cores de fundo do poema, obtêm-se os efeitos relacionados à sua semântica.

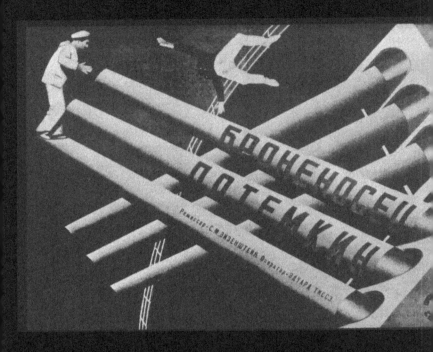

Rodtchenko, 1929

O ENCOURAÇADO POTEMKIN

Ficha técnica do filme
Título original russo:
  Bronienosiets Potiomkin
Roteiro original de:
  Nina Agadzhánova-Shutko
em colaboração com:
  Serguei Eisenstein
Adaptação, roteiro, direção e edição:
  Serguei Eisenstein
Fotografia de:
  Eduard Tissé
Moscou, 1925

A TRADUÇÃO INTERSEMIÓTICA NO FILME *O ENCOURAÇADO POTEMKIN*

O Encouraçado Potemkin é, na realidade, uma obra de arte construída na forma de "montagem como escrita cultural", como queria Eisenstein. Esta definição mais ampla de montagem comporta a ideia de intertextualidade e intersemiose, na medida em que múltiplos códigos colaboram com o código fílmico: a pintura, a geometria, o gestual, o teatro Kabuki, a estampa japonesa organizam-se num palimpsesto Oriente-Ocidente que denota, por outro lado, a rica cultura visual e antropológica de Eisenstein.

Como inventor de formas de seu tempo, Eisenstein aponta para o futuro, dialogando com o passado através dos códigos e tecnologias de representação, possibilitando assim sua recuperação através de uma arte industrial como o cinema, o que permite a tradução desses códigos para repertórios de massa.

Serguei Eisenstein transcende a visão de arte como reflexo e verossimilhança do real. Seu engajamento é com a linguagem, pois, para Eisenstein, não existe forma e conteúdos separados mecanicamente ou por convenção, mas formas significantes que se agenciam em completa isomorfia. O conteúdo "é um princípio de organização do pensamento", nos diz o artista. Para ele, o cinema comercial dirige as emoções, enquanto o cinema intelectual oferece a possibilidade de apoiar e dirigir todo o processo do pensamento.

Encarada em seu dinamismo, a obra de arte é um processo de formação das imagens na sensibilidade e na inteligência do espectador. É nisso que consiste o aspecto característico de uma obra de arte verdadeiramente viva, o que a distingue das obras mortas, onde se leva ao espectador o resultado de um processo de criação que terminou o seu curso, ao invés de o envolver no curso desse processo[1].

Ao colocar aqui o filme *O Encouraçado Potemkin*, o que se quer analisar dentro das relações intercódigos é precisamente o problema da tradução intersemiótica operada no filme entre argumento e cinema, assim como apontar para outras operações tradutórias inclusas no filme, o que permite que esta obra se constitua numa espécie de síntese exemplar para o exame de operações tradutoras intersemióticas de caráter icônico. Daí ter sido esta a leitura escolhida como abertura para a sequência daquelas que foram por mim criadas e que configuram esta parte da Oficina de Signos.

O Argumento Narrativo

Pelo tema tratado, narrando episódios da Revolução de 1905, na Rússia, o filme remete à função referencial da linguagem na forma de

---

1. SERGUEI EISENSTEIN, *Reflexões de um Cineasta*, Rio de Janeiro, Zahar, 1969, p. 80.

136 TRADUÇÃO INTERSEMIÓTICA

narrativa, mas Eisenstein sabe que a comunicação em linguagem lógica e funcional leva o espectador à percepção automatizada e previsível. A linguagem se faz notar quando se faz dela um uso de forma não usual. A linguagem padronizada passa despercebida e Eisenstein quer fazer do espectador um ente pensante. Assim, o que interessa para o artista é construir os sentimentos imediatos e significados no espectador.

Os Cinco Atos

I. Homens e Vermes
Exposição da ação. As condições a bordo do Encouraçado. Carne cheia de vermes. Inquietação entre os marinheiros. Conflitos entre oficiais e tripulação.

II. Drama no Convés
"Todo mundo na ponte!" Os marinheiros se recusam a comer a sopa de vermes. Tropa formada no convés. Repressão. Um grupo vai ser fuzilado coberto por uma lona. O pelotão de fuzilamento recusa-se a atirar. "Irmãos!" Motim. Início da revolta e tomada do navio. Vakulintchuk morre.

III. O Sangue Pede Vingança
O nevoeiro. O corpo de Vakulintchuk no porto de Odessa. Luto na multidão. Ato público: "Chega de absolutismo!" A bandeira vermelha é içada a bordo do navio.

IV. A Escadaria de Odessa
A população confraterniza com o Encouraçado. Barcos com provisões ajudam a tripulação. "E, de repente...", a fuzilaria na escadaria.

V. Diante da Esquadra
Noite de vigília. À esquerda é divisada a esquadra que vem combater o Encouraçado. Sinalização: "Unam-se a nós!" As tripulações da esquadra: "Irmãos!" A esquadra recusa-se a atirar. Passagem triunfal do navio.

O argumento do filme constitui-se numa narrativa sucessiva, onde as relações entre as sequências é da ordem cronológica, ou seja, as ações sucedem-se no tempo, num encadeamento linear. Sobre o encadeamento cronológico, estabelece-se também a lógica da casualidade: um acontecimento é efeito (reação) do anterior. O filme pretendia mostrar os acontecimentos históricos da Rússia dos Czares: os episódios da Revolução de 1905. O roteiro, como crônica dos acontecimentos, constitui-se numa tragédia em cinco atos, arranjados para formar um todo sequencial de acordo com a tragédia clássica: "Um terceiro ato diferenciado do segundo, um quinto diferente do primeiro, e assim por diante. Essa estrutura da tragédia, consagrada pe-

TRADUÇÃO ICÔNICA 137

los séculos, é realçada pelas legendas que precedem cada ato ou parte"[2]. Na passagem para o filme, contudo, na sua construção, opera-se uma transformação estrutural sobre a mera casualidade linear da narrativa tal como aparece no argumento.

Do Argumento para o Filme

Como já vimos, o argumento apresenta uma narrativa sucessiva, cuja ação entre as diversas sequências da estória é a da ordem cronológica: uma depois da outra. O acontecimento é relatado conforme seu desenvolvimento temporal. "A linguagem narrativa segmenta um evento em partes e vai roteirizando no tempo a compleição do todo. Desse modo, temos ações seguidas de outras cujas ligações obedecem à ordem proposta pelo tempo"[3]. No entanto, sobre a temporalidade, neste caso, articula-se a causalidade.

O princípio-meio-fim da narrativa, articulado que está pela contiguidade, desenvolve-se, contudo, como um todo orgânico conforme o modelo estrutural da natureza, isto é, a sua lei evolutiva e progressiva de crescimento. Ora, é este modelo de organismo vivo que Eisenstein quer transferir para a prática revolucionária social, através do cinema.

Durante os cinco atos a ideia de fraternidade revolucionária se desenvolve temática e gradativamente no todo da composição da obra. "Passa-se de uma partícula do organismo do navio de guerra ao organismo como um todo; de uma partícula do organismo armada-navio de guerra ao organismo da armada como um todo"[4]. Do encouraçado à costa, da costa ao encouraçado, deste para o significado que Eisenstein quer configurar: a "organicidade da revolução". E esta mensagem deve ser dada a partir de uma forma significante. Para Eisenstein, interessa construir uma obra com a unidade orgânica onde um "cânone unificado atravessa não só a totalidade e cada uma das partes, mas onde cada elemento é também chamado a participar no trabalho da composição". *O Encouraçado Potemkin* comunica sua estrutura: "O organismo é a mensagem", diria Norbert Wiener. O princípio gestáltico: "o todo é mais do que a soma das partes" aplica-se bem ao filme, pois não é senão o pensamento analógico que comanda essencialmente a construção do filme. Senão vejamos.

Potemkin: a Tradução

2. SERGUEI EISENSTEIN, *O Couraçado Potemkin*, São Paulo, Global Editora, 1982, p. 98.
3. MARIA LÚCIA SANTAELLA BRAGA, "Por uma Classificação da Linguagem Escrita", *op. cit.*, p. 156.
4. SERGUEI EISENSTEIN, *op. cit.*, p. 99.

138 TRADUÇÃO INTERSEMIÓTICA

O princípio-meio-fim, articulado que está pela contiguidade, é explodido pelo princípio da similaridade ("montagem expressiva") não só ao nível semântico, que perpassa como um estribilho cimentando o filme ('Todos por um, um por todos!"), como também e, sobretudo, ao nível sintático da forma: o princípio da analogia comandando o filme.

O argumento do *Potemkin* encontra-se condensado na seguinte ideia: *organicidade progressiva do processo revolucionário*. É esta ideia básica que é transposta para o filme por meio de uma estrutura relacional matemática: a Secção Áurea que empresta o caráter de unidade dinâmica e harmônica ao filme *Potemkin*.

A Secção Áurea, assim denominada por Leonardo da Vinci e Luca Pacioli, é um traçado que reproduz e reflete o tema do conjunto, num certo ritmo mais ou menos velado, em cada uma das partes. É possível representá-la de forma sincrônica nas artes do espaço e de forma dinâmica nas artes do tempo (Peirce já viu que um legissigno admite grande variedade de formas[5], como se dá agora neste caso). Esse traçado, conhecido dos gregos (Pártenon), procura uma correspondência harmônica entre as partes e o todo, base dos conhecimentos da analogia, da similaridade na diferença, do semelhante no diverso e da variedade no mesmo. A Secção Áurea transmite as noções matemáticas de razão, progressão, harmonia, evoca e denota diretamente as noções e ideias de germinação, fecundidade e florescência, que desempenham um papel primordial na representação simbólica humana. Como lei de crescimento da natureza, encontra-se aplicada nas obras da cultura.

No caso do filme *Potemkin*, é a Secção Áurea que exerce o papel de legissigno como *transductor*: ao mesmo tempo que organiza a narrativa cronológica, organiza também seus significados em completa isomorfia com a forma. Temos, assim, um legissigno-icônico--remático. Conforme se pode ver, esta lei como norma da forma já traz embutida dentro de si a função poética. Mas é através dos gráficos, a seguir, que esse processo torna-se visível.

A organização da Secção Áurea com legissigno, ao atuar de forma ideogrâmica, em síntese e isomorfia com as ideias de "revolução orgânica" contínua e crescente, desperta no espectador a ideia de um sentimento semelhante, isto é, um rema, pois produz efeitos imediatos de analogia com "crescimento", "evolução", "fecundidade", "germinação" etc., alimentando em nós, através desses efeitos mentais, esses sentimentos possíveis de engajamento na revolução social.

Eisenstein concebe, evidentemente, a organização do filme (e da arte em geral) como metáfora da forma viva, isto é, como organismo que estrutura nossos sentimentos, ou melhor, o efeito que produz em nós está inscrito no seu interpretante imediato. Assim, embora o filme

5. C. S. PEIRCE, *Semiótica e Filosofia*, p. 144.

TRADUÇÃO ICÔNICA   139

não seja uma cópia do organismo vivo, pois não há correlação entre
um organismo de tal espécie e uma obra de arte, deve-se admitir que
a estrutura artística exemplifica, e em Eisenstein intensamente, um
princípio de organização similar e análogo à constituição dos organismos naturais, daí a metáfora.

Traduções Interpretadas

Sem querer exaurir o filme na sua totalidade como exemplo de
tradução intersemiótica, pois que isto implicaria um trabalho complexo e extenso, assinalaremos aqui outros aspectos que estão embutidos no filme e que constituem espécies de camadas tradutórias,
todas elas englobadas pela Secção Áurea como principal procedimento construtivo do filme. Num nível macroestrutural, a tradução
dada pelo legissigno-icônico-remático, engloba os outros níveis e os
interpenetra. Num desses níveis, o filme é tradução de processos ide-
ográmicos orientais, concretamente através da montagem. Num outro
nível ainda, a TI processa-se como consequência da aplicação dos
métodos de representação cubistas, arcaicos e orientais, transcodifi-
çados na especificidade da linguagem da câmera. Vejamos, porém,
esses processos mais detalhadamente.

Montagem Expressiva

A "recusa da perspectiva" opera uma substituição profunda no
discurso cinematográfico, de modo que a imagem e a maneira de
operar a câmera ganham em autonomia em relação à cadeia narrativa. Eisenstein, liberto da linguagem discursiva e lógica, faz um
cinema que é, ao mesmo tempo, metalinguagem de si mesmo. Esta
mudança, operada no discurso fílmico, pode ser interpretada como
a saturação e migração de um código sobre outro: "O cinema não
está no cinema", nos diz Eisenstein, numa clara alusão às relações
intersemióticas encerradas no filme *Potemkin*. Na realidade, são os
códigos orientais em conflito dialético com a câmera de filmar e,
sobretudo, o privilégio da "montagem expressiva" sobre a "montagem narrativa" que criam essa intersemiose. "A posição da câmera
como materialização do conflito entre a lógica organizadora do di-
retor e lógica inerte do objeto, ambas em colisão, reflete a dialética
do ângulo da câmera"[6].
Para Marcel Martin, há distinção entre "montagem expressiva"
e "montagem narrativa". Esta seria o aspecto mais simples e imediato da montagem, aquela que consiste em ordenar as tomadas ou
planos segundo uma sequência lógica ou cronológica, tendo em

---

6. SERGUEI EISENSTEIN, "O Princípio Cinematográfico e o Ideograma", in
Ideograma, op. cit., p. 180.

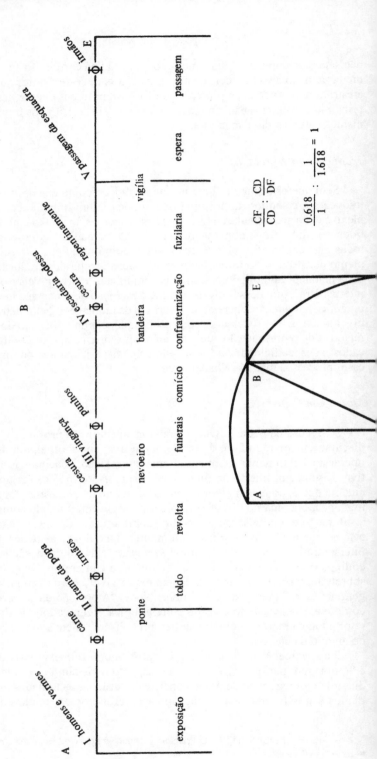

Construção ideográfica (montagem harmônica e orgânica) sobre a Secção Áurea, Φ no *Encouraçado Potemkin* de Serguei Eisenstein.

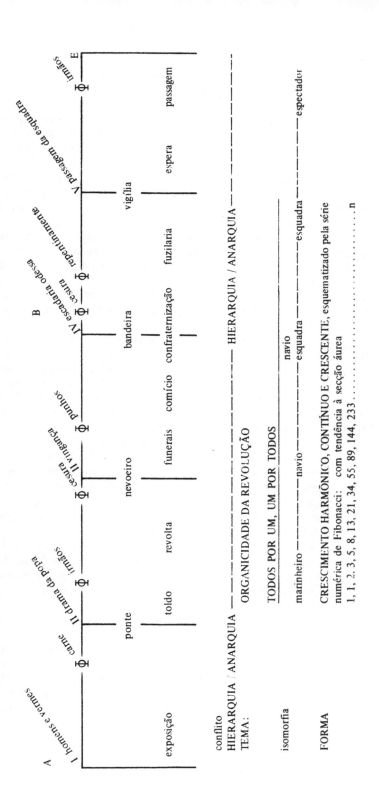

142 TRADUÇÃO INTERSEMIÓTICA

vista uma estória. A "montagem expressiva", por outro lado, estabelecida sobre as justaposições de planos, tem por finalidade produzir um choque entre duas imagens. Este tipo de montagem tende a produzir, sem cessar, efeitos de ruptura no pensamento do espectador, fazendo-o tropeçar intelectualmente, para tornar mais viva nele a influência da ideia expressa pelo realizador e traduzida pela confrontação de planos.

Na linguagem do cinema, espaço e tempo interagem dialeticamente, emigrando um para o outro constantemente. Se a "montagem narrativa" privilegia o tempo, a "montagem expressiva" privilegia o espaço, a simultaneidade. Negando o espaço dramático, ou seja, o espaço do mundo representado, o fragmento do espaço construído na imagem é submetido a leis puramente estéticas. O espaço fílmico é, assim, feito de pedaços, de metonímias e a sua unidade provém da justaposição numa sucessão que cria uma espécie de espaço virtual, a ideia de espaço único que nunca vemos, mas que se organiza na memória. No *Potemkin*, por exemplo, nunca vemos a totalidade do navio ou da cidade de Odessa.

O cinema trabalha no âmago da linguagem: a metáfora e a metonímia através de planos gerais, planos médios e primeiros planos; *pars pro toto* é o método fundamental da conversão cinematográfica dos objetos do real em signos. O cinema retalha o espaço e o tempo, emoldura-os e trabalha com eles articulando-os conforme as leis da contiguidade ou da similaridade. A imagem fílmica, em montagem narrativa e linear, suscita no espectador um "sentimento de realidade" muito forte, em determinados casos para provar a crença e ilusão na existência objetiva do que aparece na tela. Eisenstein explode este sentimento com o "distanciamento" crítico-metalinguístico durante o fazer fílmico em montagem de estúdio, pois ele sabe que espaço-tempo depende da percepção e memória e o cinema permite a conexão de planos e situações que se dão em tempos e espaços diferentes.

Assim, o cinema de Eisenstein tende a "construir", não a fotografar a realidade: "... a própria natureza da montagem, longe de romper com os princípios do realismo cinematográfico, apresenta-se como um dos processos mais lógicos e mais legítimos para fazer aparecer o realismo do conteúdo"[7].

Pelo princípio da montagem, obriga-se o espectador a preencher os elos de união entre os diferentes planos, como experiência criadora em contraposição à confirmação mimética do simples enunciado lógico dos acontecimentos. "A imagem inventada pelo autor torna-se a própria substância da imagem do espectador... Fabricada por mim, espectador, nascida em mim. Não somente obra do autor, mas obra minha como espectador, espectador que é também criador"[8]. Vê-se

---

7. SERGUEI EISENSTEIN, *Reflexões de um Cineasta*, p. 75.
8. *Idem*, p. 91.

TRADUÇÃO ICÔNICA

nas palavras de Eisenstein como o próprio autor extrojeta o leitor embutido no signo, o que vem demonstrar, mais uma vez, que fundamento do signo, seu objeto imediato e seu interpretante imediato se confundem num amálgama sígnico.

O Cinema e o Ideograma

O conceito de montagem eisensteiniano não é senão exemplar de uma operação tradutora que envolve trânsito de canais (meios) e a consequente transcriação de signos que buscam sua codificação dentro de um novo meio. Não por acaso, esse conceito de montagem encontra sua mais perfeita conformação em certos tipos de ideogramas japoneses: os ideogramas copulativos, onde, a partir de dois pictogramas justapostos, surge um conceito, não um terceiro como produto, mas como qualidade. Eisenstein vê a arte de cinematografia como "montagem de conflitos: arte é conflito", ele vê a montagem como forma de amostragem sincrônica e concorrente e como justaposição, e não como linguagem linear concatenada conforme a montagem "tijolo" de Kulechov.

O verdadeiro interesse [diz Eisenstein] começa com a segunda categoria de hieróglifo a dos *huei-i* isto é, copulativos. A questão é que a cópula (talvez fosse melhor dizer a combinação) de dois hieróglifos da série mais simples não deve ser considerada como uma soma deles e sim como seu produto, isto é, como um valor de outra dimensão, de outro grau; cada um deles, separadamente, corresponde a um objeto, a um fato, mas sua combinação corresponde a um conceito. (...) Do amálgama de hieróglifos isolados, saiu o ideograma. A combinação de dois elementos susceptíveis de serem "pintados" permite a representação de algo que não pode ser graficamente retratado. Por exemplo: o desenho da água e o desenho de um olho significam "chorar"; o desenho de uma orelha perto do desenho de uma porta = ouvir; uma boca + um pássaro = cantar... Mas, isto é ... montagem![9]

Essa estrutura do ideograma japonês é também análoga à estrutura "lacônica" do *haicai*, onde a partir de frases curtas em colisão de opostos produz-se o contraste, dando lugar "a um laconismo de agudez imagética" e onde "... o pensamento imagístico, deslocado até um ponto definido acaba se transformando em raciocínio conceitual"[10].

Em Eisenstein, a transposição-tradução para a linguagem cinematográfica opera pela substituição dos ideogramas por tomadas como "células de montagem". Veja-se: "A tomada é uma célula de montagem". Duas tomadas opostas, uma em oposição a outra, produz o contraste, o conflito, dando passagem à ideia ou conceito a transmitir. O conflito entre dois elementos opostos e antagônicos faz explodir o campo visual, dilatando e contraindo o espaço, concretizando-o,

9. SERGUEI EISENSTEIN, "O Princípio Cinematográfico...", *op. cit.*, p. 167.
10. *Idem*, p. 169.

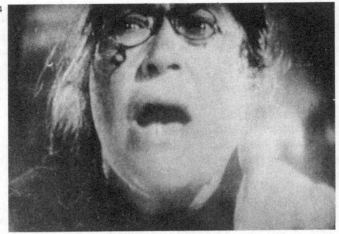
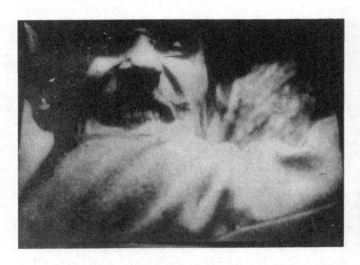
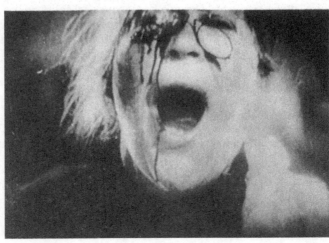

TRADUÇÃO ICÔNICA 145

criando, assim, uma experiência visualmente dinâmica (vide sequência de fotogramas na página seguinte).

A Representação Desintegrada

Em todas as artes o contraste é uma poderosa ferramenta de expressão, um meio para intensificar o significado e, portanto, sintetizar a comunicação. O contraste funciona, como tal, em conflito com seu oposto: a harmonia. Este par dialógico estimula e atrai a atenção na comunicação visual. Um segundo aspecto, que é na realidade um desdobramento desse primeiro, é o do "princípio de representação desintegrada". Eisenstein, no seu trabalho "O Princípio Cinematográfico e o Ideograma", exemplifica muito bem a forma pela qual se ensina desenho no Japão: pela fragmentação do modelo em metonímias que correspondem aos olhares e/ou campos visuais como enquadramentos naturais, quer dizer, toda vez que o olho humano focaliza uma imagem num só ponto da retina e a transpõe para o papel no ato de desenhar.

Ora, estamos habituados à representação naturalista-fotográfica e presos à ideologia do "desenho de observação" como índice da continuidade do mundo, o que não passa de uma ilusão convencionada culturalmente. "O realismo absoluto não constitui, de maneira alguma, a forma correta de percepção. É função apenas de certa forma de estrutura social"[11]. A representação "natural" do espaço é uma das grandes convenções ocidentais sobre a qual se alicerça toda uma ideologia espelhadora e "reflexiva", isto é, "a ilusão especular"[12]. Ora, este espaço não corresponde à percepção que temos do mundo, pois sabe-se que estruturamos o mundo através de perceptos organizados mnemotecnicamente: a nossa visão, imagem e conhecimento do mundo vêm dados a partir da interação dos campos visuais em dialética com aquilo que sabemos sobre o espaço e o mundo. A arte oriental está construída dentro dessa realidade. O princípio de representação desintegrada (existente não somente no teatro Nô e Kabuki, mas em toda representação oriental e, sobretudo, na criança) está de acordo com a estrutura da percepção humana. "O instante engendra a forma e a forma faz ver o instante", diria Valery.

É, por outro lado, nessa estrutura que se baseia o princípio cubista de construção, onde os fragmentos são encapsulados pelo simultâneo. O cubismo introduz diversos pontos de vista característicos da perspectiva simultânea e múltipla, conseguindo com isso uma vasta relação espacial que dinamiza o espaço e totaliza uma visão em simultaneidade que significa movimentar-se nesse espaço. Pela visão

11. *Idem*, p. 173.
12. *A Ilusão Especular* é o título do trabalho de Arlindo Machado, onde o autor analisa e reflete sobre a ideologia da perspectiva renascentista embutida no signo foto e cinematográfico (São Paulo, 1984).

REPETIÇÃO DE RÉPLICAS OU PLANOS

A   B   E

I homens e vermes   II drama da popa   III vingança   IV escadaria odessa   V passagem de esquadra

carne   irmãos   cesura   cesura   repentinamente   irmãos

exposição   ponte   toldo   revolta   nevoeiro   funerais   punhos   comício   bandeira   confraternização   fuzilaria   vigília   espera   passagem

TRADUÇÃO ICÔNICA   147

desintegrada do objeto, através de pontos de vista, inclui-se o tempo. O cubismo dá uma percepção da totalidade desse objeto, desarticulando o ponto de vista único e monológico. "A intensidade da percepção aumenta quando o processo didático de identificação se desenvolve com maior facilidade acompanhando uma ação desintegrada"[13].

O conflito como princípio de montagem, construído a partir de pontos de vista como fragmentos, coloca a percepção e a memória como elementos dominantes no processso de articulação do significado, detonando efeitos no intérprete.

O Processo Anagramático no Filme

Indo do macro ao micro e vice-versa, a prática semiótico-ideográfica de Eisenstein é confirmada aqui, mais uma vez, na articulação do código inteiro a partir da montagem de iconogramas relacionais e mesmo pela repetição anagramática de um cânone, revelando como o processo da montagem absorve todo o filme, desvelando a sua impressionante unidade. No processo decorrente do cinema de montagem, vê-se, então, que a morfologia da Secção Áurea estende-se por todo o filme como seu princípio construtivo desde cada ato, até as montagens e sequências mais características: planos dos leões, canhões, a sequência mulher-cossaco-mulher ferida, a proa-popa, as personagens da escadaria, entre outros.

O próprio Eisenstein, em *Cinematisme*, descreve (na sua análise de quatorze fragmentos sucessivos tirados ao acaso do filme) as variações de composição em termos de par e ímpar e do número áureo esquematizado na série 1, 2, 3. A justaposição numérica do par e do ímpar, extraída através da numerologia (de natureza pitagórica) de origem chinesa, coincide aqui precisamente com a Secção Áurea, na sua expressão mais esquemática e funcional: a série de Fibonacci, 1.1.2.3.4.5.8.13..n. Eisenstein, a partir da oposição do *Yin* e do *Yang* na filosofia chinesa, tenta uma aplicação desta forma de pensamento "primitivo" em dialética com a construção da obra de arte. "Todo o segredo consiste precisamente nisto: nesse sistema chinês de numeração, a imagem espacial (e os elementos característicos de seu traçado gráfico) determinam um reino de representações numéricas". E mais: "o processo de transposição de ideias em uma sucessão de imagens vivas consiste, de fato, numa Tradução' da tese, do 'conteúdo' da linguagem lógica para aquela do pensamento sensível"[14].

A repetição de planos e a montagem de fragmentos por similaridade não têm razão de ser senão a de facilitar a clareza da narrativa e da percepção. Esta disseminação anagramática (como *leitmotiv*) corresponde, por outro lado, ao sistema de composição do ícone

13. SERGUEI EISENSTEIN, *op. cit.*, p. 185.
14. SERGUEI EISENSTEIN, *Cinematisme, Peinture et Cinéma*, Bruxelles, Complexe, 1980, p. 115.

russo, da pintura narrativa medieval, da arte egípcia e de certas artes "primitivas", onde o tempo é espacializado.

"O Encouraçado Potemkin" Tradução Icônica

Vê-se, face à teoria levantada neste trabalho, que o legissigno, Secção Áurea, norteia e aglutina as partes do filme. Como signo Transductor transmite e dirige "todo processo de pensamento" no espectador. Este sente-se arrastado pelo caráter de metáfora biológica, ou seja, o filme como metáfora de organismo vivo produtor dos sentimentos de qualidade, como possibilidades ainda não atualizadas no real. Assim, interpretantes, objetos imediatos estão irmanados pela isomorfia.

O filme, como ícone, possui semelhança com o argumento narrativo traduzido. Assim, a ideia de "organicidade da revolução" se dá como tradução par amor fica desse objeto.

Sequência dos barcos no *Encouraçado Potemkin* acompanhada de esquema (desenhado por Eisenstein) do complexo jogo estrutural da sucessão dos planos.

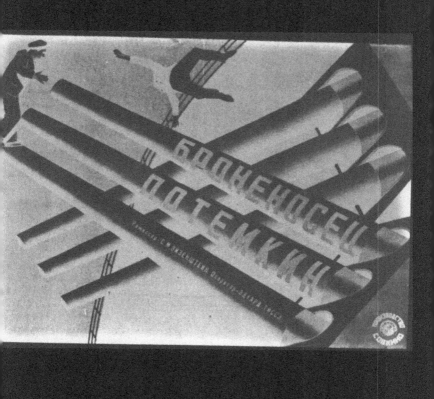

lua de outono

mesmo caminhando

mesmo caminhando

um céu de outro lugar

Original:
"lua de outono", *Haicai*

Chiyo-ni (século XVIII)
Tradução para o português: Traduções Intersemióticas:
Alice Ruiz (1982)   Júlio Plaza (1984)

lua de outono

mesmo caminhando   mesmo caminhando

um céu de outro lugar

HAICAI: TRADUÇÃO INTERSEMIÓTICA

Na tradução de *haicais* para outros sistemas de signos, meu ponto de partida são traduções em língua portuguesa. Contudo, deve-se ter em conta a estrutura fundante dessa forma poética oriental como "síntese absoluta e apresentação direta", conforme a chamou Haroldo de Campos[1].

O haicai, escrito em língua aglutinante (japonês) e grafado a pincel é, por isso mesmo, inseparável das "Três Perfeições": Pintura, Poesia e Caligrafia. Fornece-nos, assim, uma estrutura de exata concisão na sua comunicação lacônica e imagética: "O elemento visual na poesia japonesa é algo que lhe é intrínseco, que participa de sua própria natureza"[2]. É esta estrutura que nos interessa para o operar intersemiótico. Como poesia e arte do tempo, o haicai resolve-se num pensamento sucessivo tal qual as operações da natureza: "As transferências de força de agente ao objeto, que constituem os fenômenos naturais, requerem tempo. Por conseguinte, a reprodução delas na imaginação impõe a mesma ordem temporal". O haicai se consuma a partir de um contraste entre uma circunstância e uma ação que provoca uma imagem fulminante como um relâmpago. Para Fenollosa, a transferência de energia como processo inter-relacionado natural, dá-se no seguinte esquema: agente-ato-objeto[3].

O haicai obedece a uma estrutura que, reduzida ao esqueleto fonético-formal, apresenta-se assim:

— — — — —
— — — — — — —
— — — — —

É um poema de 17 sílabas, com três versos (o 1º e o 3º, com 5 sílabas, o do meio, com 7).

Em termos semânticos, um haicai obedece a certa forma de sentido, relacionando dois elementos básicos: no primeiro verso, tem-se um elemento de "permanência", uma circunstância eterna, uma condição geral, absoluta, cósmica, não humana, normalmente uma alusão à estação do ano; este é seguido por um segundo elemento de transformação: acaso, ocorrência, conflito, mudança, a "percepção momentânea" que exprime a ocorrência do evento. Uma terceira linha, no haicai, apresenta o resultado da interação entre a ordem geral, imutável do cosmos e o evento. "A natureza dos elementos varia, mas

---

1. HAROLDO DE CAMPOS, "Hai-cai: Homenagem à Síntese, in *A Arte no Horizonte do Provável*, p. 55.

2. HAROLDO DE CAMPOS, "Visualidade e Concisão na Poesia Japonesa", in *op. cit.*, p. 63.

3. ERNEST FENOLLOSA, "Os Caracteres da Escrita Chinesa como Instrumento da Poesia", in HAROLDO DE CAMPOS (org.), *Ideograma*, São Paulo, Cultrix/EDUSP, 1977, p. 121.

TRADUÇÃO ICÔNICA

deve haver dois polos elétricos, entre os quais salte a centelha, para que o haicai se torne efetivo"[4].

A estrutura sintética e ideogrâmica, como qualidade concreta do haicai, torna-se muito mais impressionante e poética quando passamos das imagens simples e originárias para as imagens compostas. "Nesse processo de compor, duas coisas que se somam não produzem uma terceira, mas sugerem uma relação fundamental entre ambas"[5]. Assim, o haicai possui a qualidade de detonar ícones e imagens-diagramas mentais que nos mostram as propriedades genéricas e as relações subjacentes não observáveis diretamente nos fenômenos físicos. Seu sentido imagético é estabelecido de forma conflitiva entre os elementos propostos, possuindo, assim, um caráter icônico-indicador. Pode-se passar do "visível para o invisível" através de um processso metafórico: "a utilização de imagens materiais para sugerir relações imateriais"[6].

A estrutura geral do haicai é um legissigno-icônico-remático, visto que determina uma forma imutável como suporte de ocorrências singulares, isto é, de cada haicai particular.

"LUA DE OUTONO"

O primeiro verso situa o todo, como elemento cósmico de permanência, adjetivado pela alusão à estação do ano: *LUA DE OUTONO*. O segundo verso (*MESMO CAMINHANDO...*) é a ação que, como elemento de transformação, nos obriga a ter uma percepção momentânea, aqui-agora, em conflito-diálogo com o primeiro elemento (lua de outono).

Mediante a ação, transforma-se o próprio objeto da percepção: transcorre o tempo, movimenta-se no espaço. Temos, então, o terceiro verso: *UM CÉU DE OUTRO LUGAR*. Tem-se, assim, uma nova qualidade que não existia nem na ação, nem no primeiro elemento, mas que é produto da associação de ambos. O haicai produz em nossas mentes um ícone, uma imagem, um diagrama, como percurso feito. Algo inesperado que é mera qualidade imagética.

Tradução Intersemiótica do Haicai

Procurou-se traduzir o haicai para a imagem fotográfica em ritmo de montagem. Trata-se de criar um trânsito de meios, isto é, da linguagem poético-verbal para a linguagem poético-visual num meio fotográfico.

---

4. DONALD KEENE, *apud* HAROLDO DE CAMPOS, *op. cit.*, p. 57.

5. ERNEST FENOLLOSA, *op. cit.*, p. 124. Citada por HAROLDO DE CAMPOS, in "Hai-cai: Homenagem à Síntese", in *A Arte no Horizonte do Provável*, p. 56.

6. *Idem*, p. 138.

154 TRADUÇÃO INTERSEMIÓTICA

Ao nível do todo, a tradução preserva a estrutura temporal, isto é, ela se resolve em três momentos correspondentes aos versos do poema, à imagética de cada verso. O que se buscou manter foi o legissigno-icônico-remático como estrutura geral do poema. Na passagem do poema para a imagem, fiz referência aos objetos indiciados. Contudo, trata-se de traduzir o objeto imediato do poema como forma poética em si.

Temos, então, que *LUA DE OUTONO* pode ter seu equivalente numa imagem de lua. Entretanto, *LUA DE OUTONO* é uma lua adjetivada e contextualizada na estação do ano "outono". Essa qualidade adjunta à "lua" é de difícil tradução, pois ela nomeia um processo, um estado, sem referencial preciso. Este objeto-processo desenvolve-se no tempo, ele é fluido e de possível simbolização metafórica. Mas as qualidades da *LUA* são mais definidoras do que a sua adjetivação. Contudo, a lua adjetivada pode ser transposta através da figuração "árvore seca" típica da estação de outono.

No segundo verso, temos: *MESMO CAMINHANDO, MESMO CAMINHANDO*, ação de mudança, de transformação de paisagem latente, com a lua lá em cima: ação relativa. O segundo verso é, assim, traduzido para uma imagem de lua transformada. "Como a natureza, as palavras chinesas são vivas e plásticas, porque coisa e ação não estão separadas formalmente"[7]. Assim, o segundo verso é traduzido para a imagem da lua, transgredida por cortes metódicos (passos), pela ação dos diferentes pontos de vista acumulados na nossa memória, o que nos permite reconstruir a ação de caminhar como traço, percurso, temporalidade.

Somente no terceiro verso, tem-se a conjunção da ação e do objeto, dando-nos uma transformação definida e qualitativa: *UM CÉU DE OUTRO LUGAR*. Este verso foi traduzido pela imagem paradigmática da lua, isto é, pela terra vista da lua. Com isto, fecha-se o percurso espacial. Se, no primeiro verso, temos *LUA DE OUTONO*, lua obviamente vista da terra, no último, vemos a terra vista da lua. Com isto, reconstrói-se sinteticamente o percurso-diagrama-icônico: *UM CÉU DE OUTRO LUGAR*.

A montagem, em ritmo eisensteiniano, flagra a estrutura do hai-cai e detona um ícone mental diagramático do percurso interestelar. "No pensamento por imagens do poeta japonês o haicai funciona como uma espécie de objetiva portátil, apta a captar a realidade circundante e o mundo interior, e a convertê-los em matéria visível"[8].

A tradução, pela disposição dos fotogramas na vertical remete à escrita "norte-sul" japonesa, ao kakemono, mais do que à escrita "oeste-leste" gutemberguiana[9], e, como tal, tem a ver com a montagem cinematográfica tal como a concebia Eisenstein.

---

7. ERNEST FENOLLOSA, *apud* AUGUSTO DE CAMPOS, "A Moeda Concreta da Fala", in *Teoria da Poesia Concreta*, p. 120.

8. HAROLDO DE CAMPOS, "Visualidade e Concisão...", *op. cit.*, p. 65.

9. PAULO LEMINSKI, *Bashô: a Lágrima do Peixe*, p. 32.

Original:
"Quadrado Negro sobre Fundo Branco"
Kasimir Malevitch (1913)

Tradução Intersemiótica:
"Homenagem a Malevitch"
Julio Plaza (1978)

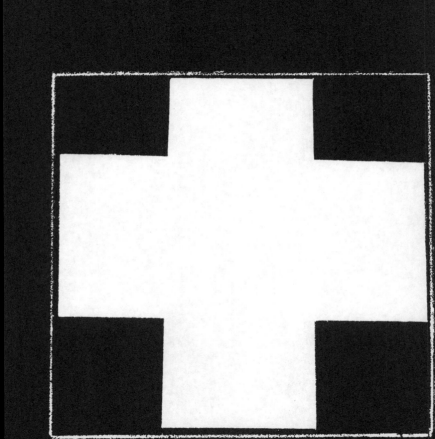

TRADUÇÃO ICÔNICA

Quadrado sobre Quadrado

Em 1913, pela primeira vez na história, uma simples figura geométrica é apresentada como uma obra de arte, como modelo de pura sensibilidade.

Na minha tentativa desesperada de livrar a arte do peso inútil do objeto, procurei refúgio na forma do quadrado e expus um quadro que não representava outra coisa senão um quadrado negro sobre fundo branco. A crítica se lamenta e, com ela, o público: "Tudo o que temos amado está perdido; nós estamos num deserto, diante de nós um quadrado negro sobre fundo branco!"
O quadrado que eu expus, não era um quadrado vazio, mas a sensibilidade da ausência do objeto. (...) Por suprematismo entendo a supremacia da pura sensibilidade na arte[1].

Estas palavras de Malevitch são suficientes para exprimir a ruptura na continuidade da tradição ocidental da arte que, ancorada na representação de objetos do mundo, procurava ver a arte como veículo metafórico, guarida do real na arte, mas não da arte no real. Malevitch rompe com essa causalidade da arte, produto do real, e concretiza a sua sensibilidade em quadro-objeto. Não mais a sensibilidade desviada pela representação naturalista, mas a sensibilidade concreta. Artística é a obra, diria depois Waldemar Cordeiro.
Com este "gesto", iconoclasta, a arte chega de fato ao "deserto", estaca zero da pintura, onde nada há a ser reconhecido e tudo se revela fonte do sensível. Para o suprematista, será o meio de expressão, a sua ideografia e fisicalidade, que permitirá exprimir a sua sensibilidade. Revela-se o suporte e com ele a tautologia da arte: um quadrado é um quadrado. Espécie de ícone. Não mais o quadro-janela, mas o quadro pintura. O quadro-objeto.

Homenagem a Malevitch

Ambos, quadrado negro e quadrado branco, são traduzidos paramorficamente por folha de chumbo e por luz fluorescente. Negativo e positivo, luz-negação, energia-absorção, se constituem no *yin-yang* da linguagem visual, fonte da sensibilidade plástica. Efeito do todo, tautologia do suporte, espaço de tensão.

1. KASIMIR MALEVITCH, "L'Art Abstrait", pp. 49-50.

Noosfera

chanutes aders wrights demoiselles vois

s blériots fluindo sedas tensas libélul

ouro onvionleta no por de ar de ocre da

arde lá em baixo sobre a calota megalop

itana em olho-de-peixe sign (ÕS DECOLANI

PLANANDÕ CIRCUNVÕLUINDÕ SOBRE LÕBÕS CAL

QUIASMAS BULBOS VENTRICULÕS TRIGÕNOS PEI

NCULOS FENDAS DE RÕLANDÕ E SYLVIUS SÕB I

CÉU PARIETAL)

Original:
"Noosfera"
Décio Pignatari (1974)

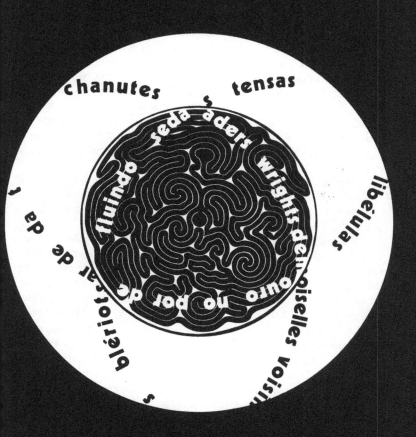

Tradução Intersemiótica:
"Olho para Noosfera"
Julio Plaza (1980)

162 TRADUÇÃO INTERSEMIÓTICA

LEITURA DE "NOOSFERA"

Como linguagem poética, o texto é "descritivo qualitativo", pois que transforma o caráter linear da sintaxe verbal, criando um diagrama de relações inusitadas que recuperam analogicamente qualidades físicas e sensíveis do objeto da descrição.

O poema, ao nível macroestrutural, divide-se em três espaços: primeiro, o espaço representação do ambiente-aéreo, por onde circulam signos que referenciam aviões e nomes de construtores de aviões: "chanutes", "aders", "demoiselles", etc. Signos situados topologicamente no espaço icônico superior do poema. Aviões que entram e saem metalinguisticamente do branco da página: "voisin s" (aqui o grafema s atua como ícone da hélice). Aviões-signos "fluindo" leves como libélulas "ouro" (douradas) "no por de ar de ocre da tarde" (aqui a tarde saindo, isto é, o sol se pondo) metáfora da tarde quente que arde (calor) unindo tarde e arde econômica e sintaticamente num só signo. "Aviões" fluindo como "sedas tensas" (aqui referenciando as asas dos aviões já embutidas em "sedas tensas").

Ainda no nível do intracódigo teríamos um ícone fonético do avião: "onvioleta no", onde há uma simetria – "on" e "no" – embutida na palavra-montagem que remete à simetria do ícone-avião e a seu som.

No segundo espaço, descrito por: "lá em baixo sobre a calota megalopolitana em olho de peixe", tem-se a topologia do território (vista a terra de cima), onde temos os ícones de calota, cidade, em vista de 360° como em olho de peixe. Neste espaço segundo está embutido um terceiro espaço que representa o cérebro como receptor. Esta recepção é indiciada por: "sign (ÕS DECOLANDO PLANANDO CIRCUNVOLUINDO...)" onde temos os ícones dos parietais cifrados nos parênteses ( ) abertos à penetração sígnica, ou seja "(ÕS..." dando aqui uma diferenciação tipológica dos signos externos que circulam no "céu": "chanutes aders wrights..." penetrando e decolando, planando e circunvoluindo no interior do espaço cerebral.

Ainda no espaço do cérebro temos: "...CIRCUNVOLUINDO SOBRE LOBOS CALOS QUIASMAS BULBOS VENTRICULOS TRIGONOS PEDÚNCULOS FENDAS DE ROLANDO E SYLVIUS SOB UM CÉU PARIETAL") que resumidamente remetem a elementos e partes do cérebro na sua denominação técnica. Temos aqui, portanto, os signos-ícones indiciados também pelos acentos flutuantes ~~~~~ , em diversas alturas, circunvoluindo pelo cérebro. Registra-se aqui um aspecto interessante do poema: a. existência de uma tradução embutida no próprio poema, tradução esta que iconiza o verbal dos signos-evento do espaço superior ("chanutes aders...") para os acentos ~~~~~ que flutuam entre as "FENDAS", "LOBOS", "CALOS" do cérebro. Esta tradução de uma parte de poema no próprio poema (metalinguística, portanto) representa e transmite a ideia de conversão dos estímulos (signos-evento) na

TRADUÇÃO ICÔNICA 163

imagem visual da percepção, fato que detonará o pensamento visual, codificando um processo de internalização dos signos (real) no mental-noosférico.

Temos aqui, portanto, uma representação icônico-simbólica de uma situação real (ou objeto dinâmico), onde signos-eventos voam nos céus e penetram num receptor (cérebro) que iconiza e interioriza, na sua mente, aqueles signos.

O espaço ideográfico do poema contém sinais alfabéticos numa ordem linear (decorrentes do sistema de produção textual). Estas camadas de texto revelam-se icônicas: a linearidade é subvertida pela simultaneidade de certos elementos como o espaço entre linhas, separação entre palavras, saída-entrada de grafremas na página e sobretudo pelo ícone-índice de penetração: "sign (ÕS...". A similaridade predominante se dá não somente ao nível microestrutural, mas também ao nível macroestrutural, sobretudo pelo direcionamento espacial que ordena as camadas de escritura. Temos, assim, ao mesmo tempo os três espaços situados analógica e topologicamente em conexão: espaço de cima, espaço de baixo e espaço do meio que codificam simultaneamente os ícones do espaço aéreo, da terra e o do cérebro embutido no anterior.

Todavia, a utilização de tipos em caixa alta, dentro dos parênteses que referencializa o espaço cerebral, cria uma curiosa inversão (conversão) de leitura no poema. O espaço cerebral passa, em termos visuais, para um primeiro plano em relação aos outros dois espaços anteriores (que ficam como uma espécie de plano de fundo).

Tem-se, desse modo, duas possibilidades de leitura: primeiro, uma leitura de vinda, de cima para baixo (do espaço-representação do ambiente-aéreo até o segundo espaço, no qual se embute o espaço cerebral); segundo, uma leitura de volta, de baixo para cima, onde, pelo uso da caixa alta e pelo destaque dado pelos parênteses, o espaço embutido do cérebro salta para um primeiro plano, invertendo a leitura anterior. É o espaço do cérebro, então, que aparece como primeiro, mediador, via de acesso para os demais. O elemento de ligação entre o espaço de dentro (do cérebro) e os espaços de fora é a palavra "sign (ÕS...", não por acaso cortada pelo parêntese que iconiza aí justamente esse interpenetrar dentro-fora.

Cria-se no poema, a partir disso, um feixe de curiosas analogias e de possibilidades interpretativas.

Desse modo, através do espaço noosférico-cerebral, ou seja, sob um céu parietal, a realidade é sempre realidade-signo-pensamento, vale dizer: linguagem. Sob um céu parietal, o mundo é apreendido por nós como arrastado pelo fluxo perceptivo.

"Sob um céu parietal" entra, assim, num perfeito paralelismo com "sobre a calota megalopolitana". Aí, a visão como olho de peixe remete simultaneamente a duas referências: primeira, à visão de cima de um avião (significado literal); segunda, ao significado metafórico de "olho-de-peixe" como deformação e refração do real

164   TRADUÇÃO INTERSEMIÓTICA

pelo signo. Não por acaso, "olho-de-peixe" antecede no poema à palavra "sign (OS..."

Não por acaso também, ambas ocupam quase que o centro do poema e marcam o ponto divisório entre o espaço e o cerebral.

"OLHO PARA NOOSFERA"

Numa primeira impressão, ao nível do todo, vê-se, de imediato, a mudança de espaço. Se, no original, é o espaço tipográfico que comanda a produção do texto, na tradução, é um espaço circular que aglutina os signos visualmente. O círculo como legissigno-icônico-remático atua ao nível da semelhança. Ele faz a conversão do original em tradução ao mesmo tempo em que serve de base para os paradigmas necessários tanto nos níveis macro quanto microestéticos. Como ícone possui semelhança com os objetos indiciados no original, envolvendo as noções de circularidade, continuidade em relação semântica com os sentidos do poema. Vejamos.

O círculo externo, substituindo o ícone do espaço aéreo do original, ícone do sol, do "olho-de-peixe", dos "parietais", da "calota megalopolitana", inclui o círculo interno como espaço cerebral que sintetiza o "céu parietal", estrelado a modo de ícone labiríntico neuronal. Sobre estes dois espaços simultâneos e em forma de trígono (triângulo esférico), uma forma paramórfica ao círculo sustenta os signos incorporados do poema em tradução metonímica. Temos, assim, que "chanutes wrights aders demoiselles voisin s blériots fluindo sedas tensas libélulas ouro no por de ar de ocre da t..." fluem, circulam, interpenetrando-se por entre os espaços enunciados acima como transposição (tradução) icônica do signo para outras noosferas. Desta forma, codifica-se o ícone da descentralização do pensamento que, segundo Peirce, não está necessariamente ligado a um cérebro, mas surge em toda parte[1].

Na comparação entre original e tradução, vê-se a mudança radical de um texto poético "descritivo qualitativo" para um signo que atua por semelhança, isto é, um ícone em tradução paramórfica.

Pela transcriação de um poema para um signo visual, vemos que há transmutação dos Objetos Imediatos dos signos. Ao caráter descritivo da linguagem verbal, superpõe-se uma organização visual de qualidade sintética que permite, num só olhar, capturar a atividade sígnica pensamental. Qualidades do código.

Na tradução, forma e significado são isomorfos como um signo de possibilidade. Se, no original, os aspectos icônicos são relevantes com a consecução de um ícone dentro dos limites permitidos pela linguagem verbal, na tradução estes aspectos tornam-se proeminentes.

---

1. C. S. PEIRCE, *Semiótica*, São Paulo, Perspectiva, 1977, p. 190.

Assim, os paradigmas do legissigno, nos seus rebatimentos, são responsáveis pelo investimento estético.

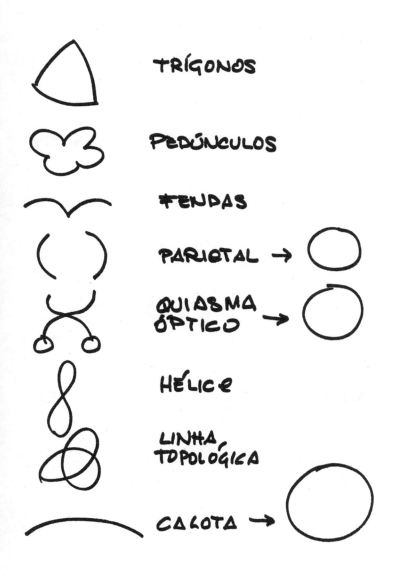

VAI	**E**	**VEM**
E		**E**
VEM	**E**	**VAI**

Original:
"VAI E VEM"
José Lino Grunewald (1959)

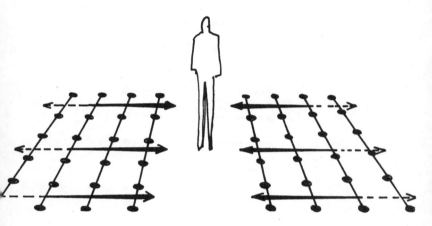

Figura 1a

"Vaivém" – "Contração-Expansão Espacial" (Som)
Projeto sonoro-sinestésico de:
Bernhard Leitner (1977)

Colocado *como* tradução por
Júlio Plaza (1980)

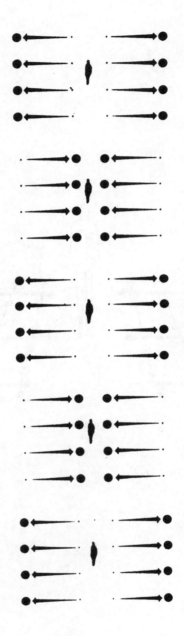

Figura 1b

LEITURA DE "VAI E VEM"

A sintaxe visual do poema está estruturada conforme regras gestálticas de fatores de proximidade e semelhança que relacionam palavras no espaço, tendo em vista a simultaneidade. Simultaneidade esta que introduz o tempo e o movimento no poema, qualificando a estrutura. "Na poesia concreta, o movimento tende à simultaneidade, ou seja, à multiplicidade de movimentos concomitantes"[1].

O poema, como texto "descritivo qualitativo", ao descrever verbalmente, rompe o caráter linear da sintaxe verbal, cria uma *gestalt* de relações inusitadas e acaba por recuperar analogicamente (em termos concretos) qualidades físicas, sensíveis daquilo que é descrito, (...) excitando na mente receptora sensações análogas às que o objeto excitaria[2]. Assim, o movimento de ida e vinda das palavras-sons no seu campo de relações (umas com as outras) acaba sendo analógico ao movimento sugerido. As palavras recriam, sensível e concretamente, efeitos físicos do objeto descrito (que, no caso, está em suspensão, elisão), daí a linguagem ser qualitativa. O receptor redescobre o objeto que se confunde com a própria linguagem. A linguagem se faz movimento e este se faz linguagem.

"Vai e Vem" comunica-se no seu devir, no seu uso, como movimento. O poema revela-se, assim, dinâmico na sua estrutura planejada anteriormente à palavra. O movimento não é do tipo fisiognômico-orgânico, mas organizado geométrica e matematicamente, produzindo o receptor uma relação sinestésica espaço-olho. O artista associa formas significantes. O significado (movimento) do poema é a sua estrutura.

O poema está construído como um legissigno-indicial-remático que, como lei, organiza o movimento em analogia com as leis naturais da gravidade e o plano horizontal da sustentação: a vertical e a horizontal, paradigmas do corpo humano. Como indicador icônico de movimento, o poema obriga o olho a percorrer o percurso pelo branco da página, detonando os significados IR e VIR e condensando uma constelação de movimentos espaciais.

---

1. DÉCIO PIGNATARI, "Poesia Concreta: Organização", in *Teoria da Poesia Concreta*, p. 88.
2. Cf. MARIA LÚCIA SANTAELLA BRAGA, "Por uma Classificação da Linguagem Escrita", *op. cit.*, p. 153.

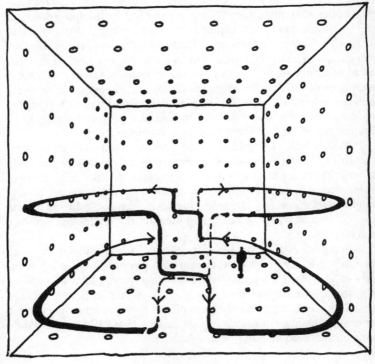

Figura 2

TRADUÇÃO ICÔNICA

TRADUÇÃO: "VAIVÉM – "CONTRAÇÃO EXPANSÃO ESPACIAL" (SOM)

Na tradução para Som (Fig. 1), opera-se a substituição por alto--falantes dispostos em bateria. Estes, distribuídos simetricamente em torno de um eixo (ocupado pela figura humana), somam ao todo 48 alto-falantes, ficando 24 para cada lado do eixo. A ideia, aqui, é colocar um som programado nos alto-falantes em bateria, de tal forma a criar um movimento sonoro (efeito estéreo) indicado pelas flechas, num movimento de IR e VIR, movimento este que cria uma contra-ção-expansão espacial.

Opera-se aqui uma mudança radical do evento sobre a mesma estrutura. Temos, assim, uma equivalência entre o plano gráfico--visual da página para o espaço acústico-tridimensional. Este novo tipo de espaço vai implicar uma outra apreensão e efeito de caráter sinestésico: a relação dos sentidos da visão, do tato e audição (dominantes) organizados pela percepção sensorial do corpo como um todo.

Já no caso da segunda versão (Fig. 2), que na realidade, seria um caso mais complexo do que o anterior, constrói-se um espaço cúbico programado com alto-falantes, conforme mostra o desenho da figura. A riqueza da organização espacial é aqui bem superior, na medida em que não é o som que reverbera sobre as paredes, mas as próprias paredes que emitem o som, atuando os alto-falantes como sinalizadores espaciais. Circunvoluções poderão ser programadas, como as desenhadas no cubo da figura. Obtém-se, assim, a sensação sinesté-sica do IR e VIR espaço-corporal.

Embora o tipo de tradução intersemiótica opere entre sistemas de signos tão radicalmente opostos como o poema verbal-visual e o evento sonoro, a tradução é do tipo *ready-made*: o projeto sonoro é da autoria do artista Bernhard Leitner (1977). Este artista alemão se dedica ao estudo das relações entre som e sinestesia, quer dizer, entre som, espaço e corpo humano, na procura de novas "percepções au-diofísicas", onde "a posição do corpo, forma e conteúdo dos progra-mas são, contudo, inter-relacionados e complementares"[3].

A isometria entre poema e construção é evidente, pois que é usado o mesmo legissigno definidor das direções principais do espaço coerentes com a estrutura do corpo humano. Essas direções criam a hexadimensionalidade do espaço. Mudando os eventos, mantém-se a estrutura.

---

3. BERNHARD LEITNER, *Sound Space*, *New* York, New York University Press, 1978, p. 109.

céu

cem

com

cor

dor

dar

mar

Original:
"Céu-Mar", Doublet
Augusto de Campos (1977)

Tradução Intersemiótica
"Céu-Mar"
Julio Plaza (1980)

174 TRADUÇÃO INTERSEMIÓTICA

LEITURA DE "CÉU-MAR"

Ao nível macroestrutural, o poema desenvolve-se sistematicamente a transformação analógico-topológica (condição do jogo de Lewis Carroll, sobre o qual o poema está construído) de palavra puxa palavra, onde é feita a mudança de um grafema de cada vez em cada palavra.
A condição do jogo de Lewis Carroll é bastante simples.

Duas palavras são propostas, com a mesma extensão. O quebra-cabeças consiste em ligá-las pela interposição de outras palavras, cada uma diferindo da anterior *apenas em uma letra*. Isto é, uma letra deve ser mudada numa das duas palavras, depois outra na nova palavra obtida, e assim por diante, até chegar à outra palavra proposta. As letras não podem ser trocadas entre si, cada uma tem que conservar o seu próprio lugar.
Como exemplo, a palavra *head* (cabeça) pode ser transformada em *tail* (cauda) pela interposição das palavras *heal, teal, tell, tall*. Chamo as duas palavras de *Doublet* (parelha), as palavras interpostas de *Elos*, e a série inteira de *Cadeia*, da qual lhes dou um exemplo:

HEAD
heal
teal
tell
tall
TAIL[1]

Assim também, no *doublet* de Augusto de Campos, podemos perceber a movimentação topológica da linguagem evidenciada pela transformação da palavra anterior, através da mudança (paragrama) de uma letra como condição do jogo. Aqui temos um índice genuíno, pois que, afetado por seu objeto (sempre o grafema anterior), tem alguma qualidade em comum com o objeto, envolvendo-o. Portanto, uma espécie de ícone. Dessa forma, a atividade por similaridade tende a despertar em nós diversos graus de consciência sintética.
O módulo operatório do *doublet* são as palavras opostas CÉU--MAR, onde, a partir do primeiro termo: CÉU, é criada a ligação mediante a transformação topológica da linguagem. Temos assim:

céu
cem
com
cor
dor
dar
mar

1. "Doublets de Lewis Carroll/Augusto de Campos", in *Lewis Carroll Aventuras de Alice*, São Paulo, 1977 pp. 261-264.

TRADUÇÃO ICÔNICA

A composição do poema revela-se ideogrâmica por justaposição analógica de elementos no branco da página, estrutura esta que cria uma dinâmica espaço-estrutural e tensiona as palavras de tal forma a configurar uma *gestalt*, um ícone.

TRADUÇÃO

A tradução processa-se a partir dos dois termos opostos, tomando os referentes das palavras do poema, isto é, CÉU-MAR que, junto com a disposição dos grafemas, caracterizam o Objeto Imediato do Poema. A tradução é equivalente ao poema por vários motivos:
1. pela analogia espacial de posição.
2. pela configuração topológica dos elementos *céu* e *mar* (o segundo envolvendo o primeiro) que indica semelhança de procedimento.

Nesta tradução *ready-made*, a relação de semelhança só pode se dar pela isomorfia entre os signos de lei utilizados.

TRADUÇÃO ICÔNICA   177

TRADUÇÃO INTERSEMIÓTICA DO *I CHING* PARA CINEMA

> *Quem fala [do Tao] não sabe [o Tao] e quem*
> *sabe [o Tao] não fala [o Tao]: o Tao [Caminho]*
> *que pode ser descrito em palavras não é o ver-*
> *dadeiro Tao.*
>
> LAO-TSE

Leitura do *I Ching*

Embora o *Tao Te King* seja um livro que condena as palavras supérfluas, somos obrigados a introduzir o leitor no pensamento mítico oriental, especificamente o chinês, com o intuito de se poder compreender o filme *LUZAZUL* como tradução intersemiótica que foi feita do *Livro das Mutações* ou *I Ching*.

O *Tao Te King* e o *I King* ou *I Ching* (onde a palavra *Ching* significa Livro) são verdadeiras bases do pensamento chinês tradicional. Tanto o *Livro do Sentido da Vida* (*Tao Te King*) quanto o *Livro das Mutações* (*I Ching*) nortearam a tradução que ora apresentamos ao leitor. Para a leitura de *I Ching* que aqui será introduzida, recolhemos o que há de mais significativo no pensamento oriental através das traduções e dos estudos dos sinólogos ocidentais que mais se destacaram.

Descrição

Original da China, onde teria sido criado e escrito há quarenta e seis séculos, o *I Ching*, ou *Livro das Mutações*, chega ao Ocidente por volta de 1834, mas é no século XX que o livro se difunde entre os povos de língua inglesa. A origem de *O Livro dos Livros* e do *Obscuro Enigma*, como foi chamado o *I Ching*, remonta a uma antiguidade mítica. Para Richard Wilhelm, o *I Ching* é uma das mais importantes obras da literatura mundial. Síntese de sabedoria amadurecida através dos séculos, o *I Ching* é composto principalmente pelas duas vertentes da filosofia chinesa: confucionismo e taoísmo que encontram raízes comuns no *Livro*, lançando, ao mesmo tempo, nova luz sobre Lao-tse, esse sábio enigmático e autor do *Tao Te King*.

O *I Ching* não é um livro para ser lido, mas um livro de consulta, um oráculo composto por 64 textos. Extremamente lacônico e dando margem a mais de uma interpretação, cada texto explica seu hexagrama correspondente. O hexagrama é formado por seis linhas contínuas ou quebradas e superpostas de baixo para cima, constituindo-se numa espécie de ideograma. Consultado através de três moedas, constrói-se o hexagrama correspondente aos valores de cara e coroa. A cada hexagrama, pois, corresponde um texto elaborado em linguagem poética-metafórica de caráter descritivo e aberto à interpretação. Através de imagens da natureza e das tendências de forças cosmológicas que elas representam, os textos respondem as perguntas que lhes são dirigidas quando são jogadas as moedas. Esta combinação de texto e hexagrama, multiplicados 64 vezes, é mais do que um oráculo de surpreendente agudeza: as linhas combinadas em cada hexagrama representam situações da vida diária e os textos que acompanham tratam de uma infinidade de temas relacionados à cosmovisão da antiga China.

Usando o *I Ching* para prever o futuro, não estamos lidando com mágica, mas calculando a tendência geral de eventos e procurando o melhor meio de acompanhar esta tendência, relacionando o assunto que temos em mente ao ciclo ou ciclos de eventos ao qual o assunto pertence. Apesar disso, o *Livro das Mutações* está mais interessado em nos dar os meios de conseguir satisfação interior e harmonia com o ambiente do que em ajudar a obter sucesso material.

Pode-se considerar o *I Ching* também como um largo poema circular de 64 textos, flutuando entre a sutil alusão e a referência direta, cujo tema é a transformação de todas as coisas que formam o universo ou uma descrição da mudança apresentada como verdadeira imagem da realidade. Esta última consideração levou John Blofeld a titular sua tradução para o inglês como *The Book of Change* e a assinalar que o aspecto mais interessante da obra é a forma como as coisas se sucedem e vão se transformando em outras, seguindo os princípios ordenadores da realidade. Parafraseando Blofeld, pode-se aqui dizer que o *I Ching* é o Grande Livro da Tradução Intersemiótica.

Além de Confúcio (que utilizou o *Livro* principalmente para meditar sobre conteúdos moralizantes), outras pessoas têm utilizado o *I Ching* como um tratado sobre a estrutura e como uma série de exercícios destinados a estimular a imaginação criadora. Neste campo, os resultados mais notáveis foram obtidos pelo poeta e compositor John Cage que realizou composições musicais e textos poéticos seguindo as normas e o ensino que se desprende da estrutura do *Livro*. Vê-se, assim, que o *I Ching* é uma obra totalmente aberta, infinita, quer dizer, determinada unicamente pelas limitações da imaginação de cada pessoa.

Oriente/Ocidente

Para a inteligência ocidental não deslumbrada totalmente pela tranquilidade e fixidez das categorias aristotélicas, é possível ver como o Oriente está mais para o pré-socrático Heráclito (harmonia na diversidade: "não te banharás duas vezes no mesmo rio", onde nada está delimitado cartesianamente, tudo flui, transborda, se interpenetra) do que para outros sistemas filosóficos dualistas e estatizantes. O "tudo flui" heraclitiano cria, assim, um paralelismo com a filosofia oriental: uma ponte Oriente/Ocidente. Mas, para Heráclito,

TRADUÇÃO ICÔNICA

que concebia a vida em movimentos através do conflito de opostos, existia também uma ordem cósmica harmoniosa (o *Logos*) que dá forma a esse caos. Para os chineses, no entanto, os dois princípios – movimento e lei imutável que o governa – são um só: coração e mente funcionam juntos.

Lao-tse e Chuang-Tzu (séculos VI e II a.C.) consideravam a sincronia e a harmonia segundo o modelo da natureza e a isto chamaram *Tao Te King* ou *Livro do Sentido da Vida*, no qual está exposta a visão sincrônica da civilização chinesa. O fundamento filosófico do *I Ching* está baseado na visão de um universo sincrônico, inter-relacionado e harmonioso em cujo interior existem subsistemas: uma pessoa, o sistema solar, as três moedas. Num dado momento do tempo, existe correlação entre os estados de qualquer dos subsistemas. Se podemos decifrar um subsistema, podemos entender o estado de outro subsistema como reflexo do Todo. Se a sincronia implica considerar-se o universo como um sistema inter-relacionado e harmônico, isto tem como corolário que o princípio de isomorfia é operante: a relação de comunicação entre a pessoa e o mundo é uma relação dinâmica de formação mútua e de elevação ou rebaixamento de um em outro, um processo que podemos chamar de "isomorfismo recíproco" (Abraham Maslow). Dentro deste espírito de similaridade entre ego e não ego, caberia o que costumamos chamar de "bom-astral" ou coincidência de opostos. "Conjunções", diria Octavio Paz.

Num paralelo entre Oriente/Ocidente, podemos perceber que a constância, o estado constante de mudança, está arraigado no ocidental na aplicação da causalidade e, sobretudo, da categoria do tempo aos fenômenos. Dentro dessa categoria, tudo está, de fato, em transformação. Em cada momento, o futuro se torna presente e o presente, passado, num movimento infinito e linear.

No entanto, embora no Oriente o conceito de constância seja visto através da mudança como estado imutável, este conceito se formula pela observação os eventos naturais, tendo por isso mesmo uma forte analogia com o movimento cosmogônico dos corpos celestes e, sobretudo, o curso das estações, a passagem das nuvens, o fluxo das águas, a alternância do dia e da noite. O conceito de mudança se formou especialmente a partir da procriação da vida e este movimento perpétuo e constante renova-se sem repouso ou cessação. É a constante paradoxal: "mudança: isto é o imutável". Para o pensamento oriental, este conceito de mudança não é um princípio externo normativo que se imprime sobre os fenômenos; é uma tendência interior de acordo com a qual o desenvolvimento acontece natural e espontaneamente nas "dez mil coisas", nelas incluindo o homem. Para o homem lúcido, portanto, ficar na corrente desse desenvolvimento é um dado da natureza: reconhecê-lo e segui-lo é responsabilidade e livre escolha.

O movimento de mudança, assim concebido, não é nunca unidimensional. A ideia de um movimento que retorna ao seu ponto de partida é certamente básica. É a ideia do eterno retorno. Dela, no entanto, a noção de progresso ocidental está excluída, pois esta noção de progresso não apresenta isomorfia com a imagem feita a partir da natureza que é o cerne da noção oriental. Da mesma forma, a tentativa ocidental de exaltar o novo às expensas do velho, o futuro às expensas do passado era alheia ao pensamento chinês. A ênfase recai apenas na habilidade de se manter dentro do fluxo da mudança. Se tempos anteriores foram superiores a nós nesse aspecto, o fato é reconhecido sem preconceitos e a lição a ser extraída é de que devemos nos sentir obrigados a fazer o que os antigos faziam.

O taoísmo, perpetuando meios de pensamento e ação anteriores a seu fundador (Lao-tse), nos ensina a viver perto da natureza, observando processos naturais e os usando como modelos de nossas atividades. Para o taoísta, as virtudes da água são especialmente louvadas, sobretudo a sua espontaneidade. A água não ataca obstáculos inexpugnáveis, mas sempre acha um meio de contorná-los. Os rios, embora procurem o nível mais baixo e o curso mais fácil, não deixam nunca de atingir o mar. O jogo dialético entre forças opostas, como polaridade de uma mesma coisa e não como dualidade, interage conduzindo à sua fusão e síntese. Quando a neve se acumula sobre o galho do pinheiro, se o galho se tornar rígido, ele quebrará. Sua flexibilidade diante do rígido é, no caso, sua força. A ação e resistência entre duas forças polares (como a água sobre o bambu) também nas artes marciais tem sempre como produto o equilíbrio dinâmico e a tensão criadora.

Sincronicidade, harmonia, dialética são aspectos fundamentais da visão de mundo dos chineses, aspectos estes produtores da mudança e do movimento. O Oriente concebe o movimento, a Mudança, como retorno ao seu ponto de partida, evitando a dispersão, coisa que o movimento, quando voltado apenas para uma direção, não pode evitar. O infinito, assim, é trazido dentro dos confins do finito, o abstrato para o concreto, pois só aí ele pode estar a serviço do homem. O Ocidente, por sua vez, contrapõe a esta concepção mítica do tempo cíclico o tempo linear e homogêneo que leva ao progresso sem retorno, isto é, ao infinito que se situa no plano abstrato ideal.

No *Livro das Mutações*, o processo de mudança é visualizado como se estendendo da Unidade para o Infinito por um caminho que compreende a polaridade, o Dois (*yang e yin*), o Oito (simbolizado pelos trigramas), o Trinta e Dois e o Sessenta e Quatro. Em outras palavras, cada estágio, ao longo do caminho, consiste no dobro do número anterior. Em geral, podemos dizer que os hexagramas, em sua ordem natural, simbolizam toda a sequência de mudanças através da qual tudo que existe no universo, em todos os níveis do micro ao macrocósmico, viaja em ciclos contínuos.

TRADUÇÃO ICÔNICA

Semiótica do I Ching

Talvez como fruto da projeção do maniqueísmo ocidental, o sistema taoísta do *I Ching* tem sido vulgarmente considerado como um sistema binário. Contudo, há alguns aspectos que indicam que a sua constituição é de caráter ternário, de onde decorre a possibilidade de se fazer um paralelo com o sistema semiótico peirciano, de caráter triádico, isto porque as categorias de Primeiridade, Secundidade e Terceiridade, assim como a tríade implícita no *I Ching*, estão onipresentes em todos os fenômenos. Senão vejamos.

O Todo

A Mônada chinesa 🌓 tão bem meditada por Leibniz em sua "monadologia" pode ser tomada como o Tao (ou T'ai-chi-tu) que inclui, em polaridade dinâmica, os dois aspectos: *Yang* (O Sol, o Céu) e *Yin* (a Lua, a Terra), ou princípio ativo, entrópico e o princípio passivo, neguentrópico. A relação de correspondência entre os dois princípios Céu/Terra, acima/abaixo e também "o Criativo" e o "Receptivo" são o verdadeiro segredo das mudanças. No *I Ching*, o ente solar é representado por um traço cheio –, e o ente lunar por um traço interrompido — —. Segundo o *Tao-Te King*, contudo, há três grandes forças no universo: a Terra, o Céu e a "ponte" entre os dois: o Homem, o que é representado pelo seguinte ideograma: 王 . A Harmonia entre Céu e Terra era garantida pelo elemento humano regulador entre eles, daí a importância, em todas as civilizações, do rei-sacerdote, dos pontífices, do pai de família, do demiurgo, do imperador, enfim, da figura intermediária que interpretava os desígnios do cosmos e era designado por ele.

Segundo John Blofeld, o *I Ching* é uma fonte de harmonia interior e de comunhão com as grandes forças cuja interação cria todos os mundos possíveis e invisíveis, exceto o seu próprio Pai, o Tao, T'ai-chi ou Ser Absoluto. Para Hellmutt Wilheim, no seu *Eight Lectures on the I Ching*, a palavra *I*, traduzida por Mudança, tem três significados que correspondem às três coordenadas que determinam o curso do cosmos. São eles: o Fácil, o Mutável, o Constante. O *Livro* começa com aquilo que todo mundo vê e pode imediatamente apreender, isto é, o simples, despojado de mistérios. As situações descritas no *Livro das Mutações* são os primeiros dados da vida, o que nos acontece todos os dias. A ênfase na simplicidade, espontaneidade e lucidez são a única entrada para esse sistema. Através dessa entrada, penetramos a verdadeira província das Mudanças. A reflexão sobre os fatos simples e fundamentais da nossa experiência traz a imediata recognição da mudança que é constante.

Nessa medida, o *caráter* do *I* é o *Fácil*. Sua radiância penetra os quatro quartos; simplesmente e facilmente ele estabelece distinções; através dele o Céu tem seu brilho. Sol e Lua, estrelas e regiões do

182 TRADUÇÃO INTERSEMIÓTICA

zodíaco são distribuídas e arranjadas de acordo com ele: a alma que o permeia não tem portão, o espírito que ele abriga não tem entrada. Sem esforço e sem pensamento, simples e sem erro: este é o *Fácil*. "O Caminho do Fácil é duradouro e espontâneo, pois não exige esforço". Assim como a água descendo a montanha... Seu *poder* é a *Mudança*. Se o Céu e a Terra não mudassem, este poder não teria por onde penetrar: a influência recípocra dos cinco elementos entraria em repouso e as alterações das quatro estações cessaria... Isto é *Mudança*. Seu *estado* é *Constante*. Que o Céu está acima e a Terra abaixo, que o senhor olha para o Sul e os vassalos para o Norte, que o Pai está sentado e o filho inclina-se diante dele: este é o *Constante*.

Em síntese: o *caráter* do *I* é o *Fácil*, o *poder* do *Fácil* é a *Mudança*, o *estado da Mudança* é *Constante*. Como se pode ver, os três significados são gerados a partir de um processo de inseminação ou engendramento contínuo de um em outro, de modo que se pode dizer que os três significados são coexistentes (sincrônicos e onipresentes) num único todo. Não é difícil perceber aí (visto que evidente) a correspondência desses três elementos (ou modos do ser) com as três categorias fenomenológicas de Peirce. O Fácil está para a Primeiridade, assim como o Mutável para a Secundidade e o Constante para a Terceiridade.

O Ser Absoluto, o T'ai-chi – "Viga Mestra" – entra em correspondência perfeita com a categoria da Primeiridade, na qual predominam as ideias de novidade, vida, liberdade que se manifestam na multiplicidade e na variedade incontrolada, pois Livre é o que não tem outro atrás de si determinando suas ações, uma vez que esse outro já é alteridade[1]. Assim, o Princípio Universal, a Causa Última, o Absoluto, o Eterno, o Imutável, a Eterna Mudança, o Único, o Todo é o T'ai-chi ou Princípio Vital. Nada existe fora dele, nada há que não o contenha completamente. Todas as coisas vêm dele, nada existe sem ele. Todas as coisas voltam a ele. Ele é todas as coisas; ele não é nenhuma coisa. Assim é o T'ai-chi: uma mônada. Diz Lao-tse: "possuir esta harmonia é conhecer o eterno". Analogamente, para Peirce, a mônada é uma qualidade virtual, como pura possibilidade irrealizada, qualidade sem partes ou aspectos e sem corpo. Em termos de sensibilidade isso se traduz assim: "Imagine-se que me encontro num estado de sonolência e tenho um sentimento muito vago, de um sabor salgado, de uma dor, de um desgosto, ou de uma nota musical prolongada. Isto constituiria aproximadamente um estado de sensibilidade monádico"[2].

O Todo em Transição para a Mudança

O Fundamento da existência aparece no *Livro das Mutações* como sendo o Tao: o Polo, o acesso ao fenomênico, o Uno, a Premissa... Numa palavra: aquilo do qual emana todo o demais. Mas o

1. C. S. PEIRCE, "Escritos Coligidos", *op. cit.*, p. 94.
2. *Idem*, p. 94.

TRADUÇÃO ICÔNICA

segredo do *Livro* radica precisamente em que, uma vez assentado o Uno, surge *ipso facto* a antítese. Se o pensamento metafísico ocidental tenta reduzir o Uno ao ser puro, abstrato, à homogeneidade como princípio, no pensamento oriental, este é apreendido na sua mutação, isto é, como diversidade. O pensamento chinês busca a conciliação afirmando que os elementos antitéticos encontram-se no tempo, de modo que dois estados, não coincidentes, conciliam-se ao sucederem-se no tempo, transformando-se alternativamente um no outro. Resumindo, podemos dizer que a ideia fundamental do *Livro das Mutações* é que antítese e síntese são geradas dialeticamente.

Se queres que algo se contraia, primeiro deixa distender-se
Se queres que algo se enfraqueça, primeiro deixa fortalecer-se
Se queres que algo caia, primeiro deixa elevar-se
O brando e o frágil vencem o duro e o forte[3].

Toda afirmação categórica embute imediatamente uma negação, fenômeno, aliás, que se manifesta, por exemplo, durante a materialização da linguagem na arte. Na medida em que aparece uma forma, rapidamente surge sua antítese: o aparecer da forma é simultâneo à contraposição com o fundo. Na palavra e na música, surgem as pausas e o silêncio: contraponto entre o cheio e o vazio, o contínuo e o descontínuo. É o silêncio ambiente que dá à música sua ressonância. É o contexto circundante que dá à palavra seu significado. Na arquitetura, o intervalo. Na cerâmica, o vazio. Em toda arte visual da China, o espaço negativo, o vazio é tão importante quanto a linha. Tão logo se traça no espaço uma linha, tem-se a antítese, pois, em tal caso, o espaço fica dividido num "acima" e num ""abaixo". Quando a linha é vertical, ela se divide em parte direita e parte esquerda ou, se se prefere, em diante e atrás. Uma vez traçada a linha, obtém-se a hexadimensionalidade do espaço. A correspondência do princípio da mudança com a segunda categoria peirciana (ação-reação, esforço-resistência, polaridade...) parece por demais evidente. Mas é Lao-tse que define isso melhor:

O Tao produz o Um
Sendo o Um manifesto
Produz o Dois
Existindo o Dois, aparecem os Contrários
Estes entram na existência ao produzir-se o Três
O caminho de todas as coisas leva a obscuridade nas costas
e a luz na frente...[4]

A Mudança, o Conflito

A polaridade e a inter-relação de opostos não significam rigidez, mas um campo magnético que determina a mudança e, de fato, a evoca.

3. LAO-TSE, *Tao Te King*, São Paulo, Hemus, 1983, p. 89.
4. *Idem*, p. 103.

184 TRADUÇÃO INTERSEMIÓTICA

O pesado é a raiz do leve
A quietude domina o movimento...[5]

A função mais fácil de se observar no *I Ching* é a Mudança (*I*). No plano da existência, isto é, daquilo que podemos perceber, não há nada que permaneça sem movimento, sem mudança. Tudo o que existe ou está começando a existir, ou está crescendo, ou está envelhecendo, ou está desaparecendo. A Mudança, que é incessante, ocorre de acordo com certas leis universais e observáveis. A função do *Livro as Mutações* é interpretar os vários ciclos interligados da mudança, de tal modo que o progresso das transformações individuais possa ser deduzido destes ciclos; assim, o indivíduo interessado recebe um apoio firme que o ajuda a evitar que os vórtices o arrastem como a folha na correnteza.

Segundo a filosofia taoísta, o Único, o Último, o Grande Todo (o Tao) engendra o dualismo negativo-positivo do *yin* e do *yang*. Sua contínua interação faz nascer ao seu redor os cinco elementos de onde derivam todos os eventos e todas as coisas. O princípio de *yin* é conhecido como soberano sobre a Terra. Ao *yin* correspondem as noções de negativo, feminino, sombra, úmido, doce, frio, mortal, imóvel etc. Ao *yang* correspondem as noções de positivo, masculino, luminoso, ardente, duro, vivo, movimento etc. O *yin* e o *yang* se dividem para formar os pontos cardeais e as direções intermediárias. A mistura em várias proporções é responsável pelas diferenças entre todas as substâncias e objetos do Universo.

> Ser e Não Ser engendram um ao outro
> Difícil e fácil complementam um ao outro
> Comprido e curto são relativos um ao outro
> Alto e baixo se acompanham um ao outro
> Som e tonalidade harmonizam um ao outro
> Antes e depois sucedem um ao outro [6].

O corpo humano é igualmente regido pelo princípio do Tao, do *yin* e do *yang* e pelos cinco elementos. Segundo a tradição, quando o *yin* e o *yang* surgem do caos original, o *yang*, mais leve, se eleva nas esferas superiores para formar o Céu, enquanto o *yin*, mais pesado, desce e forma a Terra. Há, em cada parte do corpo, uma energia espiritual que está em correlação com a estrutura do Universo. A cabeça situa-se no Céu, os pés na Terra:

Que todas as coisas sigam seu curso natural...[7]

Ao nascer, o homem está cheio de *yang* original. Ao longo de sua existência e crescimento, o *yang* evolui de modo a alcançar seu máximo de maturidade. Mas o *yin* também está presente e na medida em que a

5. *Idem*, p. 69.
6. *Idem*, p. 21.
7. *Idem*, p. 35.

TRADUÇÃO ICÔNICA

vida passa, ele cresce regularmente, enquanto o *yang* decresce. A Mudança é o "gerador de todas as gerações". É a abundância transbordante da força que perpetuamente se renova e para a qual não há repouso ou cessação. É na constante mudança e crescimento apenas que a vida pode ser agarrada. Se ela for interrompida, o resultado não é a morte, que é apenas um aspecto da vida, mas o reverso da vida, sua perversão. Quando o equilíbrio entre *yin* e *yang* é rompido, o homem morre. Seu hálito vital, seu espírito, sua essência seminal desaparece. Mas para o taoísta, a morte não é uma separação do corpo e da alma, tal como os cristãos a concebem no Ocidente, é antes uma separação no interior do indivíduo entre o elemento *yin* e o elemento *yang*.

O Eterno Retorno

Para o oriental, a mudança não acontece irracionalmente ou abruptamente, mas está mediada pela Lei, pela Constante. Ela tem seu curso fixo. Do mesmo modo que confiamos em que o sol nascerá amanhã e que à primavera se seguirá o verão, também podemos estar seguros de que o curso ou processo do devir não é caótico, mas segue cursos prefixados.

Como o Universo não é simples caos, uma simples ação-reação, as relações de comportamento das "dez mil coisas", grandes ou pequenas, desde os corpos celestes, que giram no espaço, até as partículas subatômicas demonstram uma configuração universal e geral do movimento, governada pela lei imutável das Mutações. Por isso, como diria Peirce, as ideias onde a lei predomina são as de generalidade, infinidade, continuidade, difusão, crescimento e inteligência. O terceiro aspecto da ideia de mudança (*I*) é, assim, o Constante, o seguro ou a confiabilidade, isto é, o paradoxo: "Mudança: isto é o Imutável". A concepção de constância na mudança fornece ao homem a garantia para a ação significativa, tirando o homem da submissão à natureza e tornando-o responsável.

Em muitos textos do *I Ching*, aparece o conceito de "seguro" oposto ao de "perigo". Este, como indeterminação ou sorte que independe do concurso lúcido do indivíduo, está, portanto, em função da aleatoriedade e do desconhecido. O Constante nos dá a segurança e a certeza de que os eventos se desenrolam na direção correta.

Na mudança incessante imediatamente presente aos sentidos, a constância introduz um princípio de ordem garantindo a duração no fluxo dos eventos. Quando o homem apreende este princípio, ele abandonou a condição de identificação irreflexiva com a natureza: consciência reflexiva entra em cena. Tornar-se alerta ao que é constante no fluxo da natureza e da vida é o primeiro passo para o pensamento abstrato. O reconhecimento da regularidade nos cursos dos corpos celestes fornece uma base para uma ordenação sistemática dos eventos, e este conhecimento torna possível o calendário[8].

8. HELLMUT WILHELM, *Eight Lectures on the I Ching*, Princeton University Press, 1973, p. 23.

Os antigos comentadores do *I Ching* tendiam a identificar esta segurança, assim como a constância, com relações sociais. Dizia-se que significava, por exemplo, que o pai está sentado e o filho se inclina ante ele. A concepção não é isenta de dinamismo: o filho que se inclina ante seu pai hoje, será ele mesmo amanhã um pai a receber a homenagem do filho.

Linguagem do I Ching

O espírito do Tao, que absorve o Todo, a Mudança e a Constante, se expressa através de diversas linguagens. De forma geral, toda arte oriental está impregnada desse espírito que se desenvolve de forma mais específica na arte ioga e taoísta, adquirindo formas as mais diversificadas que vão da dança aos talismãs e emblemas, dos ideogramas, caligramas, diagramas esquemas e textos aos objetos, escultura e arquitetura, entre outros. Os signos do *I Ching* são principalmente trigramas que compõem os hexagramas, ou seja, diagramas que ajudam a interpretação do *Livro*, e sobretudo, textos que, associados aos hexagramas, permitem a sua decodificação. Estes signos, de caráter icônico na sua maioria, têm como objetivo final, no sistema místico taoísta, ultrapassar a realidade ordinária para alcançar uma consciência que se situa além do tempo e da mudança, ou seja, atingir o Todo, atingir o Mistério que transcende todos os Mistérios e que os chineses chamam de Tao.

Textos

Para uma leitura exemplificativa, escolhemos de forma randômica um dos textos característicos do *I Ching* (dada a impossibilidade de se analisar aqui todo o *Livro*). Abrimos o *Livro* ao acaso e encontramos o hexagrama nº 11: T'ai = Paz. A seguir, temos o hexagrama nº 12: P'i = Estagnação, Obstrução.

Texto do hexagrama 11: "Paz. Os maus declinam; os grandes e bons se aproximam – boa sorte e sucesso!"

Texto do hexagrama 12: "Estagnação (obstrução) causada por pessoas mal intencionadas. Embora haja maus presságios para o Homem Superior, sua persistência correta não se deve abater. Os grandes e bons declinam; os maus se aproximam"[9].

11. T'AI / PAZ   12. PI / ESTAGNAÇÃO

9. JOHN BLOFELD, *I Ching*, Rio de Janeiro, Record, s.d., pp. 118-121.

TRADUÇÃO ICÔNICA

De caráter fortemente metafórico, temos aí o fragmento de um texto que, no seu todo (considerando-se o conjunto do *Livro*), caracteriza-se como um texto "narrativo-qualitativo", onde a linearidade (começo-meio-fim) das sequências é rompida, ou seja, "os eventos não se encadeiam sequencialmente (uns após os outros) em direção a um fim (superação de relações conflitantes). Ao invés de relações mais complexas, ou seja, organizações paralelísticas (simetrias, gradações, antíteses) responsáveis por uma multiplicidade simultânea de visão de um mesmo evento"[10] que, no caso do *Livro*, são as coordenadas de forças do cosmos-vida.

Tomando-se, por exemplo, apenas o paralelo entre os dois textos selecionados, pode-se percebe facilmente que eles formam uma antítese; no texto *n° 11* predomina a linha *yang*, tendo por isso mesmo um caráter positivo, já o texto *n° 12*, em cujo hexagrama predomina o linha *yin*, é de caráter negativo. Observe-se, ainda, que cada hexagrama é exatamente a inversão do outro.

Trigramas, Hexagramas

Estudando alguns diagramas do *I Ching*, pode-se ver que a disposição das linhas componentes do diagrama faz com que alguns *Kua* = signos (trigramas e hexagramas) estejam em harmonia ou oposição a outros *Kua*, em graus que vão desde a harmonia perfeita até o completo antagonismo (assim como na natureza encontramos diferentes forças trabalhando a favor ou contra outras em diversos graus). A relação entre um hexagrama e seus vizinhos ajuda a determinar seu significado, de acordo com o grau de afinidade que existe entre eles. O número de relações possíveis entre os hexagramas é imenso; algumas edições chinesas examinam exaustivamente essas relações; outras discutem apenas as mais evidentes, que são também as mais importantes.

——————— uma linha contínua significa o princípio *yang*.
——— ——— uma linha descontínua significa o princípio *yin*.

Os trigramas, na ordem em que são normalmente apresentados com seus principais atributos, podem ser visualizados no seguinte desenho[11]:

Nome	Atributo	Imagem
☰ Chi'ien, o Criativo	Forte	Céu
☷ K'un, o Receptivo	Abnegado maleável	Terra

---

10. MARIA LÚCIA SANTAELLA BRAGA, "Por uma Classificação da Linguagem Escrita", *op. cit.*, p. 155.

11. RICHARD WILHELM, *op. cit.*, p. 5.

TRADUÇÃO INTERSEMIÓTICA

Nome	Atributo	Imagem
☵ Chen, o Incitar	Provoca o movimento	Trovão
☵ K'an, o Abismal	Perigoso	Água
☶ Kên, a Quietude	Repouso	Montanha
☴ Sun, a Sauvidade	Penetrante	Vento, madeira
☲ Li, o Aderir	Luminoso	Fogo
☱ Tui, a Alegria	Jovial	Lago

O Diagrama-Símbolo do Yin-Yang

De origem chinesa, o emblema *T'ai-chi-tu*, cuja antiguidade remonta a mais de três mil anos, serve para representar a unidade formada pelo equilíbrio de duas forças opostas, iguais e contrárias: o *yang* e o *yin*. Esta unidade se visualiza num disco, no qual se introduz a união das duas partes que incluem um aspecto dinâmico como duas forças rotatórias em sentido inverso, opostas entre si, uma branca e outra preta. As duas forças opostas são interpretadas como sendo duas forças naturais e de seu equilíbrio nasce a vida: *yang*, a força ativa, masculina, positiva, o calor, a dureza, está na secura, no Céu, na luz, no sol, no fogo. É a firmeza, a luminosidade. *Yin* é o princípio feminino, negativo, passivo que se mostra no frio, úmido, misterioso, secreto, evanescente, mórbido, inativo. O diagrama símbolo do *yang-yin* "é o princípio de uma forma que não é, mas que se faz".

Rudolf Arnheim, em seu "Análisis Perceptual de un Símbolo de la Interacción", analisa no símbolo do *T'ai-chi-tu* as propriedades visuais baseadas na percepção espontânea assim como o significado simbólico, chegando à conclusão e à evidência da semelhança estrutural entre a dinâmica que se aprecia no *T'ai-chi-tu* e as forças cosmológicas descritas pela filosofia taoísta. Isto é, há, segundo Arnheim, isomorfismo entre especto visual e significado. Para Arnheim, "perceber um objeto ou sucesso qualquer, significa vê-lo como configuração de forças, e ter consciência da universalidade de tais configurações é parte integrante de toda experiência perceptual"[12].

Discordando da teoria dos "arquétipos" junguianos, como produtos do "inconsciente coletivo", isto é, de certas formas e esquemas visuais básicos que se apresentam em diversas épocas, culturas e indivíduos, Arnheim sustenta que a percepção destas formas simples, transculturais e coletivas, deve-se à percepção da conduta das confi-

12. RUDOLF ARNHEIM, *Hacia una Psicología del Arte*, Madrid, Alianza Editorial, p. 225.

gurações de forças visuais. Diz também que estas configurações de forças percebidas são espontaneamente consideradas imagens da conduta das forças em situações reais importantes: "assim, por exemplo, o percurso diário do sol é considerado um símbolo da vida humana porque os aspectos perceptivos de aparecer, levantar-se, descender são percebidos espontaneamente como estruturalmente semelhantes (isomorfos) à dinâmica do nascimento, crescimento, maturidade e declínio"[13].

Procede Arnheim, a seguir, à análise do *T'ai-chi-tu* ou "grande mapa dos polos". "Polos" estes que simbolizam aqueles elementos básicos da filosofia taoísta enumerados atrás, isto é: a mudança incessante da Natureza que possibilita o Eterno Retorno do Mesmo, entendido como repetição periódica e, sobretudo, como Constância imutável indiciada pela lei da regularidade e uniformidade da Mudança. O Princípio *yin-yang* manifesta-se na sucessão periódica e cíclica das estações.

O símbolo do *T'ai-chi-tu* é, na realidade, um diagrama icônico de caráter emblemático, onde se manifesta uma ordem por coordenação, isto é, uma ordem não hierárquica, pois cada lágrima distingue-se do conjunto como individualidade, ao mesmo tempo que colabora em prol do conjunto, do todo.

No esquema a seguir, o Todo aparece de forma manifesta: o círculo e o S invertido submetem as duas lágrimas à sua ordem. Contudo, cada lágrima ou "magatama" (*maga* = curvado − inclinado + *tama* = pedra preciosa) (Arnheim) está grafada em cores diferenciadas o que faz aumentar a sua individualidade. Neste esquema, dizíamos, o predomínio é do todo, notamente, do S invertido que separa-reúne as duas lágrimas.

No símbolo taoísta, nem o todo, nem as partes devem predominar, pois é necessário deixar claro que o Supremo Uno é idêntico ao *yin* e ao *yang* que o compõem, e também não superior nem inferior a estes dois princípios. É assim que o *T'ai-chi-tu* cria a ambiguidade perceptual. A ambiguidade surge da potencialidade idêntica do todo e das partes e "a mente não pode sustentar duas organizações estru-

---

13. *Idem*, p. 208.

190 TRADUÇÃO INTERSEMIÓTICA

turais do mesmo esquema ao mesmo tempo, então, a mente só pode subordinar uma à outra"[14].

A posição invertida (69) caracteriza o antagonismo dos magatamas, funcionando como interação de duas forças opostas e antagônicas que não se destroem em conflito mas que colaboram em prol de uma tensão criadora. As duas forças opostas, dirigidas uma à esquerda e outra à direita, combinam-se num movimento de rotação que simboliza iconicamente os ciclos da existência. Na sua individualidade, cada magatama precisa do outro para alcançar o caráter de globalidade.

O símbolo (vide página seguinte), agora na sua representação definitiva, confirma como a sua orientação espacial influi na sua expressão: o elemento *yang*, mais brilhante (símbolo da Luz, do Céu), está situado por cima do elemento *yin* que significa a Terra, embaixo. Ao mesmo tempo que *yang* é o Sul, a Terra (*yin*) é o Norte. A interação entre os dois elementos do *T'ai-chi-tu*, já é evidente visualmente, assim como se evidenciam a "coincidência dos opostos" e o princípio da dialética. Além disso, percebe-se que o princípio de interação é coerente com o princípio de retroalimentação ou *feedback*. Nesta configuração figura-fundo, o componente situado acima, mais luminoso, tende a destacar-se e a superpor-se sobre o elemento situado abaixo, mais pesado, gerando, por isso mesmo, um forte caráter de iconicidade. Mas os dois elementos têm em comum o contorno, exercendo, por isso mesmo, uma atração mútua que os mantém em equilíbrio dinâmico entre os movimentos centrípeto, de concentração e o movimento centrífugo, de fuga. Além disso, o círculo apresenta perfeitamente o equilíbrio entre as tensões radiais centrípetas e centrífugas que se manifestam de forma espacial: um movimento "respiratório" contrativo-expansivo, ao mesmo tempo que a sua forma circular apresenta o movimento temporal do fluir em torno de si mesmo.

Mas as tensões surgidas da configuração radial, de caráter espacial, e as tensões surgidas de caráter circular e temporal somam-se às tensões produzidas pela conformação côncavo-convexa das lágrimas, produzindo a qualidade do relevo e profundidade (a cabeça de cada lágrima tende a vir para frente, enquanto a cauda tende a ir para o fundo). Com este efeito, completa-se a hexadimensionalidade do espaço.

O símbolo icônico do *T'ai-chi-tu* demonstra que todo fato postula seu oposto e o complementa. A alternância entre as partes e o todo com efeito de complementariedade e conhecimento pela relatividade dos pontos de vista ilustra e demonstra as propriedades significativas do símbolo *T'ai-chi-tu* em relação à filosofia taoísta. De resto, como o demonstra Arnheim[15], não é qualquer orientação espa-

14. *Idem*, p. 220.
15. *Idem* p. 224.

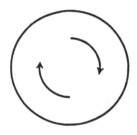 

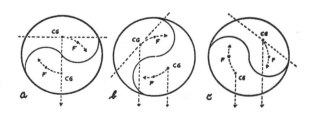

cial do símbolo que opera o equilíbrio dinâmico, mas aquela posição onde coincidem exatamente o centro do círculo e os centros de gravidade dos dois magatamas (posição *a*). Temos, assim, totalmente confirmada em linguagem gráfica a coincidência do *yin*, do *yang* e do Tao (centro do círculo) como Princípio Primeiro, isto é: a coincidência do Uno da Mudança e da Constante.

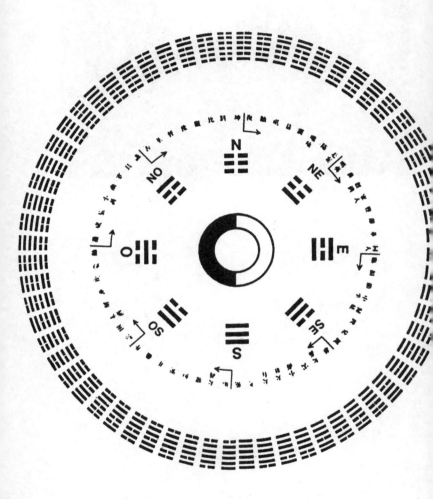

Os oito *Kua* e sua relação espacial com os oito pontos cardeais. Na periferia, os 64 hexagramas produto da combinatória dos trigramas. Ao centro o símbolo do Tao + Yin-Yang.

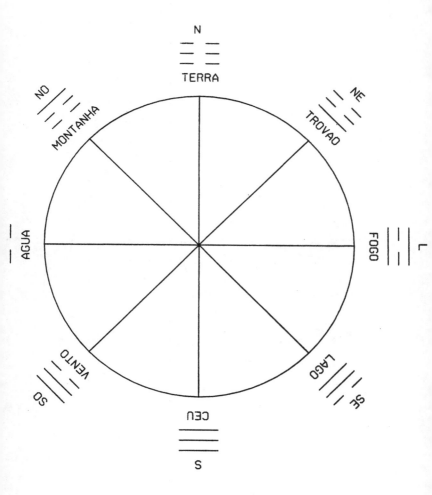

A roda, orientada espacialmente em relação aos oito pontos cardeais com seus correspondentes trigramas.

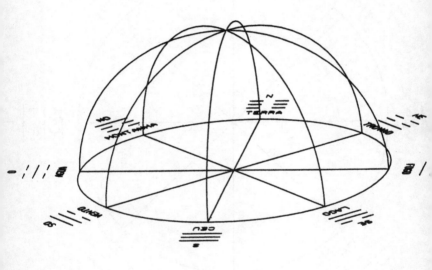

A roda, agora vista em três dimensões, traduz-se pelo hemisfério que orientará os movimentos de câmera (ver diagrama a seguir).

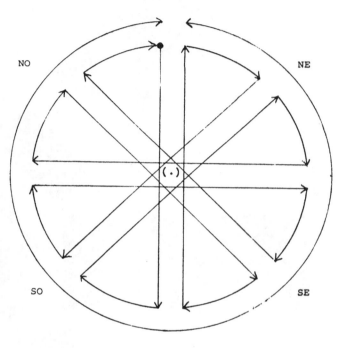

"Via da Terra"

"Via do Céu"

Diagrama operacional do filme *Luzazul*
(•) = câmera
= Planos panorâmicos

Original
I CHING
(*Livro das Mutações*)

Tradução Intersemiótica:
Luzazul
Filme S-8
Júlio Plaza (1981)

Música: Terry Riley
A Rainbow in a Curved Air
"O Arco íris no Ar Curvo"

Diagrama dos oito *Kua*, junto com seus atributos naturais. No centro o *T'ai-chi-tu*. Na periferia, a planificação esquemática da operação cinematográfica.

198 TRADUÇÃO INTERSEMIÓTICA

LEITURA DA TRADUÇÃO: *LUZAZUL*

Sem a leitura dos diagramas, sequencializados nas páginas anteriores, difícil ou mesmo impossível seria acompanhar a tradução do *I Ching* operada no filme *Luzazul*. De um lado, os diagramas relativos ao *I Ching* buscam expressar de forma analógica os caracteres icônicos, indiciais e simbólicos contidos no filme. De outro lado, os diagramas buscam demonstrar que, ao invés de estar suportada num roteiro narrativo-verbal, a execução do filme tem, efetivamente, como suporte um diagrama icônico, mapeamento de relações indicadoras de movimentos e pontuações de câmera, assim como marcações das correspondências entre signo tradutor (o filme) e o signo traduzido (o *I Ching*), conforme buscaremos demonstrar na leitura do filme a seguir.

A Constante: A Lei Construtiva Transductora

Basicamente, o diagrama formador da lei construtiva do filme é o *T'ai-chi-tu*, traduzido pelo paradigma da "Roda Cósmica" que é um ícone do mundo e representa a "Natureza". A figura geométrica de onde a roda deriva é a do círculo com seu centro. No sentido mais universal, o centro representa o Princípio, simbolizado geometricamente pelo ponto. A "Rota Mundi" (Leibniz) ou "Roda do Devir" é uma figura de oito raios que evoca, por analogia, a disposição espacial dos pontos cardeais. Por outro lado, do ponto de vista temporal, a circunferência é a imagem de um ciclo de manifestação, expressando, por isso mesmo, as relações de continuidade, circularidade, rotação, movimentos paradigmáticos aos modelos icônicos do universo. Todas as culturas, sem exceção, interpretam visualmente desta forma as representações cósmicas. Colhido como um sistema simbólico universal, o círculo converte-se em legissigno-icônico-remático e, face à simbologia emprestada a ele, um legissigno-simbólico-remático.

O centro é, de início, um ponto de partida, mas também um ponto de chegada: tudo se origina dele e tudo deve, finalmente, retornar a ele como princípio que é. O centro está, assim, em ligação permanente com os pontos da circunferência, ligação figurada pelos raios (oito ao todo). Mas esses raios podem ser percorridos em dois sentidos opostos: primeiro, do centro para a circunferência e, em seguida, da circunferência para o centro. Cria-se, assim, duas faces complementares, a primeira das quais é representada por um movimento centrífugo (do centro para a periferia), a segunda, por um movimento centrípeto (da periferia para o centro). Estas fases podem ser comparadas às fases da respiração. Temos, assim, um ternário: centro, raio, circunferência cujos raios representam o meio termo de união entre centro e periferia.

TRADUÇÃO ICÔNICA

Na tradição mítica, o centro corresponde ao Céu (*yang*), enquanto a circunferência corresponde ao *yin* (Terra), sendo o terceiro termo o raio (Homem). Falando-se em representação simbólica, temos que o Centro como Céu ou Princípio Criador e a Circunferência como Terra ou Princípio Passivo estão unidos pelo Homem. Este, assemelhado ao raio da roda, aparece como se tivesse os pés na circunferência (Terra) e a cabeça tocando o centro (Céu). Cria-se, com isto, a polaridade necessária para viabilizar a representação tradutora.

O círculo, como símbolo, embute contemporaneamente o icônico e o indicial, pois está engendrado por eles. Se a significação simbólica está explicitada em termos de representação cosmogônica, tal como utilizada pelas filosofias orientais e também pelo pensamento ocidental, o seu caráter icônico nos vem dado pelo mandala como expressão do Todo. Mas é como índice que o círculo possui qualidades indicadoras próprias que fazem dele uma forma otimizada para o objeto em questão, ou melhor, a sua utilização como esquema diagramático que estabelece as relações construtivas na tradução. Não parece necessário insistir mais nas noções do caráter simbólico, mas naquelas relações diagramáticas que o círculo define na sua gestão.

A Mudança: Conflito de Opostos

Visto o caráter do legissigno como forma significante que norteia as relações construtivas do filme, passamos agora a ver as relações diagramáticas codificadas em termos de opostos e que correspondem, por isso mesmo, à significância configuradora *do I Ching*.

O diagrama operacional anexo (cf. página 195) exemplifica a forma de operar da câmera face à natureza. Sendo a ideia básica do filme desenvolver um plano único, ou melhor, fazer montagem em plano único e contínuo, busca-se explorar a ideia de circularidade e fluidez característica do movimento ou eventos em transformação, desarticulando, ao mesmo tempo, o visual contínuo característico do espaço perspectivista e cinematográfico.

Se a polaridade está codificada no *Livro das Mutações* em termos de *yang* e *yin* e se essa polaridade é relativa aos pontos cardeais, então cada movimento da câmera é isomorfo a essas relações. Temos aqui uma "escrita fílmica" (que tem muito a ver com as formas multidirecionadas das escritas ideográficas) através da qual consegue-se a hexadimensionalidade do espaço. Tendo em vista o diagrama (cf. p. 195) e tendo em conta que o objeto do filme é uma paisagem de praia (sem nenhum indício de objetos construídos pelo homem), onde dominam os elementos: Céu, Terra, Água, Sol, entre outros elementos naturais, temos:

Primeira panorâmica: corre no sentido do relógio, isto é, da esquerda para a direita, do norte para o sul, do *yin* para o *yang*, seguindo, por isso mesmo, a "Via do Céu". De novo, no N, processa-se um plano panorâmico do hemisfério N-S, seguindo a "Via do Céu" para o S-O até encontrar seu oposto o N-E, seguindo, então, para o Leste e seu oposto o Oeste (cf. diagrama). Nesta sequência de movimentos dialógicos entre pares de opostos, e fechando o filme com uma panorâmica inversa à primeira, isto é, no sentido de "Via da Terra" (ou da direita para a esquerda), temos uma dominante, a do movimento *yin-yang* representado por movimento panorâmico da esquerda para a direita.

Vê-se, a partir disso, que os dois eixos produtores da linguagem cinematográfica, o eixo da contiguidade e o eixo da similaridade transam conjuntamente os sentidos do filme: o caráter metafórico ou eixo paradigmático e o caráter metonímico ou eixo sintagmático colaboram num diálogo onde toda metonímia é metaforizada e toda metáfora é metonimizada, produzindo o fato estético. A linguagem também tem seu oriente, a linguagem representando se apresenta, revelando nesse seu autoproduzir-se o caráter metalinguístico do filme, acionado que está através do dispositivo da linguagem como universo autossuficiente e sincrônico no ato de filmar, em isomorfia com a própria linguagem do *I Ching*. Quer dizer: há superposição dos fatos de linguagem sobre o referencial da paisagem.

Pela exclusão do referencial o filme volta-se sobre si mesmo, procurando seus modelos internos, seus paradigmas. Nessa medida, o significado do filme não está na paisagem, mas na sua própria estrutura. A paisagem, no caso (passagem), acaba por funcionar como marcação (pontuação rítmica) de uma forma em movimento: transformação. O referente se faz Objeto Imediato. Os códigos se repensam constantemente durante o processo de filmagem.

A câmera, ao focalizar pontos de vista plurais, tem uma tendência a desarticular a linearidade, a trocar o espaço visual contínuo pelo espaço visual descontínuo. O resultado é que o filme tende a saturar o tempo de espaço, criando uma sincronia e um envolvimento não visual, mas sinestésico: olho, ouvido e tato coexistem.

O próprio título do filme: *LUZAZUL*, organizado em palíndromo, já reflete, na sua construção, o princípio formador da Mudança através das metáfora "LUZ" (*yang*) e "AZUL" (*yin*) com suas características adjetivadas. O título, na sua organização simétrica, indicia iconicamente as operações de montagem do filme. Assim, a montagem sintática do filme consegue realmente atingir a qualidade da sincronia e da semelhança, requerida pela formação do ícone mental ou, nas palavras de Mallarmé: "a espacialidade como abertura para o infinito". Tanto é assim que o filme se resolve no puro espaço plano do cinema em conflito de contrários: espaço real/espaço de representação: conflito produtivo da hexadimensionalidade do espaço.

O operar da câmera, seguindo o eixo sequencial da contiguidade, encontra-se em oposição e conflito com a forma e posição espacial dos objetos, quer dizer, tal como estes deveriam aparecer na tela. Isto fica claro, quando o movimento da câmera, partindo de um ponto da

TRADUÇÃO ICÔNICA

paisagem na linha do horizonte, sobe verticalmente até atingir noventa graus (a câmera apontando para o topo do céu) e vai descendo, então, em movimento contrário até atingir (num raio de cento e oitenta graus) a paisagem do lado oposto na linha do horizonte, paisagem esta que aparece, assim, numa tomada pelo avesso: paisagem especular, paisagem invertida (o sol embaixo, a terra em cima; o mar em cima, o céu embaixo).

Desse modo, a lógica da câmera fica subvertida, produzindo, neste conflito, a superposição da similaridade sobre a contiguidade. O objeto, tal como o proceder fílmico agora faz aparecer na tela, não é o objeto esperado, mas o objeto transformado. Contudo, o eixo espacial e temporal colaboram nesta montagem não linear, não sequencial, durante a produção de linguagem. Há, assim, transformação da paisagem num processo, analógico onde tudo se funde em prol da totalidade possibilitando diferentes atitudes e pontos de vista de espectador.

W. Blake disse: "quando as portas da percepção estão limpas, tudo se vê como é: infinito e eterno". O filme *Luzazul*, a sua linguagem, transa seus sentidos e os sentidos humanos constante e conjuntamente, pois nela há percursos dentro de um mesmo canal, o visual, e entre diferentes canais. Os pontos de vista fóvicos são implodidos, criando percursos na visão periférica (movimento) e macular (qualidades cromáticas). Rompendo-se a linearidade do filme, obtém-se a tradução para um espaço esférico-acústico, paradigmático ao eco e à paisagem do horizonte em isomorfia com o movimento da câmera. O tátil – sugerido pela textura, pela luminosidade e pelos valores hápticos dos objetos: a terra, a água, a luz, o etéreo, unidos à percepção (subvertida) do "estar aqui" corporal – provoca a sensação sinestésica embígua da perda do referencial que nos fornece o equilíbrio básico. O unívoco da lógica da câmera foi transformado e traduzido no equívoco da percepção sensorial.

O Todo como Efeito Estético

O filme está realizado segundo a analógica oriental e radicalmente oposto à "lógica de câmera" ocidental, produtora de verossimilhança. A fruição estética para a mente oriental, analógica, não é caracterizada pela relação causa-efeito ou "sineta pavloviana" (Haroldo de Campos) como na mente ocidental que nos leva a uma percepção automatizada dos eventos. Pelo contrário, o que chamamos de "coincidência dos opostos" parece ser o interesse primordial da mente analógica e o que nós, ocidentais, cultuamos como causalidade passa, para a mente oriental, quase despercebido.

A paisagem em montagem de conflitos por opostos configura um amálgama de efeitos de tal forma a produzir o encantamento sinestésico e sobretudo (pelo efeito da indefinição produzido pela baixa definição das imagens), a permitir o fluxo entre o mundo imaginário e o

202 TRADUÇÃO INTERSEMIÓTICA

real, de tal modo a confundir as percepções dos diferentes sentidos através da transformação, da experiência da luz, do ar e das qualidades cromáticas. Se Mallarmé coloca as palavras em situações gramaticais e associação de formas contrárias às expectativas geradas no contexto, o filme produz também essa poética pelo intercâmbio de imagens que deslocam constantemente o referencial, retrabalhando, sem cessar, a ambiguidade dos sentidos, assim como a qualidade de semelhante.

Para C. G. Jung, o princípio de sincronicidade, diametralmente oposto ao de causalidade, é operante na mente oriental. A coincidência dos acontecimentos, no espaço e no tempo, significa algo mais do que mero acaso, pois pressupõe uma interdependência de eventos objetivos entre si, assim como dos estados subjetivos (psíquicos) do observador ou observadores.

O pensamento tradicional chinês apreende o cosmos de um modo semelhante ao do físico moderno que não pode negar que seu modelo de mundo é uma estrutura decididamente psicofísica. O fato microfísico inclui o observador tanto quanto a realidade subjacente ao *I Ching* abrange a subjetividade, isto é, as condições psíquicas dentro da totalidade da situação momentânea. Assim como a causalidade descreve a sequência dos acontecimentos, a sincronicidade, para a mente chinesa, lida com a coincidência de eventos[16].

Vê-se, a partir disso, que o princípio de sicronicidade se confunde com o princípio de isomorfia dos gestaltistas, e isto é tão importante para a fruição estética oriental que este princípio está embutido nas claves principais da estética taoísta: Ressonância, Ritmo Vital, Reticência e Vazio. Estes princípios, na verdade, de caráter icônico, norteiam a construção do filme *Luzazul*.

As Claves Taoístas no Filme

Pela Ressonância, temos isomorfismo entre perceptor e percebido, ou seja, a união entre ego e não ego. Este primeiro cânon da estética taoísta visa conseguir a união entre a obra de arte e aquele que a recebe. Corresponde à "empatia" ocidental de Theodor Lipps ou *Einfuhlung*, isto é, projeção do sentimento: sentir-em, sentir-com. Numa obra de arte concebida como metáfora de organismo vivo, o papel da ressonância tende a despertar emoções e sentimentos no organismo receptor, como qualidade de sentir.

Segundo o monge taoísta, a ideia fundamental do *I Ching* pode ser expressa numa só palavra: Ressonância. Para a visão cosmogônica chinesa, o universo é um sistema harmônico de ressonâncias onde as partes se correspondem e harmonizam no todo do cosmos. O objetivo do artista taoísta é revelar estas harmonias subjacentes à realidade por meio da empatia. Trata-se da sensação do estar fora do tempo, da penetração nas coisas, da "memória involuntária" do já vivido: aqueles momentos

16. C. G. JUNG, "Prefácio", in RICHARD WILHELM, *I Ching*, p. 17.

TRADUÇÃO ICÔNICA

fulgurantes da existência tão bem expressos pela categoria semiótica da primeiridade, ou seja, a qualidade de sentir, o estado de êxtase. É em função da ressonância que a tessitura-ritmo do filme *Luzazul* reverbera na urdidura da mente: estado d'alma se dilatando em estado cósmico. Aspectos encantatórios, comoção íntima. No filme, o mapeamento em linhas contínuas do céu, que se pontua na firmeza da terra (linha do horizonte), cria uma configuração rítmica cosmogônica que ressoa harmonicamente nos ritmos vitais da qualidade de sentir do receptor.

O Céu é eterno, a Terra permanece
O Céu é eterno porque não busca sua existência em si mesmo
A Terra é permanente porque não busca sua existência em si mesma
E, por isso, perduram...[17]

A segunda clave da estética taoísta é a consecução do "ritmo vital": *chi, prana* para os hindus e *ki* para os japoneses. Para o artista oriental, uma vez conseguida a empatia ou ressonância, pretende-se captar o movimento vital de seu espírito através dos ritmos vitais da natureza. Os orientais postulam a existência de uma energia vital, o *chi* que circula pelo interior das "dez mil coisas", como substância ou princípio fundamental de todo o mundo físico: seres viventes, inanimados, sólidos e gasosos, luz e calor, enfim, tudo o que existe no mundo material é formado desta energia primeira. O *chi* exala das montanhas, onde vivem os espíritos sob forma de nuvens, de brumas, de nevoeiros e da fumaça do incenso. Estas imagens são representações míticas características do *chi*. Como força da Energia Eterna, o *chi* se situa no coração dos exercícios de respiração taoísta.

Para os orientais, tudo o que existe está formado por este princípio e o artista se encarrega da captação dessa energia: o *chi* é a forma de expressão dos sentimentos. Em termos semióticos, o *chi* equivale ao caráter primeiro das coisas, ao qualissigno, quer dizer, àquela qualidade que faz parte inalienável do signo e que constitui sua indiscernível verdade, uma vez que o signo nela está enraizado. A captura do *chi* como sentimento de qualidade, como isomorfia entre percebido e perceptor, entre sujeito e objeto, constitui-se a grande empresa poética do artista. É por isso que toda arte é avessa às ideologias e hierarquias que a sociedade lhe impõe.

A concepção da arte como *chi* implica que o artista deva captar a tensão própria e o *qualis* de cada coisa no exato momento da interação de forças. É a representação do movimento do espírito por meio dos ritmos vitais da natureza: o sorriso da *Mona Lisa*, por exemplo, uma qualidade icônica capturada por Leonardo. A realidade, para o oriental, é um equilíbrio continuamente em mudança. Não existem seres ou situações delimitadas, senão jogos de forças que, variando segundo a intensidade em sua interação, produzem a mudança entre

17. LAO-TSE, *Tao Te King*, p. 31.

204 TRADUÇÃO INTERSEMIÓTICA

as coisas. O universo em crescimento, decadência ou resistência é sempre uma tensão.

Os chineses conheciam a existência do *chi* como forma de energia e a arte oriental busca deliberadamente transmitir o *chi* através da alquimia perceptual, emocional e vital. Por isso, o artista taoísta deve estar permeado de *chi* antes de começar qualquer obra. A sua transmissão depende da ressonância entre o *chi* do artista e o *chi* da coisa. Mas esta ressonância só pode vir dada pelo princípio de isomorfia, ou seja, exatamente aquilo que, para nós, se constitui na medula mesma dos processos de configuração no filme *Luzazul*.

A terceira clave da estética taoísta consiste em dizer sem dizer, suspendendo a mensagem. Esta não se dá. É apenas sugerida. Temos, assim, o emprego da elipse, a reticência, a sugestão, exigindo do espectador um estado de disponibilidade sensível. Na arte oriental, quando as formas terminam, o significado ecoa além, como irradiação. Trata-se de insinuar imagens que se evaporam sempre: "nomear um objeto é destruir três quartas partes do prazer que consiste na adivinhação gradativa de sua verdadeira natureza" (Mallarmé). E para o exercício da sugestão, Leonardo aconselhava: "Olhe as manchas das paredes e das nuvens, tua mente despertará a novas visões".

Do ponto de vista semiótico, o que o artista oriental procura acentuar é o efeito do ambíguo, do evanescente, do aberto à interpretação, quer dizer, o caráter de qualidade de sentimento inscrito nos interpretantes imediatos e, portanto, nos objetos imediatos dos signos. Também nessa medida, o filme buscou o luzir sensível da ideia, sutilezas, qualidades capturadas, sugestão, insinuação. O signo, então, se entretece numa rede de ambiguidades e de formas abertas à significação. Mas isso só é conseguido pelo vazio que é gerado nas oposições energéticas e inversões visuais transformativas através dos elementos opostos: Céu-Mar, Terra-Água, oposições que instalam entre seus componentes a espacialização como abertura que se impõe ao tempo, dando a sugestão de grande vazio entre os objetos, vazio que é preenchido mentalmente como um ícone. Não são as coisas, mas as relações (espaços) entre elas: o princípio do haicai, o *Ma* nos jardins de areia japoneses, ou conforme Lao-tse:

Trinta raios convergem, no círculo de uma roda.
E pelo espaço que há entre eles
Origina-se a utilidade da roda
A argila é trabalhada na forma de vasos
E no vazio origina-se a utilidade deles
Abrem-se portas e janelas nas paredes da casa
E pelos vazios é que podemos utilizá-la
Assim, da não existência vem a utilidade, e da existência a posse[18].

O espaço entre Céu e Terra se assemelha a um fole
Seu vazio é inesgotável, e quanto mais se move, mais surgirá dele[19].

18. *Idem*, p. 39.
19. *Idem*, p. 27.

8. Política e Poética
da Tradução Intersemiótica

O artista é o tradutor universal
OCTAVIO PAZ

A tradução entre as diversas artes tem, na visão sincrônica da história, a forma mais adequada e consubstancial a seu projeto. A relação passado-presente constitui-se na realidade em dois polos dialéticos cuja conjunção como opostos é necessária, uma vez que eles se apresentam em qualquer projeto poético: mesmo quando a nega, a origem de toda arte encontra-se sempre na arte precedente. O artista aprende (e ensina) do artista. Na tradução, entretanto, essa característica se acentua. O espaço-tempo da tradução é o da coincidência e da sincronia entre passado e presente, o da ressonância entre formas artísticas.

O recorte da história como operação de seleção de momentos de sensibilidade que dialogam com nosso presente está perpassado não somente pela própria escolha sensível, mas também cria configurações antes inexistentes. Nessa medida, toda escolha do passado, além de definir um projeto *poético*, define-se também como um projeto *político*, dado que essas escolhas incidem sobre a arte do presente.

A Tradução Intersemiótica de cunho poético pode ser contextualizada de duas formas: primeira, face ao contexto da contemporaneidade da arte, isto é, como política; segunda, como prática artística dentro dessa contemporaneidade, isto é, como poética.

O fenômeno que chamamos de "pós-moderno", caracterizado pela oposição e crítica à modernidade, foi assim expresso por Octavio Paz em *Los Hijos del Limo*:

> Hoje somos testemunhas de uma outra mutação: a arte moderna começa a perder seus poderes de negação. Já faz anos que suas negações são repetições; a rebeldia convertida em procedimento, a crítica em retórica, a transgressão em

206   TRADUÇÃO INTERSEMIÓTICA

cerimônia. A negação deixou de ser criadora. Não digo que vivemos o fim da arte: vivemos o fim da ideia da arte moderna[1].

O período da pós-modernidade, caracterizado por uma rejeição às utopias da vanguarda (diga-se de passagem: os críticos pós-modernos confundem os projetos teleonômicos, por vezes autoritários, dos manifestos com as obras de arte criadas pelas vanguardas e que se revelaram criativamente produtivas), caracteriza-se também por uma recorrência à história, pela crítica do "novo" (opondo convenção à invenção), pela recuperação da categoria do público, isto é, por uma ênfase na recepção e, sobretudo, por uma imensa inflação babélica de linguagens, códigos e hibridização dos meios tecnológicos que terminam por homogeneizar, pasteurizar e rasurar as diferenças: tempo de mistura.

Na nossa contemporaneidade, a criação está dramaticamente perpassada pela influência dos meios de repro-produção de linguagens. Hoje, assistimos a uma transformação profunda e radical na produção cultural que configura este momento histórico. Não mais a dominância de sistemas artesanais ou mecânicos, mas de sistemas eletrônicos que transmutam as formas de criação, geração, transmissão, conservação e percepção de informação. Estas formas se nos apresentam como um fenômeno novo que exige um outro modo de aproximação, isto porque estas formas culturais são feitas por processos de tradução de linguagens digitais que tendem cada vez mais para a desmaterialização.

O caráter *transductor* e de *interface* das novas formas eletrônicas, torna-se agora de uma importância ainda não avaliada na sua dimensão exata. De fato, na sociedade tecnológica, a tendência cada vez mais vai no sentido do uso de processos transcodificadores e tradutores de informação entre diferentes linguagens e meios. As invenções ligadas à telemática, informática, robótica etc., bem como os processos de computação sofisticados, tendem cada vez mais a se tornar autônomos, usando processos de *transducção* que chegam até a criar signos cujos referentes imediatos são esses mesmos processos.

Estas informações que circulam por múltiplos veículos e que não se fixam em suportes determinados como os da era mecânica e pré--industrial, se constituem em fenômenos "pós-mídia", "in mídia" ou "intermídia", que são, mais do que produtos, processos de deslocamento e nova alocação de informação, vale dizer, processos de transducção constante.

Estes processos infraestruturais não poderiam deixar de influenciar as formas estéticas e artísticas contemporâneas (produto da super estrutura), seja na forma de produção, elaboração e recepção dessas formas, como na sua interação.

1. OCTAVIO PAZ, *Los Hijos del Limo*, Barcelona, Seix Barral, 1974, p. 195.

POLÍTICA E POÉTICA DA TI 207

No contexto multimídia da produção cultural, as artes artesanais (*do único*), as artes industriais (do reprodutível) e as artes eletrônicas (do disponível) se interpenetram (intermídia), se justapõem (multimídia) e se traduzem (Tradução Intersemiótica). As artes decorrentes destes processos se combinam, atravessam-se, contradizem-se e retraduzem, organizando a produção da subjetividade e espontaneidade sob a dominância do eletrônico que performatiza TUDO.

O caráter inclusivo da eletrônica permite incorporar as artes como conteúdo ao mesmo tempo em que dirige seus procedimentos.

As formas artísticas eletrônicas e o próprio processo de produção se nos apresentam como reviravolta da história das formas artísticas e nos obrigam a repensar as inter-relações entre linguagens. Neste sentido, as formas eletrônicas parecem delimitar algumas formas de *performance* estética, como a produção de efeitos, a desrealização do real e a tradução da história.

Os meios eletrônicos atuam como produtores de efeitos por similaridade criando ressonância entre suas imagens e o espectador. Atuando por montagem de qualidade, interrompem o fluxo da consciência e, portanto, da comunicação. São os meios-imagens que são utilizados pelos artistas que trabalham as artes em combinação com as tecnologias.

As imagens eletrônicas criam efeitos inclusivos, uma espécie de videotaoísmo. Muito antes de serem reprodutivos, os meios possuem qualidades materiais que lhes são próprias e que definem seu lado sensível. As imagens que por eles circulam são imagens "Virtuais" de algo que pode vir a ser, mas não é por muito tempo, e que se desprendem das qualidades materiais dos suportes nos quais estão incorporadas. Esta unicidade de aparência dos meios cria relações ressonantes com o sujeito que percebe. Uma ressonância que suspende o tempo de comunicação, um efeito de efêmero-eterno como um *Tao* ou *Aleph*. Eis aí por que se diz que os meios, tais como a TV, são hipnóticos e tautológicos.

Como estética da desreferenciação, os meios criam estranhamento e suspendem a relação causal entre imagem e objeto. Muito mais do que referência, os meios criam modelos e simulacros de objetos possíveis alterando, portanto, as relações causais. As imagens, tais como propostas pelos meios de comunicação, querem ser verossímeis, quando não é possível verificar o referente, criando por isso mesmo, um imaginário ficcional que se contrapõe ao narrativo-causal, isto é, a história. O cotidiano, no caso de comparação, encontra-se "empobrecido" em relação à imagem "enriquecida" pelos "efeitos especiais" (cor, montagem, cenografia, iluminação, movimentos de câmera, programas e *softwares* adequados) que se propõem como efeitos encantatórios em instantes de qualidade. As figuras e imagens, que eles geram, não referenciam o real mas o desrealizam, assumindo uma forma de teatralidade como veículos de representação imaginativa. Esta teatralidade pode ser definida aqui como efeitos que se

208 TRADUÇÃO INTERSEMIÓTICA

querem imprimir nos espectadores e que não têm correspondência como o real. É o universo pós-fotográfico, cujo modelo mais acabado é o *video-clip*. Aqui, os meios desenvolvem toda uma bateria de "jogos de linguagem", através da retórica de suas imagens que criam efeitos codificados e cifrados conforme o mecanismo do sonho: metáfora e metonímia. Suas representações produzem nossa subjetividade e imaginário, amalgamando os egos num superego impessoal.

De outro lado, a eletrônica, como meio-memória, recupera, traduz e conserva o único da pré-história, as imagens-textos da história, o reprodutível que o torna disponível em retorno instantâneo. Traduzindo Oriente para Ocidente e vice-versa, incorporando as vanguardas históricas até o ZEN, a eletrônica faz circular TUDO, em tecidos eletrônicos através dos *chips* de silício em teias-telas planetárias.

Como transductores, e no melhor dos estilos, as linguagens eletrônicas incorporam o ZEN das "Três Perfeições" (Poesia-Pintura-Caligrafia), desenvolvendo-as em videografia luz-cor, assim como a Poesia Concreta também traduziu o ideograma, desvelando a imagem no texto (poema) e o texto na imagem (teoria). Transas entre o sensível e o inteligível, como prelúdio do que acontece agora entre artes e tecnologias que se guiam por modelos teórico-sensíveis, ou seja, a tradução de imagens em textos e de textos em imagens. Salto qualitativo para novas culturas e sensibilidade. O Oriente falando por nós.

A contemporaneidade, assumindo o esgotamento das formas artísticas, declara a história como "Museu de Tudo", como depósito de linguagens. Numa situação como tal, segundo Adorno, só restam três alternativas críticas:

1. a capitulação num silêncio total, como foi o caso de Webern;
2. permanecer conscientemente dentro da convenção, mostrando seus limites através da ironia de um Nietzsche ou da paródia de um Beckett;
3. a solução revolucionária pela criação de novas formas artísticas como foi o caso de Schoenberg.

A essas alternativas eu acrescentaria uma quarta, isto é, a Tradução Intersemiótica como diálogo crítico e "via de acesso mais interior ao próprio miolo da tradição, (...) re-novar significa, então, ler o novo no velho"[2]. Tradução como atividade *lúcida* e *lúdica* que se encaixa perfeitamente nesse período de pós-utopia como foi denominado por Haroldo de Campos:

... a poesia *pós-utópica* do presente tem, como poesia da *agoridade*, um dispositivo auxiliar essencial na operação tradutora. O tradutor, na expressão de Novalis, "é o poeta do poeta", o poeta da poesia. A tradução permite recombinar

2. JOÃO ALEXANDRE BARBOSA, "A Ilusão da Modernidade", in *Revista Através*, nº 3, p. 90.

POLÍTICA E POÉTICA DA TI 209

criticamente a pluralidade dos passados possíveis e presentificá-la como diferença, na unicidade *hic et nunc* do poema pós-utópico[3].

Uma vez que nosso propósito é configurar nesta conclusão uma espécie de arco-íris em relação à introdução, repetimos aqui a síntese através da qual posicionamos este trabalho, ou seja, numa visão coextensiva à formulada por Haroldo de Campos a respeito da Tradução Poética, concebemos a Tradução Intersemiótica como prática crítico--criativa, como metacriação, como ação sobre estruturas e eventos, como diálogo de signos, como um outro nas diferenças, como síntese e re-escritura da história. Quer dizer: como pensamento em signos, como trânsito de sentidos, como transcriação de formas na historicidade.

Neste contexto, a Tradução Intersemiótica, pelo seu caráter de abrangência, vale dizer, caracteres de multi e interlinguagens, desmistifica os meios, evidenciando a relatividade dos suportes e linguagens da história e os contemporâneos. Isto porque esses meios e linguagens inscrevem seus caracteres nos objetos imediatos dos signos, intensificando a historicidade, tornando proeminente o trânsito intersensorial, a sensibilidade contemporânea, a "transculturação".

A Tradução Intersemiótica revela-se, assim, como dispositivo que pensa as diversas formas da arte, onde a colaboração entre o lúcido e o lúdico equivale ao amálgama entre pensamento lógico e analógico, isto é, fusão entre Oriente-Ocidente, equilíbrio entre o sensível e o inteligível.

Como prática artística a TI se consuma como recepção produtiva ou consumo que é produção e se resolve na síntese entre o pensar e o fazer, uma vez que encapsula a atividade crítico-metalinguística no bojo da criação. O lúdico informado pelo lúcido. É a prática da tradução, nessa medida, que nos permite recuperar, na contemporaneidade, o sentido grego de *poiesis* como um fazer que é, antes de tudo, uma técnica, ou melhor, fazer que "significa o saber que acompanha e se exprime no ato de criar, um produzir sapiente"[4].

Esse saber, no entanto, conforme foi por nós enfatizado, é aquele que se constitui nas atividades próprias da arte: saber sensível das formas. É por isso que a TI como transmutação criativa de aparências em aparências, como transcrição de formas, requer do tradutor uma sensibilidade acurada em termos icônicos e repertoriais no seu nível de *transductores* ou legissignos, vale dizer, sensibilidade para formas--significantes e a "construção dos efeitos" (Poe).

Se a própria prática da tradução é inseparável do saber teórico, visto que este se embute naquela, uma teoria da TI, para ser fiel a essa prática, tem de se resolver nos interstícios (intervalo). Tal como uma

3. HAROLDO DE CAMPOS, "Poesia e Modernidade: O Poema Pós-utópico", "Folhetim", *Folha de São Paulo*, 14.10.84, nº 404.

4. FERNANDO GUIMARÃES, *apud* J. A. SEABRA, *Poética de Barthes*, Brasília Editora, Portugal, 1980, p. 58.

montagem ideogrâmica, a justaposição de ambos (teoria e prática) não produz um terceiro termo, mas revela uma relação essencial entre ambos. Assim, é na plasticidade da teoria semiótica – que permite e exige esses trânsitos do teórico ao prático, sem os quais não teria sido possível operacionalizar este trabalho – que encontramos a confirmação para a postulação de Kurt Lewin de que, para certos propósitos, "não há nada tão prático quanto uma boa teoria".

Enfim, o que cumpre dizer é que uma teoria da Tradução Poética Intersemiótica deve estar atenta ao operar da "fala" como ato singular e individual e, sobretudo, como operação artística onde se inscrevem as diferenças individuais. A operação tradutora poética é essencialmente poético-artística. Uma teoria da Tradução Intersemiótica, em ritmo poético, ocupa-se de casos singulares de criação e trata de generalizá-los. Desse modo, a tradução poética coloca questões que só podem ser reveladas ao nível da arte, pois esta é produto da gangorra entre interpretantes, dada a impossibilidade de delimitar um interpretante final.

Finalmente, a tradução, como prática intersemiótica, depende muito mais das qualidades criativas e repertoriais do tradutor, quer dizer, de sua sensibilidade, do que da existência apriorística de um conjunto de normas e teorias: "para traduzir os poetas, há que saber-se mostrar poeta". Entretanto, julgamos possível ser pensada a tradução também como forma de iluminar a prática. É para isso que lhe dedicamos este esforço.

Bibliografia

ARNHEIM, Rudolf. *El Pensamento Visual*. Buenos Aires, Eudeba, 1971.

———. *Hacia una Psicología del Arte: Arte y Entropia*. Madrid, Alianza Editorial, 1980.

BAKHTIN, (Volochinov) Mikhail. *Marxismo e Filosofia da Linguagem*. São Paulo, Hucitec, 1979.

BARBOSA, João Alexandre. "As Ilusões da Modernidade". *Revista Através*, São Paulo, Livraria Duas Cidades, 1979, pp. 81-96. [Publicado agora em livro, BARBOSA, João Alexandre, *As Ilusões da Modernidade*, São Paulo, Perspectiva, 1986, Debates 198.]

BENJAMIN, Walter. "A Tarefa do Tradutor". *Revista Humboldt, nº 40*, Munique, Bruckmann, 1979, pp. 38-44. (Tradução de Fernando Camacho.)

———. "La Obra de Arte en la Época de su Reproductibilidad Técnica". In: *Discursos Interrumpidos*. Madrid, Taurus, 1983.

BENSE, Max. *Pequena Estética*. São Paulo, Perspectiva, 1971. Debates 30.

BERGER, René. *La Mutation des Signes*. Paris, Denöel, 1972.

BORGES, Jorge Luis. "Las Versiones Homéricas". *Obras Completas*. Buenos Aires, Emecé, 1974, pp. 239-243.

——— "Los Traductores de las 1001 Noches". *Op. cit.*, pp. 397-413.

——— "Pierre Menard, Autor del Quijote". *Op. cit.*, pp. 444-450.

——— "El Enigma de Edward Fitzgerald". *Op. cit.*, pp. 688-690.

——— "Note sur Ezra Pound, Traducteur". In: *Cahier de L'Herne* nº 6, Paris, 1965.

BRAGA, Maria Lúcia Santaella. "Por uma Classificação da Linguagem Escrita". In: *Produção de Linguagem e Ideologia*. São Paulo, Cortez Editora, 1980, pp. 143-160.

——— "Dialogismo: Peirce e Bakhtine". *Revista Cruzeiro Semiótico* nº 2, Porto, Portugal. (No prelo).

CAMPOS, Augusto *et. al. Teoria da Poesia Concreta*. São Paulo, Editora Duas Cidades, 1975.

212 TRADUÇÃO INTERSEMIÓTICA

CAMPOS, Haroldo de. "Da Tradução como Criação e como Crítica". *Metalinguagem*, Petrópolis, Vozes, 1967, pp. 21-28.
————. *A Operação do Texto*. São Paulo, Perspectiva, 1976, Col. Debates 134.
————. "Transluciferação Mefistofáustica". In: *Deus e o Diabo no Fausto de Goethe: Marginália Fáustica*. São Paulo, Editora Perspectiva, 1981. Col. Signos 9.
———— *A Arte no Horizonte do Provável*. São Paulo, Perspectiva, 1969. Col. Debates 16.
———— (org.) *Ideograma*. São Paulo, Cultrix, 1977.
———— *Ruptura dos Gêneros na Literatura Latino-Americana*. São Paulo. Perspectiva, 1977. Col. Elos 6.
———— "Poesia e Modernidade: O Poema Pós-utópico". "Folhetim", *Folha de São Paulo*, 14.10.84, nº 404.
———— "Tradução, Ideologia e História". In: *Cadernos do MAM* nº 1, Rio de Janeiro, dez. 1983.
———— "Tradução: Fantasia e Fingimento". "Folhetim", *Folha de São Paulo*, nº 348, 18.9.1983.
————. "Minha Relação com a Tradução é Musical" (Entrevista a Rodrigo Figueira Naves). "Folhetim", *Folha de São Paulo*, 21.7.1983.
———— "Haroldo de Campos: Olhar a Palavra..." (Entrevista a J. J. Moraes). *Jornal da Tarde*, Caderno de Leituras, 3.10.1981. São Paulo.
———— "A Transcriação do Fausto". "Suplemento de Cultura" de *O Estado de São Paulo*, 16.08.81, Ano II, nº 62.
———— "Para Além do Princípio da Saudade". "Folhetim", *Folha de São Paulo*, nº 412, 9.12.1984.
————. "Luz: a Escrita Paradisíaca". In: *Dante Alighieri 6 Cantos do Paraíso*. Rio de Janeiro, Editora Fontana, 1975, pp. 9-19.
CATFORD, J. C. *Uma Teoria Linguística da Tradução*. São Paulo, Cultrix, 1980.
GARCIA YEBRA, Valentin. *En Torno a la Traducción*. Madrid, Editorial Gredos, 1983.
JAKOBSON, Roman. "Aspectos Linguísticos da Tradução". In: *Linguística e Comunicação*. São Paulo, Cultrix, 1970, pp. 63.72.
————. "Dois Aspectos da Linguagem e Dois Tipos de Afasia". In: *op. cit.*, pp. 34.62.
LADMIRAL, Jean-René. *A Tradução e os seus Problemas*. Lisboa, Edições 70,1980.
LANGER, Susanne K. *Filosofia em Nova Chave*. São Paulo, Perspectiva, 1970. Col. Debates 33.
————. *Sentimento e Forma*. São Paulo, Perspectiva, 1980. Col. Estudos 44.
————. *Los Problemas del Arte*. Buenos Aires, Ediciones Infinito, 1966.
MACLUHAN, Marshall. *Os Meios como Extensões do Homem*. São Paulo, Cultrix, 1969. (Tradução de Décio Pignatari).
————. *et al. O Espaço na Poesia e na Pintura*. São Paulo, Hemus, 1975.
MCLUHAN, Marshall & WATSON, Wlifred. *Do Clichê ao Arquétipo*. Rio de Janeiro, Record, 1973. (Tradução de Ivan Pedro Martins.)
MOUNIN, Georges. *Os Problemas Teóricos da Tradução*. São Paulo, Cultrix, 1975.
PAZ, Octavio. "O Enigma das Línguas". "Suplemento Literário" de *O Estado de São Paulo*, 15.4.1984, São Paulo.
————. "Teoria y Prática de la Traducción". In: *El Signo y el Garabato*. México, J. Mortiz, 1975, pp. 57-109.

BIBLIOGRAFIA 213

———. "Traducción: Literatura y Literalidad". In: *Cuadernos Marginales 18*. Barcelona, Tusquets Editor, 1971, pp. 7.19.

———. "Traducción y Metáfora". In: *Los Hijos del Limo*. Barcelona, Seix Barral, 1974, pp. 115-141.

PEIRCE, Charles Sanders. *Semiótica*. São Paulo. Perspectiva, 1977. Col. Estudos 46.

———. *Semiótica e Filosofia*. São Paulo, Cultrix, 1975.

———. "Escritos Coligidos". In: *Os Pensadores*. São Paulo, Editora Abril, 1974.

———. *Collected Papers*, Harvard Press, 8 v.

PIGNATARI, Décio. "Semiótica da Montagem". *Revista Através*. São Paulo, Editora Martins Fontes, 1982.

PLAZA, Júlio. *V-Ideografia em Videotexto*. São Paulo, Hucitec, 1986.

———. "Reflextions of and on Theories of Translations". *Dispositio*, Revista Hipánica de Semiótica Literária, v. VI. Summer-Fall, 1981, n° 17-18, University of Michigan.

RÓNAI, Paulo. *Escola de Tradutores*. Rio de Janeiro, Educom, 1976.

———. *A Tradução Vivida*. Rio de Janeiro, Nova Fronteira, 1981. Coleção Logos.

STEINER, George. *After Babel*. New York, Oxford University Press, 1975.

THEODOR, Erwin. *Tradução: Ofício e Arte*. São Paulo, Cultrix, 1976.

VALESIO, Paolo. "The Virtues of Traducement". *Semiótica*, 18:1, 1976, pp. 1-96.

VALÉRY, Paul. "Variations sur les Bucoliques". In: *Oeuvres I*, Paris, Gallimard, 1957, pp. 207-222.

———. "L'Invention Esthétique". In *Oeuvres I*, Paris, 1957, pp. 1412-1415.

GERAL

ANDERSON, Donald M. *The Art of Written Forms*. New York, Holt, Rinehart and Winston, Inc., 1969.

BARTHES, Roland. *Novos Ensaios Críticos. O Grau Zero da Escritura*. São Paulo, Cultrix, 1974.

BATESON, Gregory. *Metalogos*. Buenos Aires, Tiempo Contemporâneo, 1969.

BENJAMIN, Walter. "Teses de Filosofia da História". In: *Discursos Interrumpidos I*. Madrid, Taurus, 1973, pp. 175-191.

———. *A Modernidade e os Modernos*. Rio de Janeiro, Tempo Brasileiro, 1975.

BLOFELD, John. *I Ching: O Livro das Mutações*. 3. ed., Rio de Janeiro, Record, s.d.

BONIN, Serge. *Initiation a la Graphique*. Paris, Epi S. S. Editeurs, 1975.

BRAGA, Maria Lúcia Santaella. *Produção de Linguagem e Ideologia*. São Paulo, Cortez Editora, 1980.

BUCZYNSKA-GAREWICZ, H. "Sign and Dialogue". *American Journal of Semiotcs*, n° 1-2, v. 2, 1983, p. 2.

CALVET DE MAGALHÃES, Theresa. *Un, deux, trois categories foundamentales*. João Pessoa, Editora Universitária, UFPB, 1980.

CAMPOS, Augusto. "Música/70 Anos de John Cage: O Profeta e Guerrilheiro da Arte Interdisciplinar". *Folha de São Paulo*, 05.9.1982, São Paulo, p. 44.

CHERRY, Colin. *A Comunicação Humana*. São Paulo, Cultrix, 1971.

214   TRADUÇÃO INTERSEMIÓTICA

COKE, Van Deren. *The Painter and the Photograph*. Albuquerque University of New México Press, 1972.

CONRADO, Aldomar (org.). *O Teatro de Meyerhold*. Rio de Janeiro, Civilização Brasileira, 1969.

CORRAZE, Jacques. *As Comunicações Não Verbais*. Rio de Janeiro, Zahar Editores, 1980.

D'ALESSIO FERRARA, Lucrécia. *A Estratégia dos Signos*. São Paulo, Perspectiva, 1981. Col. Estudos 79.

DAUCHER, Hans. *Vision Artística y Vision Racionalizada*. Barcelona, Gustavo Gili, 1978.

DAVIS, Flora. *La Comunicación No Verbal*. Madrid, Alianza Editorial, 1976.

DERRIDA, Jacques. *Gramatologia*. São Paulo, Perspectiva, 1973. Col. Estudos 16.

ECO, Umberto. *A Estrutura Ausente*. São Paulo, Perspectiva, 1971. Col. Estudos 6.

————. *Obra Aberta*. São Paulo, Perspectiva, 1981. Col. Debates 4.

EIKHENBAUM et al. *Teoria da Literatura: Formalistas Russos*. Porto Alegre, Editora Globo, 1976.

EISENSTEIN, S. M. *Cinematisme, Peinture et Cinéma*. Bruxelles, Complexe, 1980.

————. *Reflexões de um Cineasta*. Rio de Janeiro, Zahar Editores, 1969.

————. *La non-indifférence nature*. Paris, Union Générale d'Editions, 1976.

————. *Da Revolução à Arte, da Arte à Revolução*. Lisboa, Editora Presença, 1974.

————. *The Film Sense*. Londres, Faber and Faber Limited, 1948.

————. *Film Form*. Londres, Dennis Dobson Ltd., 1949.

————. *O Couraçado Potemkin*. São Paulo, Global Editora, 1980.

ENGELS, Friedrich. *A Dialética da Natureza*. Rio de Janeiro, Paz e Terra, 1979.

EL CÉREBRO. *Investigación y Ciência Scientific American*, n° 38, noviembre de 1979. Barcelona, Prensa Científica S.A.

ENZENSBERGER, Hans Magnus. "As Aporias da Vanguarda". In: *Vanguarda e Modernidade*, Rio de Janeiro, Tempo Brasileiro, n° 26-27, jan.-mar. 1971, pp. 85-112.

FENOLLOSA, Ernest. "Os Caracteres da Escrita Chinesa como Instrumento para a Poesia". In: CAMPOS, Haroldo de (org.). *Ideograma*. São Paulo, Cultrix, Ed. da Universidade de São Paulo, 1977, pp. 115-163.

FREUD, Sigmund. "Os Chistes e sua Relação com o Inconsciente", In: *Obras Completas*, Rio de Janeiro, Imago Editora, 1969.

FRYE, Northrop. *O Caminho Crítico*. São Paulo, Perspectiva, 1973. Col. Debates 79.

FIEDLER, Konrad. *De la Esencia del Arte*. Buenos Aires, Nueva Vision, 1958.

FOCILLON, Henri. *Vida das Formas*. Rio de Janeiro, Zahar, 1983.

FOUCAULT, Michel. *As Palavras e as Coisas*. São Paulo, Martins Fontes Editora Ltda., s. d.

GHYKA, Matila C. *Estética de las Proporciones*. Barcelona, Poseidon, 1977.

GIBSON, J. James. *La Percepción del Mundo Visual*. Buenos Aires, Infinito, 1974.

————. "Pictures, Perspective and Perception". *Daedalus* LXXXIX (Winter, 1960), pp. 216-270.

————. "What is a Form?" *Psychological Review*, v. 58, pp. 403-412.

BIBLIOGRAFIA

———. "Théorie de la Perception Picturale". In: KEPES, Gyorgy (org.). *Signe, Image, Symbole*. Bruxelles, La Connaissance, 1968, pp. 92-107.

GOMBRICH, E. H. *Arte e Ilusión*. Barcelona, Gustavo Gili, 1979.

———. "Image and Code: Scope and Limits of Convencionalism in Pictorial Representation". In: *Image and Code*, Ed. by Wendy Steiner, University of Michigan, 1981, pp. 11-43.

———. *Ideales e ídolos*. Barcelona, Gustavo Gili, 1980.

———. *El Sentido de Ordem*. Barcelona, Gustavo Gili, 1980.

———. e GREGORY, R. L. *Illusion in Nature and Art*. New York, Charles Screiber's and Sons, 1980.'

GOODMAN, Nelson. *Los Lenguajes del Arte*. Barcelona, Seix y Barral, 1976.

GUILLAUME, Paul. *Psicologia da Forma*. São Paulo, Editora Nacional, 1966.

HALL, Edward T. *The Silent Language*. New York, Anchor Books, 1973.

———. *Más allá de la Cultura*. Barcelona, Gustavo Gili, 1978.

———. *A Dimensão Oculta*. Rio de Janeiro, Livraria Francisco Alves Editora S.A., 1977.

HATHERLEY, Ana. *O Espaço Crítico do Simbolismo à Vanguarda*. Lisboa, Editorial Caminho, 1979.

HUBIG, Christoph. "It is Possible to Apply the Concept "Interpretant, to Diverging Fields Uniformly?". In: *Proceedings of the C. S. Peirce Bicentennial Congress*, Texas Tech. Press, 1981, pp. 71-75.

JAKOBSON, Roman. *Linguística. Poética. Cinema*. São Paulo, Perspectiva, 1970. Col. Debates 22.

———. *Seis Lições sobre o Som e o Sentido*. Lisboa, Moraes Editores, 1977.

———. *Linguística e Comunicação*. São Paulo, Cultrix, 1969.

KEPES, Gyorgy (org.). *Signe, Image, Symbole*. Bruxelles, La Conaissance, 1968.

———. *El Lenguaje de la Vision*. Buenos Aires, Infinito, 1969.

———. (org.). *Structure in the Arts and in Science*. New York, George Braziller, Inc., 1965.

KOELER, Wolfgang. *Princípios da Gestalt*. Belo Horizonte, Editora Itatiaia, 1968.

KOFFKA, Kurt. *Princípios de Psicologia da Gestalt*. São Paulo, Cultrix, 1975.

KOTHE, Flávio. "O Pensamento, a História". *Revista Tempo Brasileiro*, n° 47, out. -dez. 1976.

LAO-TSE. *Tao Te King*. São Paulo, Hermes, 1983.

LEMINSKI, Paulo. *Bashô*. São Paulo, Brasiliense, 1984.

LÉVI-STRAUSS, Claude. *La Pensée Sauvage*. Paris, Plon, 1962.

———. *Estética y Semiótica del Cine*. Barcelona, Gustavo Gili, 1979.

MACHADO, Arlindo. *A Ilusão Especular*. São Paulo, Brasiliense, 1984.

———. *Os Meios são as Massagens*. Rio de Janeiro, Distribuidora Record, 1969.

MALRAUX, André. "Le Musée Imaginaire". In: *Les Voix du Silence*. Paris, La Galerie de Ia Pleiade, 1953, pp. 11-126.

MARTIN, Marcel. *A Linguagem Cinematográfica*. Lisboa, Prelo, 1971.

MARX, Karl. "Para a Crítica da Economia Política". In: *Os Pensadores*, São Paulo, Abril Cultural, 1978, pp. 109-139.

MARX-ENGELS. *Sobre Literatura e Arte*. São Paulo, Global Editora, 1979.

MAYENOVA, Maria Renata. "Verbal Texts and Iconic-Visual Texts". In: *Image an Code*. Ed. by Wendy Steiner, University of Michigan, 1981, pp. 133-138.

216 TRADUÇÃO INTERSEMIÓTICA

MCLUHAN, Marshall. *A Galáxia de Gutemberg*. São Paulo, Editora Nacional, 1972.

MILNER, John. "On the Fusion of Verbal and Visual Media". *Leonardo*, v. 9, nº 1, winter 1976, Pergamon Press.

MITCHELL, W. J. T. "Spacial Form in Literature: Toward a General Theory". In: *The Language of Images*. Ed. by W. T. Mitchell, The University of Chicago Press, 1980, pp. 271-300.

MOLES, Abraham. *Rumos de uma Cultura Tecnológica*. São Paulo, Perspectiva, 1973. Col. Debates 58.

MONDRIAN, Piet. *Arte Plástico y Arte Plástico Puro*. Buenos Aires, Editorial Vic-tor Leru, 1961.

MUKAROVSKY, Jan. *Escritos de Estética y Semiótica*. Barcelona, Gustavo Gili, 1977.

————. *Arte y Semiologia*. Madrid, Alberto Corazón Editor, 1971.

MUNFORD, Lewis. *Arte e Técnica*. São Paulo, Martins Fontes, 1980.

MUNRO, Thomas. *The Arts and Their Interrelations*. London and Cleveland, The Press Case Western Reserve University, 1969.

OEHLER, Klauss. "Peirce's Foudation of a Semiotic Theory of Cognition". In: *Peirce Studies*, Texas Tech. Press. 1979, pp. 67-76.

PIGNATARI, Décio. "A Ilusão da Contiguidade". *Através*, *nº* 1, São Paulo, Duas Cidades, 1977, pp. 30-38.

————. *Semiótica da Arte e da Arquitetura*. São Paulo, Cultrix, 1981.

————. *Semiótica e Literatura*. São Paulo, Perspectiva, 1974. Col. De bates 93.

————. *Comunicação Poética*. São Paulo, Cortez e Moraes, 1977.

————. "Metalinguagem da Arte". *Escrita*, nº 9, São Paulo, 1976.

————. *Informação, Linguagem, Comunicação*. São Paulo, Cultrix, 1980.

————. *Contracomunicação*. São Paulo, Perspectiva, 1971. Col. Debates 44.

POE, Edgar Allan. "The Philosophy of Composition". In: *Selected Writings*, Pen-guin, 1974, pp. 480-492.

POUND, Ezra. *A. B. C. da Literatura*, São Paulo, Cultrix, 1970.

————. *A Arte da Poesia*. São Paulo, Cultrix, 1976.

PRAZ, Mario. *Literatura e Artes Visuais*. São Paulo, Cultrix, 1982.

PRIETO, Luis. *Sinais*. São Paulo, Cultrix, 1974.

RAMIREZ, Juan Antônio. *Médios de Masas e Historia del Arte*. Madrid, Ediciones Cátedra S. A., 1976.

RANSDELL, Joseph. "The Epistemic Function of Iconicity in Perception". In: *Peirce Studies*, Texas Tech. Press, 1979, pp. 51-67.

————. *Imagen a Idéa*. México, Fondo de Cultura Econômica, 1957.

RICHARD, I. A. e OGDEN, K. *O Significado do Significado*. São Paulo, Cultrix, 1971.

ROSENTHAL, Sandra B. "Charles Sanders Peirce: Pragmatism, Semiotic, Structure and Lived Perceptual Experience". In: *Proceedings of Ch. S. Peirce Bicentennial Congress*. Texas Tech. Press, 1981, pp. 147-154.

ROUANET, Sérgio Paulo. *Édipo e o Anjo: Itinerários Freudianos em Walter Benjamin*. Rio de Janeiro, Tempo Brasileiro, 1981.

SANTAELLA, Lúcia. *O que é Semiótica*. São Paulo, Brasiliense, 1983.

————. *(Arte) & (Cultura) Equívocos do Elitismo*. São Paulo, Editora Cortez, 1982.

SAUSSURE, Ferdinand de. *Curso de Linguística Geral*. São Paulo, Cultrix, 1975.

BIBLIOGRAFIA

SCHNAIDERMAN, Boris. *Semiótica Russa*. São Paulo, Perspectiva, 1979. Col. Debates n° 162

SCOTT, F. "Process from the Peirce Point of View: Some Applications to Art". *American Journal of Semiotics*, v. 2, n° 1, 2, 1983.

SEABRA, José Augusto. *Poética de Barthes*. Portugal, Brasília Editora, 1980.

SKLOVSKI, Victor. *La Cuerda del Arco: Sobre la Dissimilitud de lo Simil*. Barcelona, Editorial Planeta, 1975.

SMITH, C. M. 'The Aesthetics of C. S. Peirce". *The Jounal of Aesthetics and Art Criticism*, 31, 7/Fall, 1972.

SOURIAU, Etienne. *A Correspondência das Artes*. São Paulo, Cultrix, 1982.

TINIANOV, Iuri. *O Problema da Linguagem Poética I: O Ritmo como Elemento Construtivo do Verso*. Rio de Janeiro, Tempo Brasileiro, 1975.

—————. *O Problema da Linguagem Poética II: O Sentido da Palavra Poética*. Rio de Janeiro, Tempo Brasileiro, 1975.

VALÉRY, Paul. "Introduction à la Méthode de Léonard da Vinci". In: *Oeuvres I*, Paris, Gallimard, 1957, pp. 1153-1199.

—————. "Variations sur les Bucoliques". In: *Oeuvres I*, Paris, Gallimard, 1957, pp. 207-222.

—————. "Pieces sur Tart". In: *Oeuvres II*, Paris, Gallimard, 1957, p. 1284.

—————. "Mélange c'est Pesprit". In: *Oeuvres I*, Paris, Gallimard, 1957, p. 286.

WIENER, Norbert. *Cibernética y Sociedad*. Buenos Aires, Editorial Sudamericana, 1969.

—————. *Cibernética*. São Paulo, Polígono e Universidade São Paulo, 1970.

WILHELM, Hellmut. *Eight Lectures on the I Ching*. Princeton University Press, 1973.

WILHELM, Richard. *La Sabiduria del I Ching*. Barcelona, Guadarrama, Punto Omega, 1977.

WORRINGUER, W. *Abstracción y Natureleza*. México, Fondo de Cultura Econômica, 1953.

Este livro foi impresso na cidade de Cotia,
nas oficinas da Meta Brasil,
para a Editora Perspectiva.